NIMM MICH, BEZAHL MICH, ZERSTÖR MICH.

W0180319

LISA MÜLLER

NIMM MICH, BEZAHL MICH, ZERSTÖR MICH!

Mein Leben als minderjährige
Prostituierte in Deutschland

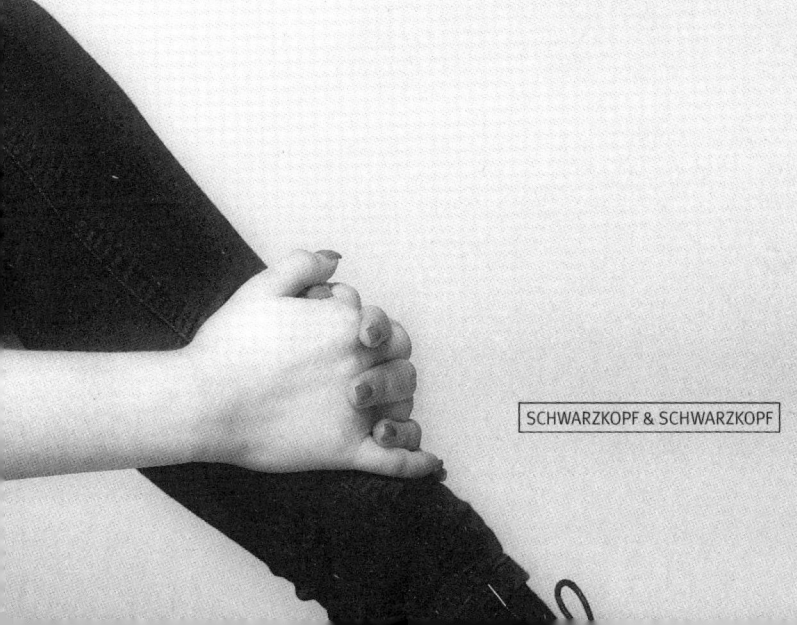

SCHWARZKOPF & SCHWARZKOPF

Mein Name ist Lisa Müller,
ich heiße wirklich so.
Dieses Buch erzählt
meine wahre Geschichte.
Alles war so – nur die Namen
sind verändert.

Lisa

INHALT

VORWORT

Irgendwo in der schwäbischen Provinz, im Frühjahr 2013. Mein Name ist Lisa, ich bin 20 Jahre alt, und ich beende gerade dieses Buch, das meine Geschichte erzählt. Seit ich 14 Jahre alt war, habe ich als Prostituierte gearbeitet, als Nutte, als Hure, als Lustmädchen, nennen Sie es, wie Sie wollen. Ich hatte keinen besonderen Namen dafür, ich habe es einfach gemacht.

Warum und wie es dazu kam, das steht alles in meinem Buch. Ich nehme Sie mit auf eine Reise durch mein bisheriges Leben und spare nichts aus. Sie werden erfahren, wie alles anfing und warum ich meinen ersten Freier hatte. Sie werden lesen, wie es weiterging, wie es war mit den vielen anderen Männern, die ich für Geld befriedigte. Die dadurch meinen Geldbeutel füllten, aber meine Psyche nach und nach zerstörten.

Dabei bin ich doch nur ein ganz normales Mädchen aus Deutschland. Ich bin hier im Dreieck Stuttgart-Heilbronn-Pforzheim geboren, meine Eltern stammen genauso aus dem schönen Baden-Württemberg wie auch ihre Eltern schon. Wir haben hier das beste Wetter von ganz Deutschland, den besten Wein, die schönste Landschaft. Ja, ich liebe meine Gegend.

Und auch ansonsten bin ich ziemlich normal, man könnte fast sagen: durchschnittlich. Ich habe weder einen Atombusen noch ein Implantat, ich bin rasiert (das sind aber alle in meinem Alter), ich trinke inzwischen nur noch wenig (klar feiere ich auch mal gern, aber nie übertrieben und bis zur Besinnungslosigkeit) und nehme auch sonst keine Drogen.

Ein ganz alltägliches Leben also – mit dem einzigen Unterschied, dass ich zwischen 14 und 18 ungefähr 500 Mal bezahlten Sex mit Männern hatte. Aber ich habe es nie getan, weil ich unter Alkohol oder anderen Drogen stand oder weil ich mir Stoff beschaffen wollte von dem Nuttenlohn. Ich tat es freiwillig und übrigens immer ohne einen Zuhälter.

Aber da gab es doch Max, werden Sie einwenden. Jener Max, der ganz genau wusste, wo und wie ich mein Geld verdiente, und davon auch finanziell profitierte, ein stiller Teilhaber sozusagen. Aber mein Zuhälter – das war Max nie. Nach meinem Verständnis zwingt ein Zuhälter sein Mädchen körperlich, seelisch oder beides, ihm die Kohle abzuliefern. Und gezwungen hat Max mich nie, kein einziges Mal. Wenn ich ihm etwas gab, was oft genug der Fall war, dann tat ich es immer freiwillig, und deshalb war es auch keine Zuhälterei. So einfach ist das.

Sie werden sich fragen, ob die Männer wussten, dass ich minder-jährig war. Ja, natürlich wussten sie es, so dumm kann nicht einmal ein Mann sein, es nicht zu sehen, wie alt ein Mädchen ist. Kein ein-ziger hat mich weggeschickt, als er mein wahres Alter erfuhr, es hat sie eher noch schärfer gemacht. Männer sind so, glauben Sie mir.

Sie können meinen Lebenswandel natürlich verwerflich finden, das steht Ihnen frei. Aber Sie können mir glauben, dass es mehr von meiner Sorte gibt, als Sie sich denken wollen. Und es handelt sich nicht etwa durchweg um osteuropäische Zwangsprostituierte, wie es in den Medien so vereinfachend heißt.

Klar, es ist viel einfacher, irgendwelchen bösen Zuhältern die Schuld zu geben, die arme Mädchen versklaven. Ganz sicher gibt es das auch, ich will es keinesfalls verharmlosen.

Doch meine Geschichte ist eine andere und auch viel alltäg-licher, als Sie glauben. Wissen Sie denn mit Sicherheit, ob Ihre Tochter nicht auch so etwas tut, tun würde oder getan hat: Sex für Geld? Vielleicht auch die junge, hübsche Nachbarin, die Sie immer so freundlich grüßt, oder die neue Auszubildende der Metzgerei im Supermarkt um die Ecke? Sind Sie ganz sicher? Glauben Sie mir, auch Menschen, die mir damals auf der Straße begegnet sind, die mich nicht kannten, wären nicht mal annähernd auf so einen Gedanken gekommen. Ich, das liebe, nette und immer freundlich lächelnde Mädchen, das vielleicht ein bisschen zu sehr geschminkt war.

Das alles liegt nun zwei Jahre zurück. Seit ich, mit 18, volljährig wurde, habe ich keinen einzigen Freier mehr an mich herangelassen. Sex gibt es in meinem Leben nur noch zusammen mit meinem Freund. Während andere mit 18, wenn es legal wird, in das Geschäft einsteigen, bin ich ausgestiegen. Wie es dazu kam, erzähle ich Ihnen in meinem Buch.

Kommen Sie mit auf die Reise durch meine Vergangenheit, fühlen Sie mit, was ich erlebte, nicht nur die schönen Dinge, sondern vor allem auch die hässlichen und wahrhaft widerwärtigen. Lesen Sie die Geschichte meiner Jugend, die sicherlich nichts für empfindsame Naturen ist, die mich aber erst zu dem selbstbewussten erwachsenen Menschen gemacht hat, der ich inzwischen bin. Obwohl ich viel Scheiße erlebt habe, würde ich fast alles genau so wieder machen, weil es ein fester Bestandteil meines Lebens ist. Und es ist genau dieses Leben, das ich von ganzem Herzen liebe.

Lisa Müller

DER ANFANG

Geboren bin ich im Jahr 1992 in einem kleinen Dorf in Baden-Württemberg, irgendwo in der tiefsten schwäbischen Provinz zwischen Stuttgart und Pforzheim. Hier sind die Menschen anständig, die Vorgärten sauber, die Berufe ordentlich. Meine Eltern waren ganz ehrbar verheiratet, ich war das erste Kind, also alles so richtig sauber und ordentlich auf schwäbische Art – wenn man sich nicht die Mühe machte, hinter die Fassade zu schauen.

Als meine Oma mütterlicherseits starb, sind die zwei jüngsten Schwestern meiner Mutter bei uns eingezogen. Obwohl meine Mutter mit meinem Vater schon lange nicht mehr glücklich war, blieb sie bei ihm, um ihren jüngeren Geschwistern – allein auf der Welt, wie sie nach dem Tod von Oma waren – ein halbwegs normales Leben bieten zu können. Zwei Jahre später kam meine Schwester Lina zur Welt, jetzt waren wir zu sechst: meine Mama Christina – damals 22, mein Vater Jens – 28, meine Tanten Anita – 18, Sabine – 15 und meine gerade geborene kleine Schwester Lina. Und meine Wenigkeit – damals 2.

Kurz darauf kauften meine Eltern ein Haus, auch dahin zogen meine beiden jungen Tanten mit. Aber lange dauerte es nicht mehr, bis sie auf eigenen Beinen standen.

Meine ältere Tante Anita nahm sich ihre erste eigene Wohnung und die jüngere Sabine zog zu ihrem Freund. Mit ihren damals 16 Jahren wurde sie kurz darauf schwanger. Das Frühreife scheint also im weiblichen Zweig unserer Familie zu liegen.

Die Ehe meiner Eltern lief immer schlechter. Sie stritten eigentlich immer, mein Vater trank immer mehr und kam so auch immer öfter besoffen nach Hause. Auch ganz gewaltfrei lief es anscheinend nicht ab. Ich bekam davon kaum etwas mit, zumindest nicht bewusst, denn ich war damals gerade mal vier Jahre alt. Immerhin haben sich die Schilderungen meiner Mutter über diese ehelichen Gewalttätigkeiten tief in mein Gedächtnis eingebrannt.

Eine Szene aber habe ich noch heute unauslöschlich vor Augen. Meine Mutter machte in der Küche den Abwasch, als Vater, wie in dieser Zeit fast immer, von seinen täglichen Kneipenbesuchen total besoffen nach Hause kam und sie ohne Grund anschrie. Sie nahm das Glas, das sie gerade in der Hand hielt, und warf es gegen die Wand, es zersprang und eine Glasscherbe traf meinen Vater voll auf die Stirn, das Blut schoss nur so heraus, die Narbe war auch nach Jahren noch zu sehen.

Weil es so nicht weitergehen konnte, sparte meine Mutter heimlich Geld für eine eigene Wohnung. Kurz darauf packte sie ihre Sachen und zog mit mir und meiner kleinen Schwester aus. Zwei Wochen später sah ich meinen Vater wieder, wir wohnten schließlich immer noch im selben Ort wie er. Alles war ganz undramatisch, so, wie es eben ist, wenn die Eltern endgültig voneinander genug haben und sich trennen.

Nachdem das Trennungsjahr vorüber war, wurden meine Eltern endlich geschieden, ich blieb bei meiner Mutter. Meinen Vater besuchte ich an jedem zweiten Wochenende, er hatte bald darauf auch eine neue Freundin, die für mich und meine Schwester eine wirklich gute Stiefmutter war, solange wir bei unserem Vater waren.

Alles in allem hatte ich wohl eine recht normale Kindheit, Scheidungen kommen überall vor, häusliche Gewalt ist auch alltäglicher, als man es wahrhaben will.

Ich besuchte regelmäßig den Kindergarten, hatte eine beste Freundin – sie hieß Santrina. Sie war wie ich auch Deutsche, lebte im selben Ort wie ich und wir verstanden uns vom ersten Augenblick an. An den Nachmittagen unternahm ich viel mit meiner Mutter und meiner Schwester, Dinge wie zum Beispiel Zoo- und Schwimmbadbesuche. Seit mein Vater uns verlassen hatte, lief es einfach besser. Aber natürlich wollte meine Mutter auf Dauer nicht alleine bleiben, sie war schließlich gerade erst 25 Jahre alt, und wollte keine alte Jungfer werden.

Als ich fünf Jahre alt war, trat Pete in unser Leben. Pete war ein netter Mann, der aber immer ganz direkt sagte, was er dachte, und deshalb bei vielen nicht sonderlich gut ankam. Außerdem sah er wirklich gut aus und vor allem vermittelte er einem das Gefühl von Sicherheit – dass einem nichts passieren konnte, wenn er in der Nähe war. Vielleicht waren das die Eigenschaften, weshalb meine Mutter sich in ihn verliebt hat.

Pete wurde später der Vater meines Halbbruders Till, der geboren wurde, als ich sechs Jahre war. Pete war wirklich ein total Netter und behandelte Lina und mich, als wären wir seine eigenen Kinder.

Doch mit der Zeit stellte sich heraus, dass er sehr unzuverlässig war. Als etwa meine Mutter schon schwanger mit Till war, verschwand er plötzlich spurlos, keiner wusste wohin. Nach sechs Wochen tauchte er ebenso plötzlich wieder auf, er hatte sich irgendwo in Amerika herumgetrieben. Stellt man sich so den zukünftigen Vater seines Kindes vor?

Obwohl Pete wirklich ein superlieber Typ war, keiner Fliege etwas zuleide tun wollte, solange man ihn in Frieden ließ, wurde er nie zum Vater für mich, eher war er ein richtig guter Kumpel. Vielleicht lag das auch daran, dass ich noch meinen eigenen Vater hatte, den ich ja regelmäßig besuchte. Als Till dann sieben Monate alt war, wollten meine Mutter und Pete zusammenziehen, in ein Nest in der Nähe mit vielleicht 1000 Einwohnern, also noch viel kleiner als der Ort, in dem wir bisher lebten.

Ich war klein, trotzdem machte ich mir schon Gedanken über die Zukunft, ich wollte doch nicht Santrina hier zurücklassen. Für eine Sechsjährige wie mich bedeuteten die sieben Kilometer, die meine alte Heimat von der zukünftigen trennten, ganze Welten. Meine Sorgen lösten sich in Luft auf, als Mutter und Pete sich kurz vor dem geplanten Umzug stritten, weil er doch nicht richtig mit uns zusammenziehen, sondern sich eine Wohnung zwei Straßen weiter mieten wollte.

Das aber passte wiederum meiner Mutter nicht, und so blieben wir nun doch in unserem Heimatort wohnen. Kurz danach trennten sich Pete und meine Mutter endgültig, sie waren einfach zu unterschiedlich und hatten komplett andere Vorstellungen vom Leben.

Ich war darüber nicht allzu traurig, denn dadurch wurde ich, so wie ich es mir gewünscht hatte, schließlich doch noch zusammen mit meiner besten Freundin Santrina eingeschult.

Es fiel mir nicht schwer zu lernen, vor allem Mathematik und Musik machten mir von Beginn an Spaß – auch wenn mir der Antrieb fehlte, es zur Einser-Schülerin zu schaffen. Außerdem begann ich mich in dieser Zeit für Pferde zu begeistern. Obwohl ich erst acht Jahre alt war, hatte ich mir, Schwäbin, die ich bin, ausgerechnet, dass ich mir zum zehnten Geburtstag einen Haflinger, meine Lieblingsrasse, kaufen könnte.

So ein Pferd, hatte ich erfahren, kostete damals etwa 1000 Mark. Mit dem, was mir die Oma väterlicherseits regelmäßig bei meinen Besuchen zusteckte, mit meinem Taschengeld und den Weihnachts- und Geburtstagsgeschenken hätte ich das Geld in knapp zwei Jahren zusammen.

Das einzige Schulfach, mit dem ich Probleme hatte, war Deutsch, in der dritten Klasse wurde auch klar warum: Ich litt an einer Lese- und Rechtschreibschwäche. Und das sollte denn auch zur ersten großen Enttäuschung meines Lebens führen: Unsere ganze Freizeit verbrachten Santrina und ich damals auf einem Hof, auf dem man alten Pferden das Gnadenbrot gab. Doch da ich wegen meiner Lernschwäche mehr als die anderen büffeln musste und daher nicht mehr so oft mitkommen konnte, freundete sich Santrina immer mehr mit der Tochter der Gnadenhof-Besitzerin an.

Gekränkt zog ich mich zurück und betäubte meinen Frust mit Essen, plötzlich platzte ich aus allen Nähten und wurde immer dicker. Was wiederum dazu führte, dass ich mir hässlich vorkam und mich darüber mit dem Geld zu trösten versuchte, das ich für den Haflinger zusammensparte. Mein Interesse galt – neben dem Essen – nur noch dem Mammon. Geld, Geld, Geld: Jeden Tag zählte ich es mehrmals. Die Psychologen unter meinen Lesern können sich schon einmal Gedanken machen, ob diese übersteigerte Geldgier eine der Wurzeln für meine frühe Anschafferei ist.

Immer und immer wieder suchte ich nach neuen Möglichkeiten, um an Geld zu kommen, ich klaute zum Beispiel Pfandflaschen aus unserem Keller und machte sie zu Bargeld. Und so besessen sparte ich, dass ich doch tatsächlich mit zehn Jahren die 1000 DM zusammenhatte. Doch das ganze Geld ging nicht so wie geplant für ein Pony drauf, nein, ich schenkte es meiner Mutter, die damals nicht wusste, wie sie ihre Rechnungen bezahlen sollte. Sie hatte nach der Trennung von meinem Vater zu keiner Zeit einen festen Job gehabt. Wie denn auch – mit drei kleinen Kindern? Wir lebten von Kindergeld, anderen Unterstützungen von den Ämtern und immer mal wieder von einem Aushilfsjob.

Jetzt verbrachte ich viel Zeit mit meiner neuen besten Freundin, Vivien. Sie war zu Beginn des zweiten Schuljahrs aus Pforzheim in unser Nest gezogen. Und während sie von Santrina sofort abgelehnt wurde, mochte ich sie auf Anhieb.

Der Kontakt zu meinem Vater war derweil vollkommen abgebrochen, nachdem er nach Stuttgart gezogen war und eine Frau aus Kuba geheiratet hatte. Ich wollte ihn einfach nicht mehr sehen. Vielleicht, weil ich ihn damals in den gleichen Topf warf wie die ganzen deutschen Deppen, die doch einfach nur zu blöd waren, eine Frau in Deutschland zu finden, und sich deshalb eine aus dem Ausland »kauften«, wie es meine Mutter immer ausdrückte. Vermutlich kam bei mir noch eine Portion Eifersucht dazu, weil ich mir die Kubanerin als glutäugige Schöne vorstellte, ob es nun stimmte oder nicht.

Meine Mutter hatte noch mehrere Männerbekanntschaften, aber es war nie einer dabei, mit dem sie glücklich geworden wäre, deshalb hielten diese Beziehungen auch nie lange. Sie hatte einfach kein Glück mit den Männern und der Liebe, da steht sie aber wahrhaftig nicht alleine unter all denen, deren erste Ehe schiefgegangen ist.

Bis dann Martin in ihr Leben trat, das war im Jahr 2001. Martin war Diplom-Kaufmann von Beruf, arbeitete bei einem Versicherungskonzern, außerdem war er nett, gut aussehend und hatte auch noch reichlich Geld. Doch genau dieses Geld schreckte sie ab. Zumindest behauptete sie das vor uns, ihren Freundinnen und auch sonst jedem, dem sie von Martin erzählte. Wahrscheinlich nur um nicht als geldgeil vor den anderen dazustehen. Wie vertraut mir das alles ist …

Zwar war sie trotz dieser Bedenken eine lange Zeit mit ihm zusammen, doch nach circa vier Jahren ging auch das auseinander. Inzwischen bin ich davon überzeugt, dass meine Mutter ganz unabhängig von irgendwelchen vorgeschobenen Motiven einfach unfähig zu einer dauerhaften Beziehung ist.

Ich habe Martin trotzdem immer wieder besucht, er ist für mich zum Vater geworden, wie ich ihn bis dahin nie hatte. Er war da, wenn man ihn brauchte, ob es mir nun gut oder zwischendurch ganz schlecht ging. Ich konnte mit allem, was mir auf dem Herzen lag, zu ihm gehen und er hörte mir einfach nur zu, gab mir Ratschläge, wenn ich ihn darum bat, und half mir bei den Hausaufgaben. Er war genauso, wie ich mir einen Vater immer vorgestellt hatte, stand mitten im Leben und das mit beiden Beinen, es gab zu der Zeit wenige Menschen, von denen ich das behaupten konnte. Ja, ich glaube, er wurde zum Vorbild für mich – aber sollte ein Vater das nicht auch sein?

ELF

Ich war unterdessen elf Jahre alt geworden. Meine schulischen Leistungen waren durchschnittlich. Die Hausaufgaben machte ich zwar fast immer, und ein bis zwei Tage bevor eine Klassenarbeit anstand, lernte ich meistens auch ein bisschen, aber so richtig Lust auf Schule hatte ich einfach nicht. Und mit elf Jahren war ich immer noch geldgeil, diesmal aber nicht, um zu sparen, denn das Pferd hatte ich mir restlos abgeschminkt.

Nein, ich wollte abnehmen, und hierfür war mir jedes Mittel recht. Ich kaufte fettverbrennende Tabletten und solche zum Entwässern, doch das war teuer.

Außerdem verweigerte ich die Nahrungsaufnahme. Ich nahm in kürzester Zeit circa elf Kilo ab und war stolz auf mich. Mit Vivien, die auf der gleichen Wellenlänge lag, machte ich lange Wandertouren, nur um Kalorien zu verbrennen. Als ich dann nicht einmal mehr Obst essen wollte, nur noch Tabletten schluckte und tagelang nichts anderes mehr zu mir nahm, wurde meine Mutter hellhörig. Schließlich drohte sie mir, sie würde mich in eine Klinik für Essstörungen einweisen lassen, wenn sich das nicht änderte.

Also aß ich wieder ein wenig, zumindest vor den Augen meiner Mutter, doch sobald Vivien und ich zusammen waren, hatten wir nur ein Thema: Wie nehmen wir am schnellsten immer noch mehr ab? Es war wie ein Zwang, unsere Gedanken drehten sich fast ausschließlich ums Essen oder besser gesagt ums Nicht-Essen. Irgendwann fiel es mir immer schwerer, die Heißhunger-Attacken wurden immer heftiger.

Kaum hatte ich dann etwas heruntergeschlungen, versuchte ich mich zu übergeben, aber weil ich das nicht schaffte, verfiel ich auf die Lösung, das Essen nur zu kauen, es aber nicht herunterzuschlucken, sondern es in einen Beutel zu spucken, das bekam keiner mit.

Zwar war ich mir sicher, dass meine Mutter, wenn sie das gewusst hätte, ausgerastet wäre. Denn wir hatten sowieso nicht viel

Geld, und wenn ich dann das Essen bloß durchkaue und wegschmeiße – ich wusste genau, dass dies falsch war und sie tief verletzt hätte. Doch ich konnte einfach nicht anders.

Es dauerte eine ganze Weile, doch dann bekam ich mich nach und nach in den Griff, zumindest so weit, dass ich die meiste Zeit ganz normal essen konnte. Heute glaube ich, dass diese Zeit ganz einfach ein Teil meiner vorpubertären Phase war. Glücklicherweise wurde es keine ernsthafte Bulimie, wie bei vielen anderen Mädchen. Trotzdem habe ich immer mal wieder diese Phasen, in denen ich mich viel zu dick finde, obwohl mich viele um meine schlanke Figur beneiden. Dann esse ich manchmal tagelang nichts, oder nur Obst.

Vivien und ich suchten uns ein neues Hobby, das war auch schnell gefunden, denn zu jedem Mittwochnachmittag nach der Schule gehörte nun der Besuch im nahe gelegenen Einkaufszentrum, zusammen mit unseren Eltern, die auch miteinander befreundet waren. Dadurch entwickelte sich bei mir eine kleine Kaufsucht, ich wollte immer die tollsten Klamotten so billig wie möglich kaufen. Ein echt schwäbisches Dilemma: die große weite Welt der Mode schnuppern, aber zu möglichst günstigen Preisen. Und dann begann das, was alles veränderte!

ERSTER KUSS, ERSTER SCHWANZ

Ich war zwölf, und es war ein ganz normaler Schultag, als Diego in unsere Klasse kam. Er war genauso alt wie ich, wirkte jedoch älter und reifer, vermutlich, weil ihn das Leben bei dem kleinen Wanderzirkus geprägt hatte, mit dem er über die Lande zog. Er sah gut aus, war etwas größer als ich, hatte braune Haare und ebenso braune Augen, ein hübsches Gesicht und so kräftige Muskeln, wie es in seinem Alter wirklich nicht normal war. Aber das Schönste an ihm war sein unvergleichliches Lächeln. Ich war sofort in ihn verliebt. So wie auch Santrina, so wie eigentlich alle in der Klasse und wohl auch die Mädchen in den Dörfern, wo sein Zirkus vorher Station gemacht hatte.

Deshalb war sich Diego seiner Wirkung bei den Mädels durchaus bewusst und nutzte das auch schamlos aus. Er lud mich und Santrina bei der nächsten Gelegenheit zu sich in den Zirkus ein und schon warteten wir vor dem Zelt auf ihn. Er merkte schnell, dass wir verknallt in ihn waren. Er machte auch kein Geheimnis daraus, dass er das wusste. Ihm war es im Gegensatz zu anderen Jungs in unserem Alter nicht peinlich, über dieses Thema zu sprechen. Und als »Mann von Erfahrung« war es ihm auch nicht peinlich, direkt zur Sache zu kommen: Er könne sich nicht entscheiden, welche von uns ihm lieber sei, deshalb würde er gerne gleich mit beiden zusammen sein. Uns war das egal, wir wollten ihn haben und das lieber gemeinsam als gar nicht.

Santrina hatte ihren Eltern erzählt, dass sie bei mir schlafe, und meiner Mutter machten wir weis, dass ich bei Santrina übernachte. Tatsächlich geschlafen haben wir dann im Zirkus.

Da saßen wir nun neben ihm in seinem Wohnwagen auf der Couch und er war charmant wie immer. Doch als er von seinem ersten Sex erzählte und uns ganz beiläufig fragte, ob wir darauf nicht auch Lust hätten, bekamen wir es mit der Angst zu tun und schüttelten beide nur den Kopf. Erst nach langen Sekunden peinlicher Stille zeigte er Verständnis für uns: Das sei doch nicht schlimm, wir hätten ja noch alle Zeit der Welt. Doch weil wir genau diese Zeit nicht hatten, weil Diego spätestens in einer Woche von der Bildfläche verschwunden sein würde, kamen wir in dieser Nacht dann doch noch zur Sache. Zuerst küsste er Santrina, dann mich, mit Zunge und allem Drum und Dran. Ich weiß nicht, ob er das, was er dann machte, nur bei mir tat oder auch bei Santrina, jedenfalls nahm er meine Hand und führte sie zu seinem Schwanz hinunter. Ich ließ sie anfangs nur dort liegen, dann streichelte ich ihn über dem Stoff seiner Hose, doch ihm war das nicht genug, deshalb schob er meine Hand hinein und auch unter seine Boxershorts. Ab da war ich überfordert. Erst dieser widerliche Kuss, wer will schon Spucke von einem anderen Menschen im Mund haben, und jetzt auch noch den nackten Schwanz in der Hand: Konnte es noch schlimmer werden?

Als er dann mit seiner Hand in meine Hose wollte, brach ich das Ganze ab, mir wurde es einfach zu viel. Er war kein Kind von Traurigkeit und knutschte nach dem Korb, den ich ihm gegeben hatte, eben mit Santrina weiter, während ich einschlief.

Die nächsten Tage waren wir ständig bei ihm. Auch ein paar Mal geknutscht haben wir noch, aber mehr ist nicht passiert, weil weder Santrina noch ich das wollten.

Nach seiner Weiterreise trauerten wir ihm noch ein paar Tage hinterher, doch dann war das alles schon wieder nicht mehr ganz so wichtig und wurde zumindest bei mir als »Na-ja-Erinnerung« abgespeichert.

DREIZEHN

Ich war in der 8. Klasse und 13 Jahre alt, als sich mein Leben schlagartig veränderte. Die ersten behutsamen Erfahrungen hatte ich ja inzwischen gesammelt, hatte meinen ersten Zungenkuss erlebt und einen nackten Schwanz in der Hand gehabt. Doch richtigen Sex wollte ich noch nicht, oder, besser gesagt, ich traute mich nicht, da ich immer noch keine positive Einstellung zu meinem Körper hatte.

Obwohl ich von allen Seiten zu hören bekam, wie hübsch ich sei, verabscheute ich, was ich da im Spiegel sah, geradezu. Und mit so etwas sollte einer, der mir gefallen hätte, ins Bett steigen? Nein, das ging nicht, das ging auf keinen Fall, so aufregend es auch sein könnte.

Denn angenehme Erfahrungen mit meiner Sexualität hatte ich durchaus schon gemacht, ich glaube, ich war sieben oder acht, als ich das erste Mal bemerkte, wie ich schöne Gefühle empfand, wenn ich meinen Unterleib gegen die Düsen im Schwimmbecken hielt, ich konnte gar nicht genug davon bekommen.

Irgendwann fand ich dann auch heraus, dass das daheim mit dem Duschkopf genauso funktionierte – oder, kurze Zeit später, auch mit den Fingern. Ich war süchtig nach diesem innigen Gefühl und nach dem Höhepunkt. Damals wusste ich noch nicht, dass man das Orgasmus nennt. Trotzdem konnte ich mir nicht vorstellen, dass ein Schwanz »da rein« passen sollte …

Ich war ja schon überglücklich, als ich mit zwölf Jahren das erste Mal einen Tampon reinbekam. An diesen Augenblick der Angst kann ich mich noch ganz genau erinnern! Ich dachte, ich würde irgendetwas kaputt machen, ich versuchte es trotzdem immer wieder, ich traute mich auch unbewusst nicht, bei meiner so heiß geliebten Selbstbefriedigung einen Finger in mich einzuführen. Auf alle Fälle saß ich irgendwann auf meinem Bett und dachte, jetzt mach es einfach. Im Bad legte ich mich auf den Boden, nahm ein o.b. aus der Packung meiner Mutter und drückte es einfach in mich hinein, es klappte, ich konnte es nicht fassen.

Doch dann kam Gina zu uns in die Schule, sie hatte Erfahrung, ich glaube, mehr als der Rest der Klasse zusammengenommen, obwohl sie auch nur ein Jahr älter war als wir. Sie faszinierte mich, ich fand sie bildhübsch und sie war sehr beliebt. Jeder in der Schule kannte und mochte sie binnen kürzester Zeit und sie hing mit den Älteren rum. Also all das, was ich immer sein wollte, hatte und war sie. Am Anfang hielt ich mich weit von ihr entfernt, doch lange ging das nicht gut.

Ich erinnere mich noch ganz genau an jenen Schultag, wir wussten (oder ahnten) zwar alle, dass sie schon Sex gehabt hatte, doch wir wollten es aus ihrem Mund hören. Wir haben unseren ganzen Mut zusammengenommen und haben sie tatsächlich gefragt. Sie lachte und schien geschockt, verunsichert von unserer Frage. Damals deutete ich ihren Blick anders, ich empfand ihn als cool. Jedenfalls antwortete sie, dass sie – logisch – schon Sex gehabt habe. Dann schaute sie uns fragend an: ob das bei uns etwa nicht so sei, wir alle schüttelten den Kopf. Ich glaube, dass sie uns bemitleidete.

Sie freundete sich schnell mit Santrina an, die übrigens, nach der kurzen Phase mit dem Gnadenhof, wieder meine beste Freundin geworden war. Und wieder war ich dabei, sie zu verlieren, weil ich mich partout nicht anpassen wollte. Aber – hatte ich mich nicht schon immer angepasst? Wieso hatte ich zum Beispiel die Tortur mit dem Abnehmen auf mich genommen? Doch nur, um anderen zu gefallen! Wieso hatte ich denn bisher noch nie Sex? Weil ich Angst hatte, nicht zu gefallen!

Endlich ging es mir auf: Lisa, jetzt musst auch du dich anpassen, wenn du Santrina nicht noch einmal verlieren willst. Also sprang ich über meinen Schatten und hing jetzt oft nicht nur mit ihr, sondern auch mit Gina rum. Darauf hatte ich schnell keine Lust mehr, denn ich wollte nicht immer nur das fünfte Rad am Wagen sein.

Also freundete ich mich wieder mehr mit Vivien an, doch trotzdem habe ich immer noch Zeit mit Santrina verbracht, ich lernte nun auch die »coolen« Leute kennen, bald war auch Vivien dabei. Als Santrina und Gina dann die ganze Zeit vor einem Installateurs-Betrieb rumhingen, weil sie dort auf zwei »hammergeile« Typen abfuhren, tat ich das auch. Und logischerweise musste auch ich diese Typen scharf finden. Der eine war ein 23-jähriger Bosnier, etwas zu klein und unscheinbar geraten, aber ansonsten ganz ansehnlich, und der andere ein etwas besser aussehender 21-jähriger Grieche mit Macho-Ausstrahlung. Er hatte seine dunklen, kurzen Haare nach oben gestylt, war etwa 1,80 groß und hatte einen leichten Kuschelbären-Bauchansatz, der ihm gut stand.

Wenn ich heute darüber nachdenke, waren die Jungs nicht einmal annähernd so scharf wie der Durchschnitt, doch damals hatte ich ja auch kein Selbstbewusstsein und dachte, gegen Gina komme ich sowieso nicht an, deshalb habe ich mich dann ziemlich schnell wieder mehr auf andere Freundinnen fixiert. Zum Glück waren auch Vivien diese »hammergeilen« Typen fremd. Außerdem lernte ich jetzt noch Alisa kennen, sie war, genau wie ich und Santrina damals, ein Riesenfan der Band »Blue«. So eine innige Freundschaft kannte ich zuvor überhaupt nicht.

Doch ein Problem ergab sich nur wenige Monate, nachdem wir Freundschaft geschlossen hatten: Alisa war anscheinend genauso fasziniert von mir wie ich von Gina. Deshalb ahmte sie mich immer mehr nach. Irgendwann erzählte sie mir, dass sie meinetwegen beim Psychologen gewesen sei und der ihr geraten habe, sie solle einfach x-mal hintereinander sagen: »Auch wenn ich nicht so aussehen und sein kann wie Lisa, akzeptiere und respektiere ich mich so, wie ich bin.« Als ich davon erfuhr, wusste ich, dass es so nicht weitergehen konnte. Obwohl es mich natürlich auf eine gewisse Art bestätigte und stärkte. Mein Selbstbewusstsein wuchs, denn plötzlich war ich für jemand ein Vorbild.

Ein paar Wochen später haben wir uns wie immer morgens vor der Schule am Bahnhof getroffen, doch diesmal war irgendetwas anders. Franka, die Gina auch vor Wochen in ihren Bann geschlagen hatte, war es am Tag zuvor gelungen, ihr »erstes Mal« zu haben, und zwar mit einem Typen namens Sepp. Der war nun nicht wirklich der Partner, den man sich für sein erstes Mal wünscht oder zumindest wie ich mir diesen Partner vorstellte. Aber das ist ihr Ding, dachte ich mir. Sepp war 16 Jahre alt, Türke und, nach seinem Schulabbruch, arbeitslos. Ich glaube nicht, dass Franka tatsächlich auf ihn abgefahren ist, ich denke, sie hat ihn einfach nur ausgewählt, weil er eben gerade da war. Warum er als Türke Sepp genannt wurde, weiß ich bis heute nicht, er war vor allem dafür bekannt, den ganzen Tag zu kiffen und zu saufen. Also lag es nahe, dass er gerade zur Hand war, als Franka es probieren wollte.

Als aber dann am nächsten Tag auch noch Santrina ankam und erzählte, dass sie sich von ihm hatte entjungfern lassen, dachte ich mir: Lisa, langsam musst du auch mal, sonst wirst du echt ausgegrenzt. Aber über eins war ich mir sicher: Ich wollte nicht auch noch diesen Sepp es erledigen lassen, ich dachte, warte ab, es kommt auch noch ein anderer.

Kurze Zeit später ließ sich auch noch Franka von Santrinas Begeisterung für diese Typen von dem Installateurs-Betrieb anstecken. Als meine Mutter eines Nachts nicht da war und wir unten vor der Haustür saßen, um zu rauchen, fuhr Elmo, einer der beiden, vorbei, Santrina und Franka halb nackt hinterher, dann rückte Santrina endlich mit der Sprache raus. Sie hatte sich von Ilias, dem anderen, in den Arsch ficken lassen, bevor sie überhaupt normalen Sex hatte. Sie war so glücklich darüber!

ES PASSIERT

Der nächste Wanderzirkus, der bei uns im Dorf Station machte und einige Shows geplant hatte, kam wenige Wochen später zu uns. Wie auch schon beim letzten Mal machten wir uns auf den Weg dorthin, da waren echt ein paar süße Typen dabei. Vor allem auf Alfred hatte ich sofort ein Auge geworfen. Irgendwann, ich weiß nicht mehr genau warum, verlor ich eine Wette, deshalb musste ich ihn küssen, das tat ich auch. Aber als er mir sagte, dass ich zu hektisch küsse, fiel ich für kurze Zeit wieder in ein Loch. Und ich dachte mir, siehst du, du kannst es einfach nicht.

Doch er meinte, dass es bei ihm am Anfang genauso gewesen sei, ich sei mit 13 ja noch so jung und er würde mir gerne zeigen, wie es viel schöner für mich sei. Natürlich sagte ich nicht Nein, und er hatte recht, es war viel schöner. Ich glaube, ich war ein wenig verliebt, aber er war schon 18, was will denn so einer von einer

Jetzt war ich meinem Ziel, endlich so wie die anderen zu sein, ganz nah! Ich wusste zwar nicht genau, wie »Blasen« geht, doch ich tat es und es funktionierte. Im Porno auf Video hatte ich es ja schon gesehen, also tat ich alles genau so, wie die es mir dort vorgemacht hatten. Er stöhnte und schien zufrieden zu sein.

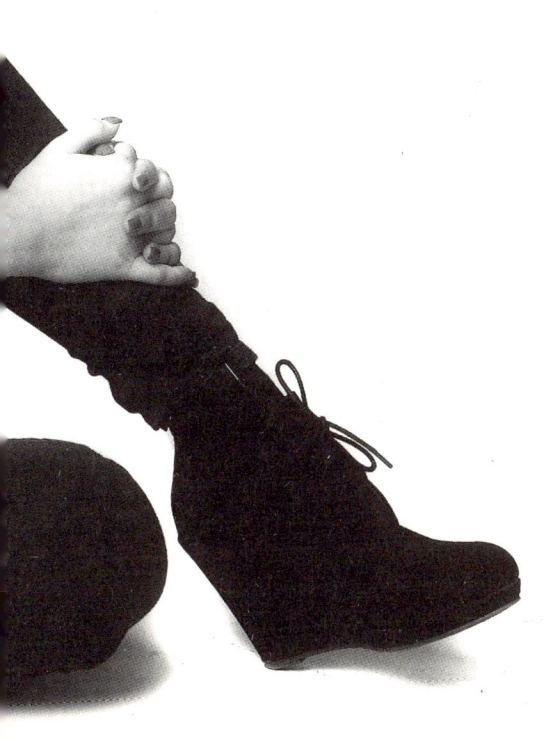

13-Jährigen, dachte ich mir, und außerdem hatte er eine Freundin, trotzdem war er die ganze Zeit in meinen Gedanken.

Am vorletzten Abend feierte der Zirkus ein Fest, eigentlich feierten sie immer, aber an diesem Abend eben ganz besonders. Theo war mit seinen reifen 23 einer der beiden Zirkuschefs, und er trug mich auf Händen. Er war mir ehrlich gesagt ein wenig zu alt, außerdem hatte ich nur Alfred im Kopf. Als sie ein paar Orte weiterzogen, reisten wir ihnen hinterher, jeden Tag nach der Schule. Als sie dann nochmals einige Dörfer weiterzogen, folgten wir ihnen auch dorthin.

Mein erstes Mal sollte hier, in einem Nest, wo ich noch nie gewesen war, »passieren«, in einem Wohnwagen und mit einem »Zirkus-Zigeuner«, wie sie sich selbst immer nannten – so hatte ich es mir in den Kopf gesetzt. Ob sie wirklich Zigeuner oder einfach nur ein fahrendes Volk waren, interessierte mich überhaupt nicht, nur dass es jemand Besonderes war und nicht irgendein Klassenkamerad oder Nachbar, war das, was zählte. Und so wie »es« geplant war, habe ich es auch durchgezogen.

Wir hatten ein wenig getrunken; kaum dass ich mich dann von Santrina und Franka verabschiedet hatte, lag ich bei Alfred und Manuel (sein Cousin, der auf Besuch war) auch schon im Bett. Wir küssten uns, er fasste mir zwischen die Beine, unangenehm war mir das trotz meiner Ängste vorher überhaupt nicht. Das Einzige, was ich ein wenig merkwürdig fand, war, dass Manuel bei uns mit im Bett lag. Der schlief aber tief und fest, deshalb sah ich darüber hinweg. Alfred flüsterte, dass ich unter die Decke schlüpfen und ihm einen blasen solle. Jetzt war ich meinem Ziel, endlich so wie die anderen zu sein, ganz nah! Ich wusste zwar nicht genau, wie »Blasen« geht, doch ich tat es und es funktionierte. Im Porno auf Video hatte ich es ja schon gesehen, also tat ich alles genau so, wie die es mir dort vorgemacht hatten. Er stöhnte und schien zufrieden zu sein.

Dann drehte er mich auf den Rücken, streifte sich ein Kondom über und legte sich auf mich. Er versuchte ein paarmal, in mich einzudringen, ich glaube, es war im dritten Anlauf, ehe er es endlich geschafft hatte. Nun also war ich mitten in meinem ersten Sex, es kam mir fast unwirklich vor. Die Schmerzen, die ich erwartet hatte, spürte ich durchaus, jedoch nicht so stark, wie ich es befürchtet hatte. Es fühlte sich weniger schmerzhaft als einfach merkwürdig an, fast unangenehm, diesen fremden Körper in mir zu haben. Nur wenige Minuten dauerte es, dann war es schon vorbei, er drehte sich einfach um und schlief sofort ein. Das war mir auch ganz recht so, denn ich brauchte Zeit zum Nachdenken.

Es war mir natürlich nicht gekommen, und Alfred verschwendete auch überhaupt keinen Gedanken daran, ob ich Spaß dabei hatte. Wenigstens hatte er mich nicht gefragt, ob er gut gewesen sei! Nein, das war er wahrhaftig nicht. Am meisten ärgerte mich, dass er sich gar nicht für mich interessierte.

War es das also, fragte ich mich, ist es das, von dem alle reden, das, um was sich die ganze Welt dreht? Ich war enttäuscht, ich hatte mehr erwartet, aber trotzdem war ich froh, dass ich jetzt dazugehörte, und schlief einigermaßen beruhigt ein.

Am nächsten Morgen war ich schon recht früh wach, schlüpfte in meine Klamotten und ging hinaus, wo ich Franka traf. Sie setzte sich zu mir und wollte wissen, wie es gewesen sei. Ich grinste verschwörerisch und sagte nur »gut«. Sie hatte die Nacht bei Alex verbracht, dem anderen Chef der Zirkustruppe, er war schon 28, doch bei ihr war nichts gelaufen.

Santrina schlich nur kurze Zeit später aus dem danebenliegenden Wohnwagen, sie sah aus wie ein frisch geficktes Eichhörnchen. Wie sie uns dann erzählte, war sie das auch. Sie hatte soeben ihren ersten Dreier erlebt, sie und zwei Jungs, und das mit 14. Aber eigentlich wunderte ich mich über gar nichts mehr. Am Abend machten wir uns zurück auf den Heimweg.

Ein paar Tage später, im nächsten Ort, in dem die Truppe eine Woche lang gastierte, schlief ich noch einmal mit Alfred, dann nie mehr. Es war wie beim ersten Mal, schnell vorbei, ohne dass ich kam und ohne dass er sich für meine Bedürfnisse interessiert hätte. Aber die konnte ich damals auch noch nicht artikulieren, ich dachte, es muss vielleicht so sein.

Mit Alfred habe ich jedenfalls nie darüber gesprochen, dass er ein schlechter Liebhaber ist. Doch zurück zu Hause konnte mein »Leben«, so wie ich es verstand, nun endlich beginnen, und nur das zählte für mich. Ich war dreizehneinhalb Jahre alt, und ich war keine Jungfrau mehr.

MEINE LOVER NUMMER ZWEI UND DREI

In den nächsten Wochen und Monaten wurde ich in der Schule immer aufmüpfiger, und auch zu Hause war es nicht wirklich anders. Ich ging zwar zum Unterricht, doch dort drehte es sich inzwischen weniger ums Lernen, es war eher wie ein Freizeittreff. Ich war zwar schon vorher nie ein Streber gewesen, aber ich hatte immer gute Noten gehabt, zumindest so gute, dass ich mir um meine Versetzung nie hatte Sorgen machen müssen.

Aber jetzt saß ich nicht mehr wie sonst in einer der ersten Reihen, sondern weit hinten. Früher hätte ich mir nicht im Traum vorstellen können, zu denen zu gehören, die dort sitzen, doch plötzlich erschien mir das als die Erfüllung meiner Träume. Stuhl nach hinten an die Wand gelehnt, Füße auf den Tisch – die Lehrer haben es nach ein paar Wochen aufgegeben, uns zurechtzuweisen. Wir hatten gesiegt.

Nach einer Weile lernte ich dann Matthias kennen, er gehörte zu den Jugendlichen, die sich selbst »Nazis« nannten, sie waren gegen alles, was nicht deutscher Herkunft war. Er war knapp 17 Jahre alt, weiß der Himmel, was ich von so einem Typen wollte. Jedenfalls verliebte ich mich in ihn, und er sich in mich. Wir haben uns ein paar Mal getroffen, doch ihm passte weder mein Freundeskreis noch mein Kleidungsstil, der mittlerweile schon wirklich recht weiblich geworden war. Ich trug im Alltag Jeans mit hochhackigen Schuhen und freizügige Oberteile, in denen ich meine kleinen Brüste gut betonen konnte. Und bei besonderen Anlässen auch schon wirklich kurze Röcke. Ihm war mein Auftreten wohl zu billig und unpassend im Vergleich dazu, wie er herumlief. Er trug zu den Springerstiefeln und den Tarnhosen, wie alle in seiner Clique, weite T-Shirts und einen ganz kurzen Haarschnitt, also genau das Gegenteil von mir.

Ich merkte schnell, dass diese »Beziehung« nicht lange halten würde, doch ich wollte, bevor ich ihn verließ, erst noch mit ihm ins Bett. Denn ich wollte nicht einfach nur einmal mit einem Typen geschlafen haben, sondern endlich mal Sex mit einem, mit dem ich auch zusammen war.

So wie ich es wollte, geschah es auch, Matthias wurde mein zweiter Lover. Ich verabredete mich mit ihm und er sagte mir, wo ich auf ihn warten sollte. Ich solle mir doch heute bitte eine normale Jeans und Turnschuhe anziehen. Ich erfüllte ihm seinen Wunsch, denn mir ging es schließlich nur um das eine, und das wollte ich so schnell wie möglich. Er kam mit seinem Moped, ich schwang mich auf den Sitz hinter ihm und wir fuhren los.

Als wir auf dem Wochenend-Grundstück seiner Eltern angekommen waren, machte er ein Lagerfeuer, ich fand das romantisch. Wir saßen auf Gartenstühlen vor dem Feuer und tranken Mischbier. In dieser Zeit vertrug ich noch nicht viel Alkohol, und deshalb machte der sich auch ziemlich schnell bemerkbar.

Irgendwann lagen wir auf einer Decke, direkt vor dem Lagerfeuer, wir küssten uns und ganz langsam schlich seine Hand in meine Hose, er fingerte mich. Jetzt fing auch ich an, an ihm herumzuspielen. Er hatte einen viel größeren Schwanz als Alfred. Toll, dachte ich mir. Als er dann schon eine wirklich beachtliche Beule in seiner Hose hatte, flüsterte er mir ins Ohr, dass er nicht unbedingt in mich eindringen müsse, wenn ich nicht wolle. Oh

Mann, wozu waren wir denn hier? Dass er es einfach nur gut mit mir meinte und ritterlich sein wollte, auf diese Idee kam ich erst gar nicht. Deshalb flüsterte ich zurück, dass ich es aber gerne hätte.

Also tat er, was ich wollte. Er zog mir meine Jeans behutsam aus und schob sich seine Hose herunter, zog sie aber nicht aus und steckte mir dann seinen Schwanz ganz vorsichtig und langsam hinein. Zuerst vögelte er mich in der Missionarsstellung auf der Decke, dann setzte er mich auf sich und ließ mich seinen Schwanz reiten. Es war wunderschön und er war so lieb zu mir, gespritzt hat er nach vielleicht 20 Minuten in der Löffelchenstellung. Nach dem Sex blieben wir eine Weile genauso liegen und genossen den Augenblick. Ich glaube nicht, dass er viel Erfahrung in Sachen Sex hatte, irgendwie kam es mir eher so vor, als wenn er sich vorher ein paar Pornos reingezogen hätte und denen im Film alles nachmachen wollte. Aber was weiß man schon mit 13 Jahren …

Danach war es schon spät, die Nacht verbrachten wir im Gartenhaus. Eng umschlungen schliefen wir ein. Am nächsten Morgen fuhr er mich zurück nach Hause. Ich machte mich direkt auf den Weg zu Santrina, um ihr alles zu erzählen. Ihre Mutter berichtete mir, dass sie noch schlief, doch das war mir in diesem Augenblick so was von egal. Also ging ich in ihr Zimmer und weckte sie. Doch Santrina verzog nur angewidert ihr Gesicht, sie stand nur auf Schönlinge.

*

Der Sommer war gekommen, genau die richtige Jahreszeit für viele Abenteuer, dachte ich mir. Und so war es dann auch. Santrina hatte schon vor Wochen von einem total tollen Jungen namens Cem erzählt, er wäre so was von süß und was nicht alles. Ich war neugierig, ich wollte ihn sehen, denn Santrina hatte auch schon mit ihm gepoppt, auf offener Straße, als sie bei ihrer Schwester übernachtet hatte. Mein Wunsch wurde Wirklichkeit, als wir im Freibad waren. Er war wirklich so süß, wie sie es erzählt hatte, eins war klar, auch ich wollte mit ihm poppen. Das Problem, wie ich das anstellen sollte, wurde schnell gelöst, denn Cem fragte mich schon nach kurzer Zeit, ob ich noch Jungfrau sei, auch er hatte also Interesse. Da Santrina auch noch geprahlt hatte, dass er ein Riesending habe, wurde mein Antrieb, ihn zu vögeln, noch größer.

Ich wollte, dass Cem mein dritter Lover werden sollte. So kam es, wie es kommen musste, oder besser gesagt kommen sollte, Cem und ich verschwanden in der Umkleidekabine. Dort fielen wir übereinander her, er hatte wirklich einen so großen Schwanz, wie Santrina es erzählt hatte.

Die nächsten Tage verbrachten wir von morgens bis abends im Freibad, zum Glück waren Sommerferien, der Grund: Nicht nur ich wollte Cem vögeln, sondern nach Monaten jetzt auch wieder Santrina, und Franka ebenfalls. Sie waren beide scharf auf seinen Mörderschwanz, die eine aus Erfahrung und die andere zum ersten Mal. Wir wechselten uns ab. Wenn ich mit ihm fickte, tat ich es immer in der Umkleidekabine. Ich ritt ihn, während er gemütlich auf der kleinen Bank in der Kabine saß. Er wollte immer die gleiche Art von Sex, erst kurz anblasen, dann ficken und abspritzen, am liebsten in mich rein, doch das habe ich ihm nie erlaubt, immer nur mit Gummi. Auch meinen Arsch wollte er mehrmals ficken, doch auch das ließ ich nicht zu. Doch wie immer verlor ich nach nur kurzer Zeit das Interesse an ihm und hielt lieber Ausschau nach neuem Frischfleisch.

*

Franka schluckte einmal die »Pille danach«, weil sie sich von Cem dazu hatte überreden lassen, ohne Gummi mit ihm zu poppen. Doch ihr oberstes Ziel hatte sie immer noch nicht erreicht: Sie wollte endlich einmal den Geschmack von Sperma kosten. Da Cem aber kein Interesse mehr an ihr hatte, bat sie stattdessen mich, mit

ihm zu schlafen und hinterher das benutzte Kondom für sie aufzu-
bewahren. Franka war die Einzige von uns, die das Zeug noch nie
geschluckt hatte. Geblasen hatte sie natürlich schon, aber eben noch
nie bis zum Schluss. Vielleicht hatte sie einfach Angst vor dieser
ungewohnten, womöglich widerlichen Erfahrung und wollte die
lieber ganz allein für sich im stillen Kämmerlein machen. Als bei-
spielsweise ich das erste Mal Sperma im Mund hatte, konnte ich den
Brechreiz nur mit viel Glück und Selbstverleugnung unterdrücken.

Da Franka die letzten Tage totalen Stress mit ihrer Mutter hatte,
zog sie für ein paar Tage bei mir ein. Das Kondom kam dann aber
trotzdem nicht wie geplant zum Einsatz, sondern gammelte nur
in meiner Schublade vor sich hin. Davon abgesehen verbrachten
wir ein paar schöne gemeinsame Tage bei mir, bis meine Mutter
sie bat, wieder nach Hause zurückzugehen. Die nächsten Tage war
Franka ein wenig komisch zu mir, sie verbrachte ihre Zeit lieber
mit Santrina, also tat ich mich wieder mit Gina zusammen.

Eines Abends zogen wir mit zwei Jungs aus der Gruppe, mit
der wir immer am Bahnhof rumhingen, los, den zwei Angelos,
wie wir sie nannten. Wir wollten in eine jener Bars, die eigentlich
jeder kennt und wo trotzdem niemand hin will, doch weil sie geschlossen war, entschieden wir uns für ein Irish Pub. Auch daraus
wurde nichts, denn der Kellner fragte uns nach unseren Ausweisen,
und als 14-Jährige besaßen Gina und ich schließlich keine, deshalb
flogen wir sofort wieder raus. Die Angelos folgten uns, obwohl sie
hätten bleiben können, sie waren ja schon älter als 16. Da ich schon
lange das Gefühl hatte, dass einer der beiden ein Auge auf mich
geworfen hatte, vielleicht als sein nächstes Fickopfer, wunderte ich
mich nicht allzu sehr darüber, dass die beiden sich mit uns solida-
risierten. Wir entschlossen uns, zu McDonald's und danach wieder
zurück nach Hause in unser Dorf zu fahren.

Obwohl es angefangen hatte zu regnen, verzog ich mich dort
hinter der Schule mit dem einen der beiden, der es auf mich abgesehen hatte, in eine Ecke, wo wir ungestört waren. Ich spielte ihm

an seinem Schwanz herum, und es dauerte nicht lange, bis er sich seine Hose herunterzog. Ich fing an, ihn zu lutschen, in mir drin machte sich ein überwältigendes Triumphgefühl breit. Wir wollten vögeln, taten das auch kurz, vielleicht ein paar Sekunden lang, aber es funktionierte einfach nicht, weil der Regen zu stark und das einzig trockene Fleckchen selbst dafür viel zu eng war. Also gaben wir es auf und entschlossen uns, das Versäumte irgendwann bei gutem Wetter nachzuholen. Ich hätte ihn natürlich weiter blasen können, bis er spritzte, doch da er mich nicht darum gebeten hatte, tat ich es auch nicht.

VERGEWALTIGT

Als die Fußball-WM 2006 begann, war ich eines Abends im Chapeau, dem »Szene-Treffpunkt« in unserem Ort, um das Eröffnungsspiel gegen Costa Rica anzuschauen. Als Santrina und ich nach dem Abpfiff schon ein wenig angeheitert waren, verließen wir die Kneipe. Draußen wurden wir dann von einem Typen von hinten umarmt, wir drehten uns um, es war Florian. Ich kannte ihn nicht persönlich, ich wusste nur, wie er hieß, weil ich ihn schon lange süß fand. Doch viel mit ihm beschäftigt hatte ich mich noch nicht.

Florian ging bis zum letzten Schuljahr zu uns auf die Schule und war die letzten zwei Jahre mit einem Mädchen aus einer Klasse über mir zusammen, deshalb hatte ich mir abgeschminkt, dass ich etwas mit ihm anfangen könnte. Er war äußerlich ein südländischer Typ, aber ansonsten so deutsch, wie er nur sein konnte – also genau der Typ, auf den ich damals stand. Keiner von denen, wie sie an jeder Ecke herumhingen, bloß um sich zu besaufen, kein Großmaul oder Sprücheklopfer. Nein, Florian schien das alles nicht nötig zu haben und das war es vor allem, was mich an ihm reizte, weil er so schön normal wirkte. Zu dritt landeten wir schließlich im Park, wo wir

Er packte meine Arme und drückte sie nach oben, dann riss er meinen Rock herunter und meinen
Tanga zur Seite und drang, bevor
ich einen klaren Gedanken fassen
konnte, in mich ein. Ich kann mich
nicht mehr genau daran erinnern,
wie er das alles in dem engen Auto
hinbekommen hat, wahrscheinlich hatte er den Sitz nach hinten
gedrückt. Doch wie kann ich das
heute noch wissen, wo ich doch die
ganze Zeit unter Schock stand und
mich kaum noch wehren konnte.

über nichts anderes als das Spiel debattierten, ehe Santrina gehen musste. So blieb ich allein mit Florian zurück, bis es auch für mich Zeit wurde. Also schlich ich mich durch unsere Haustür, wartete dort eine Weile und als alles ruhig blieb, kehrte ich zu dem draußen wartenden Florian zurück. Auf einer Parkbank quatschten wir bis tief in die Nacht hinein, sonst nichts, dann brachte er mich nach Hause und wir verabredeten uns für den nächsten Tag. Ich schlief mit einem Lächeln auf dem Gesicht ein.

Seitdem konnte ich an kaum etwas anderes denken als an Florian. Nach ein paar Tagen küssten wir uns dann das erste Mal, doch gleich mit mir schlafen, wie es die anderen gewollt hätten, kam für ihn nicht infrage. Spätestens jetzt erkannte ich, dass er wohl der erste Typ war, der ein tieferes Interesse an mir hatte als an bloßem Sex. Alles war super – bis zum nächsten WM-Spiel gegen Polen, natürlich wieder vor dem Bildschirm im Chapeau. Doch schon in der Halbzeit hatte Florian genug, weil seine Ex ebenfalls im Raum war, wir würden uns morgen wiedersehen. Da ich sowieso weiter feiern wollte, kam mir das nicht ungelegen. Und als dann das Spiel mit 1:0 gewonnen war, war ich genau in der richtigen Stimmung, um noch nicht gleich ins Bett zu gehen.

Da kam mir die Einladung von Gustav, noch ein paar Runden in unserem Baggersee 15 Kilometer entfernt zu schwimmen, gerade recht. Bei einem anderen als Gustav hätte ich vielleicht gezögert, doch zu ihm hatte ich Vertrauen. Wie man sich doch täuschen kann. Bis dahin nämlich hatte sich Gustav immer ganz untadelig verhalten und war deshalb mit der Zeit ein richtig guter Kumpel geworden. Ich hatte ihn bei »meinem« ersten Wanderzirkus kennengelernt, mit dem er durch die Lande zog, doch lebte er die meiste Zeit in einem Nachbardorf in der Nähe des Baggersees. Weil er sich ausgesprochen fürsorglich um uns kümmerte und dabei verhinderte, dass wir schon nachmittags Alkohol in uns hinein-schütteten, hatten Santrina, Franka und ich in den vergangenen Wochen viel mit ihm unternommen. Oft waren wir mit ihm am

Baggersee oder an anderen idyllischen Plätzen gewesen und nie war es zu irgendwelchen Anzüglichkeiten, geschweige denn Handgreiflichkeiten gekommen. Warum also hätte ich ihm misstrauen sollen?

Los ging es um Mitternacht, am Baggersee angekommen, zog ich mich bis auf die Unterwäsche aus und ging ins Wasser, er folgte mir hinein. Wir schwammen, planschten und alberten im Wasser herum, irgendwann wurde er ruhiger und verzog sich ans Ufer. Da es mir allein auch keinen Spaß mehr machte, schwamm ich zu ihm hinüber und setzte mich neben ihn. Plötzlich nahm Gustav meine Hand und legte sie auf seinen Schwanz, ich zog sie sofort wieder weg. Dann versuchte er, mich zu küssen, auch das erwiderte ich nicht, ich dachte nur an Florian. Ich forderte ihn auf, mich nach Hause zu bringen, doch darauf wollte er sich nicht einlassen. Stattdessen drückte er mich zu Boden und versuchte, mich erneut zu küssen. Ich wusste nur eins, ich wollte um keinen Preis mit ihm schlafen, egal was passierte. Er solle mich in Ruhe lassen, da ich einen Freund hätte und keine Schlampe sei. Er ließ mich nicht los: Natürlich sei ich eine Schlampe, und versuchte es weiter, bis ich mich aus seinen Armen riss und panisch vor Angst in den Wald floh. Doch er folgte mir und war wieder total nett. Zwar traute ich ihm nicht, als er mir schließlich anbot, mich nach Hause zu fahren, doch was blieb mir anderes übrig, ich war allein und bald 20 Kilometer von zu Hause entfernt. Außerdem war es mitten in der Nacht. Heute weiß ich, dass mein »Ja, okay« der größte Fehler meines Lebens war.

Auf der Heimfahrt redeten wir nicht viel miteinander, irgendwann hielt er an einem Waldstück an und sagte nichts, in mir stieg eine Riesenangst auf. Er packte meine Arme und drückte sie nach oben, dann riss er meinen Rock herunter und meinen Tanga zur Seite und drang, bevor ich einen klaren Gedanken fassen konnte, in mich ein. Ich kann mich nicht mehr genau daran erinnern, wie er das alles in dem engen Auto hinbekommen hat, wahrscheinlich hatte er den Sitz nach hinten gedrückt. Doch wie kann ich das heute noch wissen, wo ich doch die ganze Zeit unter Schock stand und mich kaum noch wehren konnte.

Was mir damals wie eine Ewigkeit in der Hölle vorkam, war wohl nach wenigen Minuten wieder zu Ende. Dann klaute er mir eine Zigarette, obwohl er sonst nie rauchte, und drückte sie mir, nachdem er ein paarmal an ihr gezogen hatte, oben an meinem Venushügel aus – es schmerzte so tierisch, als ob mir Tausende von Nadeln gleichzeitig in die Haut gestoßen würden. Doch inzwischen hatte ich mich schon halb aus der Realität verabschiedet, alles Gefühl in mir war abgestorben, ich wollte einfach nur, dass es vorbei war. Mehr als diese Behandlung sei ich ohnehin nicht wert, war sein einziger Kommentar. Das war er also, mein ritterlicher Gustav. Ich wusste weder, was ich denken, noch was ich sagen sollte, saß einfach nur stumm und wie gelähmt da und wartete, bis wir endlich bei mir zu Hause angekommen waren. Wortlos stieg ich aus, schlich mich ins Haus, kroch ins Bett und wollte nur noch schlafen. Am nächsten Morgen hatte ich die Sache schon so weit verdrängt, dass ich einfach so tat, als wenn nichts gewesen wäre.

Gustav war mein vierter »Lover«, und er hat mich vergewaltigt. Ich hätte nie gedacht, dass mir das passieren würde. Dabei hatte ich doch nur Erfahrungen sammeln wollen, aber nie und nimmer auf diese fürchterliche Art und Weise. Danach bin ich Gustav nur noch ein einziges Mal begegnet. Ich glaube, er hatte Angst, dass ich es jemandem erzähle. Doch bis heute habe ich nichts dagegen unternommen, denn damals hatte ich keine Kraft dazu und heute fehlen mir die Beweise, daher ist er immer noch auf freiem Fuß. Inzwischen belastet es mich nicht mehr wirklich, manchmal denke ich zwar noch daran zurück, aber meistens ist es gut versteckt hinter meiner Fassade, ich habe das, was passiert ist, ganz einfach verdrängt. Monatelang habe ich es damals für mich behalten, habe keinem davon erzählt, bis mir dann irgendwann aufging, dass meine Tage längst überfällig waren. Ein Schwangerschaftstest, den ich daraufhin machte, war positiv. Von wem würde das Kind sein, von Florian oder war es tatsächlich von Gustav? Dieses Problem hat sich dann ganz schnell wieder verflüchtigt. Denn als ich mich mit Santrina und Franka bei Florian – seine Eltern waren verreist – einfach nur noch zugesoffen hatte, lag ich spät in der Nacht bei ihm im Bett und blutete wie ein Schwein. Ich wusste nicht, woher das Blut kam, hatte nur noch Angst. Florian verstand natürlich auch nicht, was los war. Da ich total besoffen war, realisierte ich allerdings sowieso nicht mehr, was passierte, deshalb ging ich einfach aufs Klo, wartete eine Weile unter Schmerzen, bis die Blutung nachließ, legte mich dann wieder ins Bett und schlief. Am nächsten Morgen war nichts mehr von der Blutung zu sehen. Jetzt fing auch ich an zu rätseln, woher das Blut hatte kommen können, ich machte erneut einen Schwangerschaftstest und mein Verdacht bestätigte sich, diesmal war er negativ. Ich hatte mein Baby in dieser Nacht verloren.

14 JAHRE, ABER EIN SEXLEBEN WIE EINE GROSSE

Die Beziehung mit Florian hatte Höhen und Tiefen, an manchen Tagen war ich froh, dass er da war, und an anderen ging er mir einfach nur auf die Nerven. Aber es lag nicht an ihm, sondern an mir, ich war einfach noch nicht reif genug für eine Beziehung. Ich wollte mich nicht mit einem einzigen Jungen zufriedengeben, ich wollte ganz einfach noch mehr sexuelle Erfahrungen sammeln. Es war nicht so, dass ich mit ihm nicht auch viele verschiedene Stellungen an den verschiedensten Orten ausprobiert hätte, aber es war eben immer der gleiche Schwanz. Deshalb beendete ich die Beziehung zu ihm nach nur wenigen Monaten.

Jetzt war ich wieder frei für etwas Neues. Dass ich gerade erst 14 Jahre alt war, war mir egal, es juckte mich einfach, neue sexuelle

Erfahrungen zu sammeln. Die Gelegenheit dazu bot sich mir denn auch früh genug …

Es war an einem Samstagabend, ursprünglich hatte ich einfach mal nur auf dem Sofa sitzen und zusammen mit meiner Familie fernsehen wollen. Doch kaum hatte Santrina an der Tür geklingelt, war es vorbei mit der Gemütlichkeit. Also schwindelte ich meiner Mum vor, dass ich babysitten müsse und erst morgens früh wieder zurück sein würde. Warum mir meine Mutter diese faule Ausrede glaubte, ist mir heute noch rätselhaft. Dachte sie etwa, dass ich ein braves Mädchen und noch Jungfrau sei? Ich habe nie mit ihr darüber gesprochen.

Wir machten uns auf den Weg zum Schulhof, dort waren auch alle anderen. Ich fiel gleich über den Alkohol her, der dort in Strömen floss. Als wir dann schon wirklich »gut dabei« waren, stießen auch noch Andreas und Samuel dazu, beides gute Bekannte. Samuel hatte ich mal auf dem Dorffest einen geblasen, aber mehr war seitdem noch nicht gelaufen. Jetzt kamen die beiden auf die Idee, wir könnten ja was ziehen; damit meinten sie Pepp oder Speed. Diesmal war es Pepp, das sie dabeihatten. Santrina und ich waren heute durchaus nicht abgeneigt.

Als wir so richtig im Universum schwebten, kamen wir auf die grandiose Idee, dass jetzt der richtige Zeitpunkt gekommen war, uns selbst zu tätowieren. Also malten wir uns die Vorlage auf den Rücken: das Wort »Playmate« und darüber einen Bunny-Kopf. Dann stach ich Santrinas Tattoo mit einer Nadel, um die ein Faden gewickelt war und die ich zuvor in Tusche getunkt hatte, eine andere Freundin tat das anschließend bei mir. Später am Abend, als es schon richtig dunkel war, sind noch mehr Leute zu uns gestoßen. Damian, ein Grieche, den ich bisher nur vom Sehen her kannte, war auch dabei – den kralle ich mir heute Abend noch, nahm ich mir vor.

Zuvor aber zog mich »der andere Angelo« in eine dunkle Ecke. – der Namensvetter jenes Angelo, dem ich damals im strömenden

Regen versucht hatte, einen zu blasen. Er küsste mich und griff in meine Hose. Auch ich machte seine Hose auf, ging in die Knie und fing an, seinen Schwanz zu lutschen.

Wieder machte sich jenes trügerische Triumphgefühl von Selbstbestätigung und Anerkennung in mir breit. Heute weiß ich, dass ich einfach nur ausgenutzt wurde und sonst gar nichts. Jedenfalls drückte er mich nach ein paar Minuten Blasen gegen die Wand und nahm mich von hinten. Danach gingen wir zurück zu den anderen, als wäre nichts gewesen. Bei dieser Art von Sex hatte ich weder Orgasmen, noch empfand ich sonst irgendeinen Spaß. Ich tat es nur, weil es alle taten. An diesem Abend war ich die Einzige, die Sex hatte, zumindest habe ich nichts davon bemerkt. Auch von meinem kurzen Abstecher hatte keiner etwas mitbekommen – außer Santrina, der ich jedes Erlebnis immer sofort erzählte, um vor ihr als Heldin dazustehen.

*

Doch damit war der Abend längst noch nicht zu Ende. Als ich mich kurz entleeren gehen wollte, weil das viele Bier so trieb, kam mir Damian hinterher. Ich freute mich, denn ich wusste ganz genau, was jetzt passieren würde. Und so geschah es. Wir küssten uns und bald schon fanden wir uns auf dem Boden wieder, er vögelte mich in allen möglichen Stellungen, mein ganzer Rücken wurde abgerubbelt. Dann ging es im Stehen und von hinten in der Doggystellung weiter, es war total geil.

Als wir dann aber Stimmen hörten, beschlossen wir, morgen auf dem Geburtstag eines gemeinsamen Freundes weiterzumachen. Wir kehrten zurück zu den anderen. Santrina wusste gleich, was ich gerade getrieben hatte. Sie wusste sowieso alles, denn sie war meine beste Freundin. Jetzt schlugen Samuel und Andreas vor, nach Pforzheim zu fahren, zu Samuel nach Hause. Santrina schaute mich fragend an, ich nickte, und so beschlossen wir, mit den beiden mitzukommen. Ich tat es, weil ich genau wusste, dass Santrina total auf Samuel abfuhr, und Andreas sprang für mich als süße Zugabe dabei heraus.

Wir nahmen den Mitternachtszug. In Pforzheim angekommen, mussten Andreas und Samuel noch etwas erledigen, ich und Santrina warteten an einer Ecke auf die beiden. Auf einer Bank ganz in unserer Nähe saß ein Mann über 40, der ständig zu uns herüberschaute. Er war Türke, das sah ich sofort. Doch das störte mich nicht. Wir setzten uns neben ihn, ich suchte das Gespräch und er erzählte, dass er von seiner Betriebsfeier komme. Er machte uns beiden Komplimente, vor allem aber mir: »Du siehst aus wie Barbie.«

Andreas und Samuel waren inzwischen wieder in Sichtweite, deshalb sagte ich zu Santrina, dass sie zu ihnen gehen solle, ich würde gleich nachkommen. Kaum war sie um die Ecke verschwunden, packte ich den Mann, drückte ihn gegen die Wand, küsste ihn und spielte an seiner Hose herum. Er steckte die Hand in meine Hose und befingerte meine Muschi, doch dann riss ich mich los, weil ich zurück zu den anderen wollte. Er hielt mich fest und bat mich, ihm meine Handynummer aufzuschreiben. Ich tippte die Zahlen in sein Handy und verschwand. Zu viert machten wir uns nun auf zu Samuels Wohnung.

Auf dem Weg dorthin wurde es Santrina und mir so heiß, dass wir unsere T-Shirts auszogen und nur mit BH und Jeans bekleidet die letzten Meter zurücklegten. Der Nebeneffekt: Andreas und Samuel waren schon geil, als wir am Ziel ankamen. Bei Samuel rauchten wir erst mal eine, dann setzte ich mich aufs Bett. Es dauerte nicht lange, da saßen auch die anderen drei neben mir. Santrina und ich fingen an, uns zu küssen, dann knutschte jeder mit jedem und wir fummelten aneinander herum. Das ist der Hammer, konnte ich nur noch denken.

Ich zwinkerte Santrina zu, sie verstand sofort, was ich ihr damit sagen wollte, sie nahm Samuel und verschwand mit ihm im Wohnzimmer. Ich konnte mich nun ganz um Andreas kümmern, fing an, an seinem Schwanz zu spielen, und er spielte an mir herum. Dann trieben wir es schätzungsweise drei Stunden miteinander. Mir hätte es nach einer halben wirklich schon gereicht, doch er wollte wahrscheinlich einfach nur seinen Mann stehen. Meine Muschi war wund, aber ich fühlte mich nicht benutzt, wie es sich eigentlich für ein »anständiges Mädchen« gehört hätte, nein, ich fühlte mich gut, super, um ehrlich zu sein.

Ich hatte drei Typen in einer Nacht befriedigt, ich fühlte mich toll wie lange nicht mehr. Damian, Andreas und Angelo, meine Lover sieben, acht und neun. Mit 14 hatte ich mehr Sexpartner als manche in ihrem ganzen Leben.

Das lief schließlich irgendwann darauf hinaus, dass ich nur noch fickte, um zu verdrängen. Ich redete mir ein, dass es mir Vergnügen bereitete, dabei wollte ich ganz einfach nur gefallen und das um jeden Preis. Wenn ich alles mache, was andere von mir wollen, wäre ich beliebt und würde geliebt, bildete ich mir ein. Sex war für mich nichts Schönes, nur Mittel zum Zweck, um mein nicht vorhandenes Selbstwertgefühl zu befriedigen, aus Lust tat ich es eigentlich nie. Zwar wusste ich damals noch nicht, dass ich Sex benutzen konnte, um mein Sparschwein zu füllen, aber der Gedanke war nicht mehr weit.

Nach der letzten Nummer des Abends stellte ich mich ans Fenster und rauchte eine Zigarette, Andreas folgte mir. Es dauerte nicht lange, bis dann auch Samuel und Santrina wieder zu uns zurückkehrten. Eine Weile später machten wir uns auf den Weg zurück zum Bahnhof, denn Samuel musste früh arbeiten gehen. Es war mitten in der Nacht oder, besser, früher Morgen, vielleicht fünf Uhr.

*

Zurück in unserem Dorf, verzogen Santrina und ich uns in den Park und kuschelten uns auf einer Bank zusammen. Bevor wir dann nach Hause zurückgingen, haben wir uns unsere Tattoos nachgestochen.

Daheim tat ich so, als wäre nichts gewesen, meine Mum ahnte nichts. Am Nachmittag haben Santrina und ich uns wieder am Bahnhof getroffen, auch Franka kam dazu. Sie war so begeistert von unseren Tattoos, dass sie unbedingt auch eines wollte. Da wir noch Faden, Nadel und Tusche besaßen, machten wir uns auf den Weg zu unserem Versteck hinter dem Supermarkt.

Auf dem Weg dorthin begegnete uns meine Schwester Lina, und schon wollte sie auch ein Tattoo. Kurz berieten wir darüber, was wohl das beste Motto dafür wäre, dann stand fest: »La Vida Loca«. Auf Deutsch: »Das Verrückte Leben«, wenn das nicht zu uns passte! Nicht der gleichnamige Song von Ricky Martin war der Grund. Für mich zählte einfach nur die Aussage, für Santrina und Franka kam wohl noch hinzu, dass ein paar der »coolen« älteren Jungs diesen Satz auf ihren Autos stehen hatten. Und meine Schwester? Mmhh, ich denke, sie wollte einfach nur dazugehören. Meine Pflicht als große Schwester, sie von solchen Dummheiten abzuhalten, war mir überhaupt nicht bewusst. Das Tattoo stachen Santrina, Franka und ich uns auf die linke Brust, über unserem Herzen, meiner Schwester auf den Arm.

*

Schon kurze Zeit später hatte es sich in unserer Szene herumgesprochen, dass ich es in einer Nacht gleich mit drei Typen getrieben hatte, denn natürlich konnte Santrina ihren Mund nicht halten. Andreas sprach mich schließlich darauf an: Ob ich denn noch alle Tassen im Schrank hätte, wer mir denn ins Gehirn geschissen habe, er fände es einfach nur widerlich. Er hätte mich nie gepoppt, wenn er das gewusst hätte. Eine andere hätte zumindest so

Sex mit vielen Partnern, Sex zum Zeitvertreib, Sex als Selbst-
bestätigung. Ich glaube, ich habe mit fast jedem Sex gehabt, der
Lust auf mich hatte und zur richtigen Zeit am richtigen Ort war.
Deshalb kam es nicht selten vor, dass ich es mit einem trieb, nur
weil er es wollte, ich selbst aber gar keine Lust hatte oder der Kerl
gar nicht mein Typ war. Ich war noch nicht einmal 15, und es
dürften schon etwa 25 Sexpartner gewesen sein. Jedenfalls habe
ich in diesen Wochen aufgehört, sie zu zählen.

getan, als ob sie sich schäme, aber bei mir war gerade das Gegenteil der Fall, mich erfüllte Andreas' Tirade mit Stolz.

Denn genau das war es, was ich wollte in dieser Zeit: Sex mit vielen Partnern, Sex zum Zeitvertreib, Sex als Selbstbestätigung. Ich glaube, ich habe mit fast jedem Sex gehabt, der Lust auf mich hatte und zur richtigen Zeit am richtigen Ort war. Deshalb kam es nicht selten vor, dass ich es mit einem trieb, nur weil er es wollte, ich selbst aber gar keine Lust hatte oder der Kerl gar nicht mein Typ war. Ich fickte jeden und überall. Ich trieb es hinterm Busch, an Häuserwände gelehnt, auf Motorhauben, eben da, wo es sich gerade anbot. Ich war noch nicht einmal 15, und es dürften schon etwa 25 Sexpartner gewesen sein. Jedenfalls habe ich in diesen Wochen aufgehört, sie zu zählen.

EMIL UND ANDERE

Mein Leben war in dieser Zeit alles andere als normal, doch ich glaube bis heute: Wenn ich meinen Verstand, den ich trotzdem ab und zu angeschaltet habe, und Emil nicht gehabt hätte, wäre alles noch viel schlimmer geworden. Emil war mein bester Freund, der einzige, der immer für mich da war und der mich wirklich verstanden hat. Der mir auch dann zugehört hat, wenn er, was ich tat, nicht für richtig hielt und mit mir das Problem dann gemeinsam anging.

Nicht wie meine ach so tollen Freundinnen, die mich auch dann verurteilten, wenn sie selbst nicht besser waren. Ich will nicht behaupten, dass ich es schlimm fand, wenn sie mich gemobbt haben, weil ich mal wieder mit zwei verschiedenen Typen an einem Abend Sex hatte, nein, das machte mich sogar geil. Es war mittlerweile nämlich schon öfter vorgekommen, dass ich mit mehr als einem Typen in der Nacht gefickt habe oder zumindest mehrere verschiedene Schwänze im Mund hatte. Aber ich fand es einfach schlimm, dass sie mich nicht verstanden, dass man mit ihnen nicht reden konnte und dass alles, was man ihnen im Vertrauen erzählt hatte, schon kurze Zeit später die Runde machte. Ich brauchte neben den ganzen Leuten, die einfach nur zum Spaßhaben da waren, auch noch jemanden, der mich ernst nahm und mit dem ich ernsthaft reden konnte. Diese Person fand ich damals durch einen Zufall in Emil, den ich über seine Freunde Andreas und Samuel kennengelernt hatte.

Dadurch ergab es sich, dass wir immer wieder mal ins Gespräch kamen, bis es uns eines Tages aufging, wie super wir uns verstanden. Ab diesem Zeitpunkt habe ich sehr viel Zeit mit ihm verbracht. Selbst das wollten Santrina, Gina und die anderen mir nicht gönnen.

Das erste Mal sah ich Emil auf einer meiner Partys, wo er mit Santrina herumknutschte. Am nächsten Tag wurde sie von allen gemobbt, und warum? Es ging das Gerücht, dass Emil Aids hatte oder genauer gesagt HIV-positiv sei. Aber keiner wusste, ob es tatsächlich stimmte. Außerdem wollte ich mit Emil nur ganz platonisch befreundet sein und nicht mit ihm schlafen, obwohl mir das keiner glaubte. Doch es war mir egal, stundenlang haben wir an allen möglichen Plätzen gesessen, weit weg von den anderen, und haben einfach geredet, geredet und nochmals geredet.

Es entwickelte sich eine tolle Freundschaft, ich konnte mit Emil über alles sprechen, was ich so trieb, und so derb es auch sein mochte, er verurteilte mich deswegen nicht und reagierte höchstens einmal etwas reserviert. Schließlich waren wir so vertraut miteinander, dass ich es wagte, ihn zu fragen, ob das mit dem HIV-positiv wirklich stimmte. Worauf er eine kleine, mit Tabletten gefüllte Schachtel aus seiner Jackentasche holte und mich fragte: »Warum sollte ich die wohl immer dabeihaben, wenn es nicht stimmen würde?« Das allein hätte mir als Antwort gereicht, weil ich davon ausging, dass er nicht darüber reden wollte.

Doch das Gegenteil war der Fall. Kurz danach erkannte ich, wie es ihn erleichterte, wenn er ausführlich davon erzählen konnte. Wie er sich angesteckt hatte und dass er nicht einmal etwas dafür konnte. Er war in Rumänien aufgewachsen, dort war es üblich, dass alle Kinder nach der Geburt geimpft werden. Da aber seine Spritze nicht ordnungsgemäß gereinigt worden war, war er jetzt HIV-positiv. Er versicherte mir aber, dass das alles nicht so schlimm sei, solange er seine Tabletten regelmäßig nehmen würde und er ein bisschen auf sich aufpasse.

Natürlich achtete ich jetzt genauer darauf, ob wir Körperkontakt hatten, ob ich aus demselben Becher wie er trank oder ob ich von seinem Döner abbiss. Doch er blieb mein bester Freund, und als ich mich mehr mit dem Thema beschäftigte, hatte ich auch keine Angst mehr, denn es gibt nicht viele Möglichkeiten, sich zu infizieren. Blut oder Sperma natürlich, aber beides war ja bei unserem platonischen Verhältnis keine Gefahr.

Nur seinen leichtfertigen Umgang mit Rauschgift verstand ich nicht. Er zog Speed und sogar Koks nahm er ab und zu, er kiffte, als wenn es Zigaretten wären, obwohl er doch genau wusste, dass es ihm noch mehr schaden würde als einem Menschen, der den Virus nicht in sich trug. Er war wohl doch nicht so vernünftig, wie ich gedacht oder gehofft hatte.

Manchmal fühlte ich mich auch von ihm eingeengt, weil er wohl etwas eifersüchtig war. Denn wenn ich ihm erzählte, mit welchen Typen ich schlief oder in wen ich verliebt war, reagierte er oft verständnislos, aber vielleicht wollte er mich auch einfach nur beschützen. Ich war jedenfalls froh, dass ich ihn hatte und über alles mit ihm reden konnte. Nur: Das, was ich mir als Nächstes einfallen ließ und womit ich schon kurze Zeit nach unserer ersten Begegnung anfing, mochte ich selbst meinem besten Freund Emil nicht anvertrauen.

MEIN ERSTER FREIER

Kemal, so hieß der Mann, dem ich meine Nummer in jener Nacht mit Andreas und Samuel in Pforzheim gegeben hatte, meldete sich fast täglich bei mir, er wollte mich unbedingt wiedersehen. Meine Zeit war mir jedoch anfangs zu schade dafür. Doch dann kam mir die Idee, die mein Leben für die nächsten Jahre verändert hat.

Ich hatte mir schon als kleines Mädchen, nachdem ich den Film *Natalie – Endstation Babystrich* zusammen mit meiner Mum im Fernsehen gesehen hatte, in den Kopf gesetzt: Irgendwann einmal möchte ich es für Geld mit einem Mann treiben. Genug Erfahrung mit Männern hatte ich ja unterdessen, und ich wusste, sie sind am Ende alle gleich. Es ging ihnen einzig und allein um ihren eigenen Spaß, Sex war alles, was sie wollten. Die Lisa, die ich »als Mensch« war, die interessierte keinen, bestenfalls einmal dann, wenn der Samendruck abgebaut war, aber vor dem Orgasmus zählte immer nur das eine. Ich war jung, ich war hübsch anzuschauen, und die Jungs haben mir immer gesagt, wie gut ich blasen und vögeln würde. Wie man so sagt, es hat sich nie einer beschwert. Und gespritzt haben sie auch alle bei mir.

Die Idee, für Sex Geld zu verlangen, steckte schon lange in meinem Kopf. Mich hat der *Natalie*-Film auch nicht abgeschreckt, denn es war zu verlockend, etwas Verbotenes zu tun. Ich wusste aber, von vornherein, dass mich nie ein Zuhälter auf den Strich schicken dürfte. Wenn ich das machte, wollte ich ganz für mich alleine arbeiten. Und das mit Kemal war doch die passende Gelegenheit zum Einstieg, dachte ich mir. Also nahm ich all meinen Mut zusammen und schrieb ihm eine SMS, nachdem er mich immer wieder um ein Treffen gebeten hatte. *Wenn du mich treffen willst, musst du dafür zahlen.*

Auch wenn sich das jetzt fast banal anhört, war es doch für mich der entscheidende Schritt. Der Schritt, der mein Leben in eine andere Bahn leiten sollte. Kemal schien nicht geschockt zu sein, denn seine SMS kam schnell: *Okay, wie viel willst du?* Ich habe die damals für mich fast unvorstellbare Summe von »100 Euro« verlangt und wusste da noch nicht, dass es viel zu wenig war – ich war immerhin erst 14, und Kemal war 43.

Eine Woche später war ein Treffen vereinbart. An diesem Abend war Martin, der Freund meiner Mutter und für mich der Ersatzvater, bei uns. Wir aßen zusammen Abendbrot, dann machte ich mich schön für meinen ersten Freier. Meine Empfindungen waren zwiespältig. Einerseits fühlte ich mich irgendwie gut, gleichzeitig aber war ich ängstlich. Nur: Ein schlechtes Gewissen hatte ich nicht. Also machte ich mich auf den Weg zum Treffpunkt.

Auf halber Strecke begegnete ich Albi, einem Kumpel. Er fragte mich, wo ich hingehe, und da im Dorf sowieso überall das Gerücht ging, dass ich anschaffen würde, sagte ich: »Zur Arbeit.« Dann lachte ich und spottete, dass das doch sowieso jeder hier denkt. Er blickte etwas komisch aus der Wäsche, sagte aber nichts mehr. Jetzt rutschte mir schon ein wenig das Herz in die Hose, dennoch ging ich weiter bis zur vereinbarten Stelle und wartete auf Kemal.

Nur wenige Minuten später war er da, ich stieg zu ihm ins Auto und wir fuhren nach langer Diskussion nicht ins Hotel, sondern auf einen Feldweg. Ich lutschte an seinem Schwanz, doch es tat sich nichts, er zog mich aus und kam aus dem Schwärmen nicht mehr heraus. »Alles perfekt«, das waren seine Worte. Doch er wurde und wurde nicht steif, obwohl ich einfach alles gab, offensichtlich war er impotent.

Ich kassierte trotzdem die vereinbarten 100 Euro und er fuhr mich nach Hause. Ich ging mich schnell umziehen und bekam von Martin noch 35 Euro in die Hand gedrückt; ich wunderte mich darüber nicht, das machte er öfter. Er hat genug Geld und gibt das auch gerne aus, ich bedankte mich artig. Nachdem er mir noch viel Spaß gewünscht hatte, machte ich mich auf den Weg ins Chapeau. Dort war es dann für mich alles schon wieder so, als wäre ich nie mit Kemal auf dem Feldweg gewesen.

Abends lag ich im Bett und konnte nicht schlafen, ich dachte noch mal über alles nach, fragte mich, ob es wirklich richtig war, und ich kam zu dem Entschluss, dass es das tatsächlich war. Ich überlegte mir, wie ich noch an weitere solcher Männer rankommen könnte, mit diesem Gedanken schlief ich ein.

Am nächsten Tag verabredete ich mich mit Franka und Santrina zum Shoppen. Komisch, solch eigentlich schmutziges Geld in Klamotten umzusetzen. Aber mir ging es gut damit. Kemal und ich haben uns noch ein paarmal geschrieben, aber treffen wollte ich mich dann doch nicht mehr mit ihm. Dieses eine Mal würde mein Leben nicht beeinflussen, da war ich mir sicher. Dass ich damit unrecht hatte, fand ich erst später heraus.

ALESSIO

Um unsere Wohnung herum wohnten viele Jungs, oder besser gesagt Männer, die so wie ich in der Szene unterwegs waren, doch ich kannte sie bisher alle nur vom Sehen. Das sollte sich ändern …
Als ich an einem Nachmittag mal wieder mit Santrina, Franka und Gina am Busbahnhof rumhing und wir uns langweilten, kamen Andreas und Angelo – jener Angelo, mit dem ich erst einige Tage zuvor gevögelt hatte, ehe es anschließend auch mit Damian und Andreas zur Sache ging – dazu und hatten Mischbier dabei. Später kamen auch noch Alessio und ein paar andere dazu.

Alessio war einer von diesen Männern, die bei mir in der Nachbarschaft wohnten, die ich aber noch nicht kannte. Das sollte sich jetzt ganz schnell ändern, denn plötzlich hatte ich das untrügliche Gefühl, dass er mich anbaggern wollte. Zuerst begriff ich nicht, was genau er von mir wollte. Doch immerhin wurde mir bewusst, wie gut er aussah und dass er Italiener war – so nett und charmant, wie Italiener nun einmal sind. Als dann Ferrat, ein anderer Nachbar von mir, auch noch dazukam, fuhren Franka und ich mit ihm zur Tankstelle, um Alkohol-Nachschub zu holen.

Franka erzählte mir, dass sie von einem der Typen, die wir fast alle noch nicht kannten, gefragt worden sei, ob ich leicht zu ficken wäre. Und was hatte sie geantwortet? Dass sie natürlich Ja gesagt hätte. Sie hatte ja recht, aber das von meiner Freundin zu hören war ein zwiespältiges Gefühl. Ich verdrängte es sofort wieder, was umso leichter war, als der Alkohol allmählich seine Wirkung zeigte.

Später wich Alessio die ganze Zeit nicht von meiner Seite und bat mich schließlich um meine Handynummer, die ich ihm natürlich gab. Und als er sich mit einem »Wir treffen uns heute Abend um 22 Uhr unter deinem Balkon« verabschiedete, nickte ich. Meine Vorfreude ließ ich mir vor den anderen nicht anmerken, aber Vorfreude war es ganz sicher, was ich in diesem Moment und später zu Hause spürte. Denn Alessio wollte seine bildhübsche Freundin mit mir betrügen. Ich sah selbst auch gut aus, aber im Vergleich mit mir war sie eine wahre optische Sexbombe, und trotzdem wollte Alessio mich – der reinste Balsam für mein Ego.

Als ich allerdings um 22 Uhr unter meinem Balkon stand, war von Alessio weit und breit nichts zu sehen. Ich wartete zehn, vielleicht 15 Minuten, dann ging ich wieder nach oben. Ich hätte kotzen können vor Wut, ich hatte mich schon so auf Sex gefreut. Enttäuscht stellte ich mich auf den Balkon und rauchte eine nach der anderen. Kurz vor 23 Uhr rief er endlich an, er sei in zehn Minuten da. Also bekam ich doch noch den Sex, den ich an diesem Tag unbedingt wollte. Ich rannte nach unten, und er war tatsächlich da.

Er führte mich in den Keller des Hauses, wo er wohnte. Erst jetzt bemerkte ich, dass er betrunken war. Er zog mir meine Hose runter und streichelte meine Muschi, ich tastete von außen die Beule in seiner Hose ab. Eine Weile griff ich noch daran herum, doch dann musste ich einfach seinen Reißverschluss herunterziehen, ich war schließlich zu gespannt, wie sein Schwanz wohl aussehen würde. Denn seine Beule, die ich zuvor gefühlt hatte, deutete auf etwas extrem Großes und Dickes hin. Und ich sollte nicht enttäuscht werden.

Es war der größte Schwanz, den ich bisher gesehen hatte. Ich konnte mir erst nicht vorstellen, wie der in mich reinpassen sollte, diese Sorge hat sich allerdings ganz schnell als unbegründet erwiesen, denn ich hatte den Gedanken noch nicht zu Ende gedacht, da steckte er schon in mir drin. Es fühlte sich geil an, das muss ich schon sagen, so als ob man gleich platzt, ich fühlte mich einfach nur genommen, war hilflos seiner Lust ausgeliefert.

Wir vögelten in allen möglichen Stellungen, soweit man sie eben in einem kleinen, engen und mit Einweckgläsern und sonstigen Vorräten vollgestellten Kellerraum zustande bringen kann. Nur als er mich dann in den Arsch ficken wollte, lehnte selbst ich dankend ab, weil ich das ja noch nie gemacht hatte. Nach dem Sex schnappte er sich etwas zu trinken und führte mich wieder hinaus auf die Straße. Eine Straße weiter setzten wir uns auf eine Treppe, um noch gemeinsam eine zu rauchen und etwas zu trinken. Wir mussten vorsichtig sein, denn Alessios Freundin durfte keinen Wind davon bekommen, was da zwischen uns lief. Wir lebten schließlich in einem Kaff, wo auf Dauer nichts verborgen bleibt.

Jedenfalls quatschten wir über Gott und die Welt; er meinte am Schluss, kurz bevor ich mich auf den Heimweg machte, dass er es wirklich schön mit mir fand. Nur der Gedanke an seinen kleinen, 1994 geborenen Bruder mache ihm Angst, schließlich sei der doch nur zwei Jahre jünger als ich. Sicher wollte er mir damit durch die Blume andeuten, dass er sich wie ein Kinderficker fühle, doch das war nicht mein Problem, sondern seins. Ich dagegen schlief hinterher so gut wie lange nicht mehr. Allerdings fand ich es schade, dass ich ihn nicht wiedersehen, ihn nicht anrufen konnte, denn nicht einmal seine Handynummer konnte er mir geben aus Angst, dass seine Freundin etwas mitbekommen könnte. Ich glaube, ich habe mich in dieser Nacht ein wenig in ihn verliebt. Es blieb zum Glück nicht bei diesem einen Treffen.

Ich war unterdessen 15 geworden, hatte in diesen Tag hinein- und wieder herausgefeiert. Mit ausreichend Alkohol, und ausnahmsweise ohne Sex. Erst vor Kurzem hatte ich mir ein Profil auf KWICK! angelegt, einem eigentlich ganz normalen sozialen Netzwerk, eine Art Facebook und vor ein paar Jahren bei uns in Süddeutschland ganz groß. Jeder hatte ein Profil, ich also auch. Natürlich habe ich mich älter gemacht, denn ich wollte interessanter erscheinen, dort war ich also 17 und hieß *Wild_lieschen*. Ein schönes Porträtfoto dazu, fertig. Wir haben uns übrigens alle etwas älter gemacht, sodass es niemanden störte.

Eines Tages erhielt ich eine private Message von Denis. Nach dem üblichen »Hey, wie geht es dir?« erzählte er mir, dass er Arzt sei in einem Stuttgarter Krankenhaus. Ich fand ihn schon von seinen Bildern her sehr attraktiv, aber der Beruf machte ihn für mich noch aufregender. Warum? Mädchengedanken, mein Retter in der Not – als ich mich bei dieser Traumvorstellung ertappte, musste ich lachen. Er wollte sich unbedingt mit mir treffen, da ich sowieso gerade bei meinem Vater, mit dem ich nach mehreren Jahren Funkstille wieder Kontakt hatte, in Stuttgart war. Jedoch sagte ich ihm, dass ich keine Zeit habe, er schickte mir seine Nummer für den Fall, dass ich es mir irgendwann anders überlegen sollte.

Das tat ich auch, nur wenige Tage später habe ich ihm eine belanglose SMS geschickt. Er hat sich wohl sehr darüber gefreut, sonst hätte er ja nicht kaum zwei Minuten später schon zurückgeschrieben. Er fing wieder damit an, dass er mich unbedingt treffen wollte. Ich fragte ihn nach dem Grund; als er nur mit einem Smiley antwortete, wusste ich: Dies ist mein zweiter Freier. Ich schrieb ihm, dass dies kein Problem sei, ich aber Geld dafür haben wolle. Es dauerte dann länger, bis er mein Angebot annahm.

Ich war zu der Zeit noch etwas schüchtern, deshalb dauerte es einige Tage, bis ich ihn dann, als ich schon etwas angetrunken

Ich war jung, ich war hübsch anzuschauen, und die Jungs haben mir immer gesagt, wie gut ich blasen und vögeln würde. Wie man so sagt, es hat sich nie einer beschwert. Die Idee, für Sex Geld zu verlangen, steckte schon lange in meinem Kopf. Ich wusste aber, von vornherein, dass mich nie ein Zuhälter auf den Strich schicken dürfte. Wenn ich das machte, wollte ich ganz für mich alleine arbeiten.

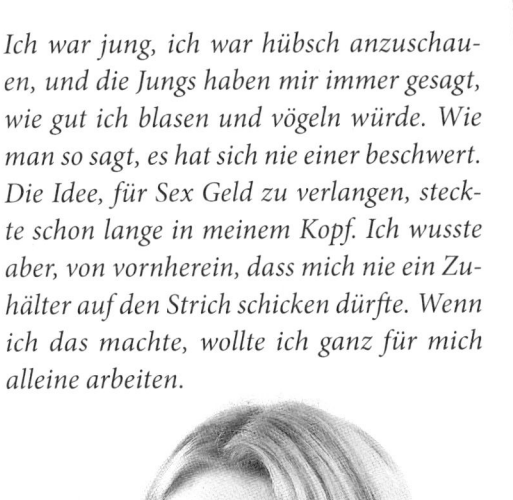

auf einer Party war, per SMS fragte, ob er denn an diesem Abend noch spontan Zeit habe. Um kurz nach Mitternacht klingelte mein Handy und die Stimme am anderen Ende der Leitung, die ich bis dahin noch nie gehört hatte, meinte, dass die Zeit jetzt gekommen sei. Also verabschiedete ich mich mittlerweile recht betrunken von meinen Freunden. Denis hatte ein großes Auto, damals konnte ich noch keinen BMW von einem Mercedes unterscheiden, zumindest nicht im Dunkeln. Er stieg aus, als er mich herantaumeln sah. Ich ging zu ihm hin und küsste ihn auf den Mund.

Nach einer Standard-Begrüßung fasste er mir trotz der schon kalten Temperaturen im September unter meinen Pulli. Dann führte er mich, während wir knutschten, zum Auto und drückte mich auf den Rücksitz. Ich nahm all meinen Mut zusammen, machte ihm die Hose auf und nahm seinen schon harten Schwanz in den Mund, derweil er mich fingerte.

Schließlich ritt ich ihn nach kurzem Anblasen, bis er in das von mir mitgebrachte Gummi spritzte. Hinterher machte er mir noch ein paar Komplimente: dass ich hübsch sei, sogar noch hübscher als auf dem Foto im Internet. Ich fühlte mich geschmeichelt, weil ich es immer noch nicht so recht glauben konnte, dass aus dem hässlichen jungen Entlein Lisa mittlerweile ein Schwan geworden war. Er gab mir 150 Euro, ohne dass ich ihn darauf ansprechen musste. Ein Glück für mich, denn damals hätte ich noch nicht den Mut gehabt, um Geld zu bitten.

PARTYZEIT

Emsasa – was ist denn das, habe ich mich gefragt, als plötzlich alle von dieser Disco erzählten. Da wollte ich auch hin, das war klar, denn ich kannte Partys, aber Discos? Das war Neuland, also etwas,

was ich erleben musste. Doch wie kommt man als 14-Jährige in eine Disco? Santrina, ich und Gina beschlossen, es einfach zu versuchen.

An einem Freitagabend machten wir uns im Partyhaus, so nannten wir alle das einsturzgefährdete Haus von Sercan, dem neuen Freund von Santrina, zum Ausgehen fertig. Und fuhren dann mit einem Lieferwagen der Firma, bei der Sercan arbeitete, zu der Disco. Die Angst, nicht hineinzukommen, war völlig unangebracht gewesen, sie fragten nicht einmal nach meinem Ausweis, auch Santrina und Gina hatten keine Probleme, von den Türstehern reingelassen zu werden, obwohl sie nach dem Ausweis gefragt wurden, sie mussten nur um zwölf wieder draußen sein.

Drinnen trank ich mir erst mal ein wenig Mut an, denn Tanzen ohne viel Alkohol war für mich wirklich nicht möglich. Als ich dann schon ziemlich betrunken war, setzte ich mich auf einen Barhocker an den Tisch des Disco-Chefs Charlie, stellte mich ihm vor und behauptete, dass ich 18 sei. Er fragte mich als Erstes, was ich denn in meinem Leben vorhätte, ich antwortete: »Keine Ahnung.« Was ich heute Abend noch vorhätte, fragte er weiter. Und ich: »Party machen.«

Dann setzte ich nach: Was er denn noch vorhabe? Seine Antwort schockierte mich, obwohl ich in dieser Hinsicht doch schon einiges gewohnt war: Er wolle, dass ich ihm einen blase. Plötzlich wurde mir ganz schlecht, ich musste aufs Klo, wo ich mir die Seele aus dem Leib kotzte. Von da an bekam ich alle Getränke kostenlos, das hatte Charlie wohl veranlasst.

Als wir dann alle keine Lust mehr hatten, machten wir uns auf den Weg zurück zum Partyhaus, um dort weiterzufeiern – wenn man das, was wir taten, feiern nennen kann. Ich vögelte mit Alessio, ein Zimmer weiter trieben es Santrina und Sercan und wieder eine Matratze weiter Gina und Samuel. Als ich tief in der Nacht mal nach den anderen schauen wollte, lagen Santrina und Sercan aneinandergekuschelt auf dem Bett und Gina und Samuel vögelten immer noch nach drei Stunden. Ich kam mir vor wie im Puff, doch Sercan meinte, das sei wahre Liebe. Ich ließ es so im Raum stehen, obwohl ich im Inneren genau wusste und es auch heute weiß, dass ich mir wahre Liebe, wenn sie den Namen verdient, so nicht vorstelle.

Also legte ich mich ins Bett und schlief. So lange, bis ich von Gina geweckt wurde, ich solle schnell mit ihr auf das Klo kommen, alles sei voller Blut. Wir dachten, es sei Ginas Blut, im Nachhinein stellte sich jedoch heraus, dass es von Samuel kam, er hatte sich eine Vorhautverengung zugezogen, weil sie einfach zu lang gevögelt hatten. Alessio ging noch vor Sonnenaufgang, ich fand es schade und verletzend. Denn ich wollte eigentlich nicht nur Sex von ihm, nein, ich empfand mehr für ihn, aber ich wusste sowieso, dass es sinnlos war, er hatte schließlich eine Freundin.

*

Ein paar Tage später beschloss ich, den Film *40 Tage und 40 Nächte*, bei dem Matt Sullivan, die Hauptfigur, 40 komplette Tage und Nächte auf Sex und alle anderen sexuellen Handlungen verzichten will, mal selbst durchzuziehen. Sechs Tage waren vergangen, als ich wieder im Partyhaus war und Alessio mich überreden wollte, ihm einen zu blasen oder mit ihm zu vögeln. Ich blieb hart, zumindest an diesem Tag. Das Experiment habe ich leider nicht durchgehalten. Irgendwann konnte ich einfach nicht mehr Nein sagen.

Sitt, den Bruder von Sercan, kannte ich jetzt ja auch schon eine ganze Weile und irgendwie gefiel er mir. Santrina erzählte mir dann noch, dass er ebenso auf mich stehen würde, wie ich auf ihn, und da war ich vollends happy – schon wieder eine Bestätigung!

Als wir dann wieder an einem Abend zusammen am Bahnhof gesessen hatten, bat er mich mitzukommen, das tat ich dann auch. Er gestand mir, dass er sich in mich verliebt habe. Von da an waren wir zusammen. Aber es war wie immer: Nach ein paar Wochen hatte ich schon keine Lust mehr auf ihn. Das wusste er natürlich nicht. Wir haben wirklich schöne Tage miteinander verbracht, obwohl wir beide wussten, dass es irgendwann vorbei sein würde.

An eine Nacht erinnere ich mich noch sehr gut. Wir hingen wieder mal in unserer Stammkneipe rum und waren total betrunken. Als geschlossen wurde, machten wir uns auf den Weg zum Partyhaus. Dort haben wir dann noch Wodka mit Wasser getrunken, da wir keine andere Mischung mehr hatten. Wir lagen Arm in Arm im Bett und kuschelten und nebenbei lief Shakira-Musik, die CD hatte er mitgebracht, weil er wusste, dass es meine absolute Lieblingsmusik war. Eigentlich sprach jetzt alles dafür, dass ich mich geborgen hätte fühlen können oder sogar sollen, doch genau das Gegenteil war der Fall.

An diesem Abend beschloss ich, mit Sitt Schluss zu machen, ich war einfach noch nicht bereit für eine Beziehung. Wir trennten uns dann in Freundschaft, denn die war uns beiden wichtig.

Wer ist wohl mein nächstes Opfer? Nur noch das schoss mir durch den Kopf. Nach langem Hin und Her nahm ich Kontakt zu Elmo auf, er war der Typ, auf den Santrina, Franka und auch Gina standen. Er war wirklich süß, aber nur ein Abenteuer für mich, weil ihn noch keine von allen gehabt hatte und er für alle unerreichbar war. Wenn er mich ficken würde, wäre ich die Königin und alle anderen würden mich beneiden. Das war eine Herausforderung, also genau das Richtige für mich!

Elmo erwiderte zum Glück meine Annäherungsversuche, denn auch das tat er bei den anderen nicht – er wollte sich sogar mit mir verabreden. An einem Partyabend, als wir wieder mal im Emsasa waren, sollte es so weit sein. Ob er wirklich kommen würde? Ich zweifelte noch ein wenig daran, bis ich dann tatsächlich sein Auto auf dem Parkplatz stehen sah. Ich stieg zu ihm hinein und wir fuhren weg von dem ganzen Trubel. Es ging mir nicht um ihn, es ging mir darum, dass er, den alle geil fanden, den aber keine bis jetzt haben konnte, mich fickt.

Als er nach ein paar Minuten Reden so süß aussah, lächelte ich ihn einfach nur erwartungsvoll an, er verstand meine Körpersprache und fasste mir in den Schritt; schon jetzt hatte ich gewonnen, dachte ich mir. Dann fickte er mich, ich war endgültig am Ziel.

Als wir fertig waren, war es schon sehr spät, meine Mum hatte die Wohnungstür abgeschlossen und den Schlüssel von innen stecken lassen, ich kam nicht hinein. Da ich nicht klingeln wollte, weil sie sonst ja mitbekommen hätte, wann ich heimgekommen war, schlich ich mich in den Keller und suchte nach einer Decke. Nach langem Suchen fand ich nur einen Karton und einen ganz dünnen Fetzen Stoff, aber das war es mir wert, dass ich Mum nicht wecken musste. Ich legte mich auf den Karton am Boden, wickelte mich in die Decke und schlief ein. Doch da es im Keller empfindlich kalt war, wachte ich schon um sechs Uhr, also nur zwei Stunden später, wieder auf. Und weil bei dieser Kälte an Schlaf nicht mehr zu denken war, setzte ich mich, notdürftig in die Decke gewickelt, vor die Haustür, rauchte eine Zigarette und wartete.

Endlich, so gegen acht, zog meine Mum die Rollläden hoch. Ich ging nach oben und schwindelte ihr vor, dass ich zum Frühstück lieber nach Hause hatte kommen wollen, als bei Santrina herumzusitzen und ihren labberigen Kaffee zu trinken; sie kaufte es mir ab. Und ich war so glücklich wie schon lange nicht mehr, weil ich mit Elmo geschlafen hatte.

Anfangs verriet ich den anderen nichts davon, denn ich wollte die Affäre erst noch eine Weile in aller Stille genießen, dann würde es umso befriedigender sein, wenn ich es ihnen schließlich erzählte. Wenn ich den anderen schon nach dem ersten Mal davon erzählt hätte, würden sie denken, dass er mich einmal gefickt und dann weitergeschickt hat, das wollte ich nicht. Wenn sich eine richtige Affäre daraus entwickelt, bevor sie davon erfahren, dann muss das bedeuten, dass er auf mich steht, und genau das wollte ich.

In der Zwischenzeit war Elmo natürlich nicht mein einziger Sexpartner, in einer Nacht im Emsasa war ich mal wieder so betrunken, dass ich mich von Sepp überreden ließ, Speed mit ihm zu ziehen. Und schon war ich wieder im »Universum« gelandet. Heute besaß ich sogar den Mut, Ilias anzusprechen, Elmos Arbeitskollegen vom Installateurs-Betrieb, den alle so scharf fanden und der Santrina schon vor ihrem ersten richtigen Sex in den Arsch gefickt hatte. Ich bat ihn, er solle mir Bescheid sagen, wenn er gehen wolle. Irgendwann fragte auch er mich, ob ich Lust hätte, »was ziehen« zu gehen, und auch diesmal sagte ich nicht Nein!

Als ich zurückkam, drängelte sich vor der Disco eine Menschenmenge, so groß, wie ich sie hier selten gesehen hatte. Santrina kam auf mich zugestürmt und knallte mir mit der flachen Hand so richtig eine ins Gesicht. Außerdem beschimpfte sie mich, ich wäre eine Schlampe und ich hätte ihr Leben zerstört. Jetzt verstand ich überhaupt nichts mehr. »Weil du gerade mit Ilias gepoppt hast.« Als ich ihr jedoch versicherte, dass ich das – leider – nicht gemacht hatte, war gleich wieder alles okay. Doch ich fragte mich, was daran so schlimm gewesen wäre, denn sie war ja mit Sitt zusammen, der sich gerade prügelte wegen ihr, weil sie von einem Typen angebaggert worden war.

Aber das sollte nicht mein Problem sein, ich musste ja meinen Plan weiterverfolgen, tatsächlich mit Ilias zu poppen. Er sagte mir dann auch Bescheid, als er gehen wollte, ich setzte mich einfach in sein Auto und er fuhr los. Auf dem Freibad-Parkplatz riss er mir dann die Klamotten vom Leib und knallte mich hart von hinten durch, nach ein paar Minuten setzte er mich auf sich und rüttelte mich hin und her, dann spritzte er ab.

Als ich wieder zur Disco kam, waren alle schon am Aufbrechen, ich setzte mich mit den anderen zu Ferrat ins Auto, um nach Hause zurückzufahren. Dort sind wir wohl alle am Bahnhof ausgestiegen und unserer Wege gegangen, doch da ich nicht mehr wusste, wer oder wo ich war, wachte ich am nächsten Morgen bei einem Typen namens Marcel auf. Bitte nicht, dachte ich mir, mach, dass da nichts gelaufen ist. Doch meine Hoffnung platzte wie eine Seifenblase, auch mit ihm hatte ich geschlafen. Jetzt wollte ich nur noch nach Hause, er lieh mir einen Pullover, dann machte ich mich auf den Heimweg. Ich verlor bei niemandem auch nur ein Wort darüber, ich wusste ja eh nicht mehr viel, aber das, was ich noch wusste, wäre mir denn doch zu peinlich zum Weitererzählen gewesen.

*

Silvester – wieder ein Jahr vorbei, dachte ich mir, als ich mich auf den Weg zu Santrina machte. Wir hatten beschlossen, den Jahreswechsel in unserer Stammkneipe zu feiern, an solchen Tagen war dort immer viel los. Nach ein, zwei Stunden war ich schon wieder, dank des Alkohols, in einer völlig anderen Welt. Wieder einmal wollte ich einfach nur durchgefickt werden, egal von wem. Mitternacht bekam ich gar nicht so recht mit, ich war viel zu beschäftigt mit mir selbst. Wir feierten bis tief in die Nacht hinein.

Als ich dann schon langsam müde wurde, beschloss ich einfach, mir einen Jungen namens Murat zu schnappen, der gerade zur Hand war. Es klappte wie immer, ein paar Minuten später fand ich mich an einer Mauer mit heruntergezogener Hose und durchgevögelt wieder. Dann schlich ich mich nach Hause, am nächsten Morgen war ich jedoch geschockt, als ich in den Spiegel sah: Das Zungenpiercing, das ich mir Monate zuvor selbst gestochen hatte, war nicht mehr da. Ich musste es wohl beim Knutschen mit Murat am vergangenen Abend verloren haben.

Die Emsasa-Epoche war noch nicht vorbei, ich schleppte zwar nicht mehr allzu viele Typen ab, aber geknutscht hab ich mit allem, was mir über den Weg gelaufen ist, und ich fühlte mich gut damit.

*

Das Frühlingsfest in Stuttgart stand an, da durften wir natürlich nicht fehlen. Wir feierten im Bierzelt, als wenn es kein Morgen geben würde, es war einfach nur schön, an nichts denken zu müssen. Wir knutschten wild miteinander herum, und auch die Männer kamen nicht zu kurz. Als Santrina dann mit ihrer neuen Bekanntschaft verschwand, wurde die Zeit knapp, denn unser letzter Zug fuhr ziemlich früh, und so wie es kommen musste, verpassten wir ihn.

Es musste eine Lösung her, wir waren noch zu viert: Santrina, Gina, Kevin – ein Bekannter, der sich so lange aufgedrängt hatte, dass wir in dann mitgenommen haben – und ich. Ich schrieb Martin eine SMS, weil ich wusste, dass er ab und zu mit Kumpels in Stuttgart durch die Discos zog, und so war es auch heute. Allerdings würde er erst spät in der Nacht nach Hause fahren; falls wir da mitwollten, sollte ich einfach noch mal Bescheid geben. Da aber Santrinas Mama jetzt schon einen Riesenaufstand machen würde, hielten wir Martin als Notlösung in Reserve und suchten weiter nach einer anderen Möglichkeit.

Die fanden wir auch, als wir uns auf den Fußweg zum Hauptbahnhof machten. Zwei Männer sprachen uns an, die gerade aus ihrem Wagen stiegen. Das war unsere Chance, es klappte, kurze Zeit später saßen wir im Auto auf dem Weg nach Hause. Dass das nicht ganz umsonst sein würde, war mir schon klar, aber es war mir in diesem Augenblick wirklich egal. Mich kotzte es nur an, dass wir unseren Zug verpasst hatten, bloß weil Santrina dem Typen, kaum hatte sie ihn kennengelernt, unbedingt einen blasen musste.

In einem kleinen Ort, zwei Dörfer von zu Hause entfernt, mussten wir dann noch mal einen Stopp einlegen, da wir schauen mussten, ob Kevin noch lebte, denn der hatte die ganze Fahrt im Kofferraum gelegen. Gina nutzte die Gelegenheit, um sich zumindest für ein paar Minuten mit einem Typen zu treffen, der in diesem Ort wohnte. Und was tat ich? Ich vögelte mit dem Fahrer.

Als wir dann endlich in unserem Dorf angekommen waren, stieg Kevin am Bahnhof aus, wir anderen ließen uns zu Gina bringen. Gina und ich verschwanden in ihrer Wohnung und Santrina traf sich zum Vögeln mit ihrem Freund, den sie vor wenigen

Stunden noch zumindest mit dem Mund betrogen hatte. Doch das Schlimme daran war, dass sie ihrer Mum nicht erklärt hat, warum wir tatsächlich so spät heimkamen, sondern sie hat die Schuld auf Martin abgewälzt, obwohl der uns ja eigentlich nur helfen wollte. Die Partyzeit war dann erst mal beendet, weil die Polizei wieder mehr kontrollierte und wir deshalb ganz vorsichtig sein mussten, wo wir uns aufhielten.

NOCH MEHR JUNGS

Es war ein ganz normaler Tag zwischen den Abschlussprüfungen. Mathe, Deutsch und Englisch waren schon vorbei, jetzt fehlte nur noch die Projektprüfung. Da ich noch Bilder benötigte, wollte ich nach Mühlacker fahren, um sie dort zu entwickeln. Santrina bot an mitzukommen. Als wir auf dem Weg zum Bahnhof waren, entdeckte Santrina auf der anderen Straßenseite Marc, den Exfreund ihrer Schwester, mit seinem Kumpel Gero.

Sie musste natürlich sofort zu den beiden hinüber, um sie zu begrüßen, ich kam mit. Die beiden wollten etwas trinken, wir sollten sie begleiten. Obwohl Santrina genau wusste, dass ich unbedingt nach Mühlacker musste, sagte sie sofort zu. Und da ich ein Fähnchen im Wind war, kam ich eben auch mit.

Wir betranken uns auf einer Wiese ein wenig außerhalb des Dorfes. Als Gero und Marc dann losmussten, waren Santrina und ich so betrunken, dass wir zurück zum Bahnhof schwankten und uns dort erst mal übergeben mussten. Ich ging dann kurze Zeit später auch wieder nach Hause, meiner Mum erklärte ich meinen Zustand als Übelkeit.

Am nächsten Tag waren wir wieder verabredet, wir wollten uns einen schönen Tag an der Enz machen. Erst jetzt bemerkte ich, wie süß Marc eigentlich war. Als der Schnaps, den die beiden mitgebracht hatten, ausgetrunken war, wir aber immer noch »Durst« hatten, machten sich Gero und Santrina auf den Weg zum nächstgelegenen Supermarkt, um für Nachschub zu sorgen.

In der Zeit haben Marc und ich uns unterhalten. Und ich weiß und fühle es noch immer so wie in diesem Augenblick, ich hatte zum ersten Mal wirklich Schmetterlinge im Bauch.

Als die anderen beiden wieder zurückkamen, tranken wir weiter. Santrina war mittlerweile so betrunken, dass sie nicht mehr stehen konnte, deshalb lagen wir kurze Zeit später inmitten einer Riesenwiese. Marc fütterte mich mit Trauben, ich war nun auch schon ziemlich stark angeheitert, ich lutschte an seinem Finger und so kam es, wie es kommen musste, er lag kurze Zeit später ohne Hose da. Ich fing an, seinen Schwanz zu saugen und zu reiben, auch Santrina raffte sich auf und half mir dabei, ihn geil zu machen. Doch Marc wollte zu meiner Freude mich ficken und nicht Santrina.

Das aber ging Santrina gewaltig gegen den Strich. Gero hatte es zwar auf sie abgesehen, doch den wollte sie nicht. Sie wollte nur Marc. Marc vögelte mich an diesem Tag drei Mal. Einmal hinter einem kleinen Holzhäuschen, einmal auf der Wiese und einmal hinter einer Ecke. Scheiße, habe ich mich geil gefühlt an diesem Tag. Als Santrina und ich dann wieder im Dorf angekommen waren, war Marc für sie gestorben, sie wollte nichts mehr von ihm hören. Obwohl ja sie ihn angeschleppt hatte und nicht ich, war er jetzt plötzlich ein schlechter Umgang und kriminell. Ich machte mir nichts daraus und traf mich weiterhin mit ihm.

Meistens haben wir uns dann auf eine Wiese gelegt und einfach nur geredet. Manchmal aber wollte er am liebsten nur ficken, ich habe mich immer gut gefühlt, wenn ich mit ihm zusammen war, und habe gemacht, was er wollte. Das ging ein paar Monate so, dann wurde auch er mir wieder langweilig, ich hatte offiziell einfach keine Zeit mehr für ihn!

In den nächsten Wochen habe ich viel mit Natascha – sie kenne ich schon seit meiner frühesten Kindheit, aber leiden konnte ich sie eigentlich nie – und Kerstin, einer Freundin seit ein paar Monaten, verbracht. Beide waren scharf auf ein und denselben Typen – Andreas. Ja, gut ausgesehen hat er ja schon und wirklich alle waren scharf auf ihn.

Die nächsten Wochen waren Gina und ich fast jeden Abend an der Tanke. Auch Natascha und Kerstin haben sich dann irgendwann getraut mitzukommen. Es waren wirklich lustige Zeiten. Es fing damit an, dass wir gemeinsam etwas tranken, und endete beim nächtlichen Nacktbaden im See. An einem Abend im Chapeau hat mich Andreas dann gefragt, ob ich mit ihm nach Hause gehen wolle.

Ziel erreicht, dachte ich mir und ging mit. Wir hatten Sex. Er hatte einen ganz komischen Schwanz, total krumm, aber das war mir in dem Augenblick wirklich völlig egal. Entscheidend war: Ich hatte wieder das geschafft, was andere wollten und nicht bekommen hatten. Ich fühlte mich wie die Königin auf Erden.

Es war auf einer dieser Feten im Partyhaus, als Kerstin Andreas nach Hause begleiten wollte. Als die Party sich dem Ende zuneigte, merkte man ihm an, dass er das nicht wollte. Und auch mir war es unangenehm, denn ich wusste ja ganz genau, dass sie nichts anderes wollte, als mit ihm vögeln. Das konnte ich nicht zulassen, für mich stand fest: Wenn heute eine mit ihm nach Hause geht, dann bin ich das. Also sagte ich zu Kerstin, dass ich auch ein Stück mitkäme, da ich bei Gina schlafen würde, die nur ein paar Straßen weiter von Andreas wohnte. Als wir uns dann auf den Weg machten, merkte Kerstin schnell, dass Andreas kein Interesse an uns zu haben schien, zumindest spielte er uns das glaubhaft vor.

Nachdem Andreas sich schließlich von uns getrennt hatte, sagte ich zu Kerstin, dass ich es mir nun doch anders überlegt hätte und zu Hause statt bei Gina übernachten wolle. Und wie ich es geahnt hatte, kam kurz darauf eine SMS von Andreas: ob ich Lust hätte, zu ihm zu kommen. Also verabschiedete ich mich von Kerstin, die immer noch glaubte, ich wolle zu mir nach Hause, und machte mich auf den Weg zurück zu Andreas. Auch an diesem frühen Morgen hatten wir Sex. Und wieder hatte ich gewonnen, mein Selbstbewusstsein wuchs und wuchs immer mehr.

Unser Familienurlaub zu dritt – nur Mum, mein Bruder Till und ich – stand an, nur noch drei Tage, dann sollte es losgehen in die Türkei. Zuvor wollte ich aber noch einmal richtig feiern gehen. Da war es gut, dass gerade jetzt das Sommerfest in Stuttgart anstand. Sinan, Marko, Gina und ich machten uns mit Sinans Auto auf nach Stuttgart. Und weil ich sowieso in Stuttgart sein würde und ich meinen Vater vor dem Urlaub noch mal sehen wollte, rief ich ihn an, denn ich war mir sicher, dass auch er aufs Sommerfest ginge.

Wir haben uns dann alle mit meinem Vater getroffen, aber es wurde nicht die erhoffte Party, sondern ein ernstes Gespräch daraus. Die anderen drei feierten, während ich mit meinem Vater auf einer Wiese saß und nur redete. Er hat mir an diesem Abend mal wieder gewaltig den Kopf gewaschen. Ich solle mich doch endlich so verhalten, wie es meinem Alter entspreche usw.

Mein Vater spielte in dieser Zeit eine wichtige Rolle für mich, ich wollte ihn nicht enttäuschen. Also versprach ich ihm, mich zu ändern, danach kehrten wir vier in unser Dorf zurück. Dort endlich feierten wir so richtig, erst in unserer Stammkneipe und später an der Tankstelle.

Als es dann schon wieder hell wurde, schaute ich auf die Uhr, es war schon nach sechs! Also nichts wie nach Hause, mein Gewissen war schon schlecht genug. Kaum hatte ich die Tür aufgeschlossen, wurde ich blass: Am Esstisch saß meine Mutter und sah einfach nur verzweifelt aus, im nächsten Moment schrie sie mich an. Aber anstatt mich der Situation zu stellen, machte ich kehrt und rannte davon – zu Andreas. Meine Mum schickte Pete zwar los, um mich zu suchen, und ließ ihre beste Freundin hinter mir hertelefonieren. Doch alles das konnte mich nicht umstimmen.

Ich hatte mir schon als kleines Mädchen, nachdem ich den Film »Natalie – Endstation Babystrich« zusammen mit meiner Mum im Fernsehen gesehen hatte, in den Kopf gesetzt: Irgendwann einmal möchte ich es für Geld mit einem Mann treiben.

Genug Erfahrung mit Männern hatte ich ja unterdessen, und ich wusste, sie sind am Ende alle gleich. Es ging ihnen einzig und allein um ihren eigenen Spaß, Sex war alles, was sie wollten. Die Lisa, die ich »als Mensch« war, die interessierte keinen, bestenfalls einmal dann, wenn der Samendruck abgebaut war, aber vor dem Orgasmus zählte immer nur das eine.

Abends lag ich im Bett und konnte nicht schlafen, ich dachte noch mal über alles nach, fragte mich, ob es wirklich richtig war, und ich kam zu dem Entschluss, dass es das tatsächlich war. Ich überlegte mir, wie ich noch an weitere solcher Männer rankommen könnte, mit diesem Gedanken schlief ich ein.

Am nächsten Tag verabredete ich mich mit Franka und Santrina zum Shoppen. Komisch, solch eigentlich schmutziges Geld in Klamotten umzusetzen. Aber mir ging es gut damit. Kemal und ich haben uns noch ein paarmal geschrieben, aber treffen wollte ich mich dann doch nicht mehr mit ihm. Dieses eine Mal würde mein Leben nicht beeinflussen, da war ich mir sicher. Dass ich damit unrecht hatte, fand ich erst später heraus.

Bei Andreas war auch noch Kevin, der versucht hat, mich zu bumsen, doch ich wollte nicht, ich wies jeden seiner Annäherungsversuche zurück. Ich wartete, bis Kevin weg war, und vögelte dann lieber noch einmal mit Andreas. Als ich spät am Nachmittag wieder zu Hause ankam, hatte sich meine Mum so weit beruhigt, dass wir uns versöhnten.

Am nächsten Abend begnügte ich mich deshalb damit, nur noch kurz bei der Tanke vorbeizuschauen, doch an den See ließ ich die anderen alleine gehen; schließlich ging in der Nacht unser Flieger in die Türkei und ich hatte meiner Mum versprochen, heute ausnahmsweise pünktlich daheim zu sein. Die war vielleicht überrascht, dass ich mich tatsächlich daran hielt.

Pete fuhr uns in dieser Nacht zum Flughafen nach Frankfurt. Ich hatte kein gutes Gefühl, als ich ging, denn ich hatte Angst, dass alles anders sein würde, wenn ich wiederkam. Ich hatte Angst, dass ich etwas verpassen würde oder dass sich Gina wieder eine neue beste Freundin in meiner Abwesenheit suchte und ich dann nicht mehr für sie wichtig sei. Kurz: Ich hatte einfach Angst, dass nichts mehr so sein würde, wie ich es jetzt zurückließ.

MUSTI

Wir landeten in der Türkei, es war schönes Wetter und ich sah das Meer, irgendwie war ich glücklich, endlich mal wieder etwas Unkompliziertes zu erleben. Ich war erledigt von der Reise, an diesem Tag wollte ich eigentlich nur noch alle viere von mir strecken. Immerhin gingen wir noch zum Strand, doch dort wurde ich von einem Fotografen entdeckt, der unbedingt Aufnahmen von mir machen wollte. Die Bilder sind wirklich schön geworden, und ich fühlte mich wieder einmal bestätigt in meinem Selbstwertgefühl.

Wir aßen zu Abend, schauten noch eine kleine Weile dem Animationsprogramm zu und gingen dann endlich schlafen. Am nächsten Morgen erwachte ich wie neugeboren, ich kam mir vor wie ein anderer Mensch, so frei. Wir verbrachten die Tage am Meer und am Pool, und seit langer Zeit redeten meine Mum und ich wieder normal und vernünftig miteinander, ich fand es schön.

Am fünften Urlaubstag lernte ich Musti kennen, er arbeitete im Restaurant des Hotels, er war mir schon seit Tagen aufgefallen – groß, helle Haare, ganz außergewöhnlich für einen Türken. Am Abend gingen wir aus, wir sind in zwei verschiedenen Strandbars gewesen und haben Bier getrunken, ich fühlte mich wohl. Auch wenn ich mich danach fast täglich mit Musti getroffen habe, vernachlässigte ich meine Mum und meinen Bruder nicht, so wie ich es in Deutschland immer tat. Ich wollte wieder zur Familie gehören, das war mir jetzt klar.

Die vorletzte Nacht des Urlaubs verbrachte ich mit Musti in einer Pension, wir trieben es hemmungslos miteinander – auf dem Bett, auf dem Tisch und auf dem Stuhl. Ich hatte noch nie so wilden Sex, vielleicht lag es daran, dass wir zuvor mit dem Hotelchef am Strand einen Riesenjoint geraucht hatten. Aber egal, mein sexueller Horizont war durch diese Nacht erweitert.

Als ich am nächsten Morgen zurück ins Hotel kam, war ich auf das Schlimmste gefasst, eigentlich hatte ich erwartet, dass meine Mum die Krise bekommt, doch sie fragte nur ganz beiläufig, wo ich gewesen sei. Mir fiel nichts Besseres ein, als dass ich zusammen mit Musti am Strand eingeschlafen sei, und sie schien es mir sogar abzunehmen, vielleicht wollte sie mir einfach auch nur glauben. Jedenfalls war es ein schöner Urlaub für alle Beteiligten, nur meine Schwester fehlte uns, weil sie, wie sie behauptete, unter Flugangst litt und deshalb alleine in Deutschland geblieben war.

Am letzten Abend war ich noch mal mit Musti aus. Er meinte »Bis nächstes Mal«, aber für mich war klar, wir sehen uns nie wieder. Ich hätte heulen können, als wir dann auch noch bei Temperaturen um die 15 Grad in Deutschland landeten, wo wir doch bei knapp 40 in der Türkei abgeflogen waren.

Ich wollte es jetzt erst mal ruhiger angehen lassen, doch daraus wurde nichts. Schon am ersten Abend wieder in Deutschland fand ich mich in der Talaue, dem kleinen Park des Dorfes, wieder. Beim Alkohol konnte ich heute endlich mal Nein sagen, doch Santrina war total besoffen. Später am Abend landeten wir dann wieder an der Tanke. Mitten in der Nacht mussten Deniz und ich Santrina fast schon heimtragen, sie konnte kaum noch laufen.

An diesem Abend war ich richtig froh, endlich zu Hause zu sein. In der Nacht aber schossen mir wirre Gedanken durch den Kopf. Ich war mittlerweile 15 und hatte schon mit Dutzenden Typen gefickt, irgendwie wurde mir das alles zu viel.

300 EURO

Ein paar Wochen nach dem Türkei-Urlaub sind wir zusammen mit Freunden meiner Mutter und Gina auf den Bietigheimer Pferdemarkt gefahren. Dort erhielt ich dann einen Anruf. Von wem? Marc war dran. Er brauchte nur Hallo zu sagen und schon fuhr es mir in den Magen, mir wurde ganz schlecht, sofort hatte ich wieder Schmetterlinge im Bauch, keine Spur mehr von der Langeweile, die ich empfand, als ich mich damals von ihm trennte. Erst in diesem Augenblick wurde mir klar, dass er mir mehr bedeutete, als ich zulassen wollte. Er wollte sich mit mir treffen, doch an diesem Abend verpassten wir uns.

Gina und ich gingen, als wir wieder aus Bietigheim zurück waren, noch an die Tanke zu den anderen. Heute war mein Glückstag. Ein griechischer Lkw-Fahrer kam zu uns und wollte uns alle zum Trinken einladen, wir nahmen natürlich an. Als er dann mit einem Bündel Geld winkte, war mir klar: Ohne dieses Geld gehe ich nicht nach Hause. Immer mehr von uns verabschiedeten sich schließlich. Am Ende waren nur noch ich, mein Kumpel Zübi und der Lkw-Fahrer da. Wir drei langten beim Alkohol kräftig zu, denn der Grieche holte immer wieder Nachschub. Ich weihte Zübi in meinen Plan ein, er war dabei.

Ich beschloss, mit dem Fahrer zu knutschen und ihm dann aus seiner hinteren Hosentasche das Geld zu klauen, so geschah es. 300 Euro habe ich erbeutet. Dann verdrückten Zübi und ich uns. Wir freuten uns so sehr über das Geld, dass wir lachend übereinander auf der Straße lagen. Zübi brachte mich heim und ich gab ihm 50 der 300 Euro des Griechen! Bis heute können wir uns darüber ausschütten vor Lachen. Am nächsten Tag verabredete ich mich mit Marc, an der Unterführung wartete er schon. Wir redeten und versöhnten uns, ich war froh, dass ich ihn wiederhatte.

Die 300 Euro taten mir gut, jetzt musste ich mir erst einmal keine Gedanken mehr darum machen, wo das Geld für die nächste Party herkam. Das brachte mich auf den Gedanken, mich häufiger mit Männern zu treffen. Um nichts dem Zufall zu überlassen, ergriff ich die Initiative und legte ein Profil in dem mir inzwischen vertrauten Chatroom KWICK! an – und zwar eines, das dem Geschmack erwachsener Männer entsprechen sollte, auf die ich es abgesehen hatte. Ich nannte mein wahres Alter, also 15, und stellte ein Ganzkörperbild rein.

CHATROOM

Einige Tage später, als ich mich das erste Mal in mein neues Profil einloggte, bestätigte sich meine Erwartung. Ich hatte mehr Nachrichten als je zuvor erhalten. Natürlich waren auch viele Nachrichten von Kerlen in meinem Alter darunter, die mich einfach kennenlernen wollten, aber eben auch von älteren Männern, die für Geld einen geblasen haben wollten oder mich sogar nach einem Fickdate fragten. Ich war begeistert. Da mein Profil natürlich von meinen Freunden nicht unentdeckt blieb, löschte ich mein altes Wild_lieschen und kommunizierte nur noch mit meinem neuen Profil.

Die Messages, die ich bekommen habe, waren mitunter nicht von schlechten Eltern: *Hey du, Lust auf einen Blowjob im Auto, jetzt gleich? – Auf Ficken im Auto hätte ich Lust, du auch? Zahl dir auch was! – Würde dich gerne auf meinem Rücksitz rammeln, Lust? Hätten auch beide was davon, wenn du verstehst, was ich meine?! – Lecke wahnsinnig gerne, vor allem so eine geile Teeniefotze, zahle TG* (TG heißt Taschengeld, dieser Ausdruck ist mir damals das erste Mal über den Weg gelaufen), *treffen bei dir oder im Auto – Magst du mir beim Wichsen zusehen, lade dir auch dein Handy auf – Wichs mir den Schwanz, und du wirst belohnt, € warten auf dich ;-)*

Ist das normal? Schreibt man solche Nachrichten einer 15-Jährigen? Einer mit einem Profil wie jede andere in diesem Alter auch? Was, wenn ich ein ganz alltägliches Mädchen gewesen wäre, das nur bei KWICK! angemeldet war, um mit ihren Freundinnen über Mode, Schminke, Jungs und vielleicht auch Partys zu korrespondieren. Das vielleicht noch gar nichts von Sex wissen wollte und vor allem nicht mit Männern, die gut ihr Vater, wenn nicht sogar Opa sein könnten? Was wäre dann?

Ich sortierte aus, traf mich aber mit jedem zweiten der Männer, die mir solch eine Nachricht schrieben. Meistens nachmittags, während ich mich angeblich mit Freundinnen getroffen habe. Niemand schöpfte Verdacht, zumindest sprach mich keiner darauf an.

Günther war einer der Männer, die mich bei KWICK! anschrieben. Er wollte, dass ich ihm beim Wichsen zusehe, dafür bot er mir 50 Euro, viel Geld dafür, dass ich sonst nichts tun musste.

Er war klein, dick und roch eher unangenehm. Ich stieg zu ihm ins Auto, er erzählte mir, dass er auf dem Bau arbeite und gutes Geld verdiene, deshalb könne er sich den Spaß mit mir leisten, obwohl er verheiratet sei. Aber schließlich sei seine Frau das Bitterste, was ihm je begegnet sei. Warum er sie überhaupt geheiratet hätte, sei ihm heute noch ein Rätsel, selbst als junge Frau sei sie kein solcher Hingucker gewesen wie ich. Als ob so eine jemand wie ihn genommen hätte – selbst vor 30 Jahren nicht! Während er erzählte, wichste er seinen Mini-Schwanz und keuchte dabei wie eine Dampfmaschine. Obwohl ich mich ekelte, feuerte ich ihn an: wie geil es aussehe, wenn er sich wichst, und lauter solche Sachen. Nach etwa 20 Minuten spritzte er und ich konnte sein Auto endlich wieder verlassen.

Ein anderer zahlte 200 Euro für einen Quickie im Auto, er fickte mich vielleicht 30 Sekunden, dann kam es ihm schon. Er fragte mich doch tatsächlich, ob er denn die Hälfte von seinem Geld zurückbekommen könne, da das ja jetzt echt kurz gewesen sei. Ich lachte nur und stieg kopfschüttelnd wieder aus. Was bitte konnte ich dafür, dass er so schnell spritzte? Manches konnte ich einfach nicht verstehen!

Doch so rätselhaft manche Männer waren, das Geld nahm ich dafür in Kauf. Erst als sich Marc nach ein paar Wochen wieder meldete und ich ihn von da an wieder regelmäßig sah, stellte ich meine geschäftlichen Sextreffen mehr oder weniger ein.

DER RAUBÜBERFALL

Zwischendurch rief Marc mich wieder einmal an, ich war gerade mit Gina und den anderen vor dem Supermarkt, wo er mich dann abholte. Dass er gar keinen Führerschein besaß, wusste ich damals noch nicht. Im Auto saßen auch noch Gero und ein mir bis dahin unbekannter Typ – Kadirs. Wir sind dann in der Weltgeschichte herumgefahren.

Da ich immer noch ein wenig stolz auf den Streich war, den ich dem griechischen Lkw-Fahrer gespielt hatte, erzählte ich den dreien davon. Dass ich allerdings dadurch ihre Geldgier weckte, ahnte ich nicht, sonst hätte ich sicher geschwiegen.

Wir hatten Hunger. Doch keiner von ihnen hatte Kohle dabei, auch ich besaß nichts außer den 5 Euro in meiner Hosentasche. Mich beschlich ein Verdacht, der sich kurz darauf dann auch bestätigte: Sie wollten jenes Geld, das ich kurz zuvor dem Griechen geklaut hatte. Von meinem anderen »Verdienst« wussten die drei, wie ja auch alle anderen, nichts. Doch da ich auf keinen Fall etwas davon hergeben wollte, musste ich mir etwas anderes einfallen lassen.

Ein paar Tage zuvor hatte mich mal wieder so ein Typ angeschrieben, der für Geld einen geblasen haben wollte. Da er aber nur 25 Euro dafür bezahlen wollte und ich auf einen derartigen Hungerlohn gar nicht erst einging, erzählte ich Marc, Gero und Kadirs lachend von ihm. Und schon stand unser Plan fest. Ich sollte mich mit dem »Freier« treffen, in sein Auto steigen und zuerst das Geld verlangen. Dann würde einer der drei Kumpel an die Scheibe klopfen und behaupten, er sei mein Bruder. Und ich würde die Aufregung nutzen, um auf dem schnellsten Weg das Auto zu verlassen. So geschah es dann auch schon eine Stunde später.

Bis dahin war es nur um 25 Euro gegangen, das hatte er mir angeboten. Mit diesem Geld wollten wir zu McDonald's, um dort etwas zu essen. Doch als alles so glatt gelaufen war, wurde der Plan ohne Geros und mein Wissen geändert. Marc schlug dem »Freier« ins Gesicht und Kadirs packte ihn und zerrte ihn auf den Beifahrersitz, dann fuhren sie mit ihm zur Sparkasse und zwangen ihn, noch mehr Geld abzuheben, 700 Euro genau.

Gero und ich haben davon rein gar nichts mitbekommen, denn wir standen in dieser Zeit oben am Bahngleis und warteten, weil wir ja dachten, die anderen würden kurze Zeit später zu uns zurückkehren. Was wirklich passiert war, haben wir dann erst durch die beiden erfahren.

Marc drückte mir das erbeutete Geldbündel in die Hand, ich steckte es in meinen Stiefelschaft. Ab diesem Moment herrschte unter uns Stillschweigen über die Tat. Wir aßen etwas von dem Geld, kauften uns Zigaretten und ein paar Bier. Spät in der Nacht bin ich dann wieder zurück im Dorf gewesen.

Das Geld wurde aufgeteilt. Da ich nicht wusste, um wie viel Geld es sich tatsächlich handelte, bekam ich ganze 80 Euro, mit denen ich mich auch sofort abfand. Aber schon auf dem Heimweg hatte ich ein schlechtes Gewissen, es verschwand erst, als ich mir einredete, nicht daran schuld zu sein und dass es dem Freier eigentlich recht geschehen sei.

Ein paar Tage lang hörte ich nichts mehr von den dreien, aber dafür von dem Ausgeraubten. Er schrieb mir eine SMS, in der er mich fragte, ob ich seine Brille noch hätte, da er die seit dem gestrigen Abend vermissen würde. Ich antwortete, dass er sich doch einfach eine neue kaufen solle. Warum sollte ich Reue empfinden oder mich womöglich bei ihm entschuldigen? Dass er uns anzeigte war für mich unvorstellbar.

MARC

Kaum eine Woche war seit der Tat vergangen, da stand Marc wieder vor meiner Tür. Er wollte unbedingt mit mir reden, doch dazu hatte ich eigentlich gar keine Lust, weil ich inzwischen nicht nur wusste, dass er eine Freundin hatte, sondern dass die auch noch im achten Monat schwanger war. Doch er gab keine Ruhe, klingelte so lange, bis ich nach unten kam. Dort im Flur lag noch eine Jacke, die mir ein guter Freund mal ausgeliehen hatte. Bei der Jacke handelte es sich um ein Markenprodukt, deshalb schnappte sich Marc sie sofort und zwang mich so mitzukommen.

Wir landeten im Busch, er wollte mich ficken, da seine Freundin ihn nicht ranließ. Gero wartete währenddessen in einem Lokal direkt neben meiner Stammkneipe. Er fickte mich, zog mich komplett aus. Mir tat schon alles weh, doch ich wollte ihn wieder für mich haben, und so besaß ich ihn wenigstens für diese wenigen Minuten ganz für mich allein. Er steckte mir seinen Schwanz in den Mund, so tief, dass ich mich beinahe hätte übergeben müssen. Das gefiel ihm. Nachdem er sich dann entleert hatte, gingen wir gemeinsam zurück zu Gero, wo wir etwas zu trinken bestellten und eine rauchten.

Kaum waren wir wieder draußen, packte er mich und schmiss mich erneut in einen Busch. Und wieder fickte er mich, diesmal härter, jetzt tat es mir richtig weh. Er wollte in meinen Arsch, dies ließ ich nicht zu. Ich kniff mein Loch einfach so eng zusammen, dass es für ihn unmöglich war hineinzukommen.

Als wir diesmal zu Gero zurückkehrten, fragte mich Marc nach einem weiteren Drink, ob meine Muschi schon wehtäte. Ich schüttelte den Kopf, obwohl es gelogen war, denn mir brannte alles da unten. Daraufhin forderte er mich wieder auf mitzukommen, diesmal fickte er mich noch härter, ich dachte, ich verrecke gleich, doch ich hielt es aus, für ihn. Er sagte, dass er dies tun müsse, denn er wolle, dass ich ihn nie wieder vergesse. Jetzt tat er mir nur noch leid. Dieses Mal wurden wir auch noch von Samuel und Andreas dabei beobachtet. Marc ging, nachdem er das dritte Mal abgespritzt hatte, zu den zweien und drohte ihnen, dass er sie, falls sich irgendetwas herumspräche, finden würde, und dann gnade ihnen Gott. Ich glaube, die Drohung hat, auch wenn ich es nicht gut fand, gewirkt, denn niemand, wirklich niemand, hat mich bis heute darauf angesprochen.

Wieder ließ er ein paar Wochen nichts mehr von sich hören. In dieser Zeit bin ich mit Erdem zusammengekommen, das war der Ex von Johanna, die ich durch Santrina kennengelernt hatte und die mittlerweile eine echt gute Freundin geworden war. Ein total Süßer und auch wirklich Lieber. Doch nachdem ich die erste Nacht mit ihm im Partyhaus verbracht hatte, war klar, dass das nicht mehr lange gehen würde, denn er hatte einen so kleinen Schwanz, wie ich ihn noch nie zuvor gesehen hatte, im steifen Zustand nicht mal so lang wie mein Mittelfinger und dicker war er auch nicht.

Deshalb habe ich auch nicht Nein gesagt, als mich Marc nach ein paar Wochen fragte, ob wir uns treffen wollen. Wir haben es wieder miteinander getrieben, anders kann man es nicht beschreiben, denn er hat mich gefickt wie ein Tier. Als er mich dann spät in der Nacht nach Hause brachte, wusste ich, es war das letzte Mal, dass wir uns als Liebende gegenüberstanden, ich fühlte es und ich glaube, ihm ging es genauso.

Ich wollte ihn noch einmal in mir spüren, noch einmal eins mit ihm sein. Ich küsste ihn, führte ihn in unseren Keller, zog mir meinen Rock hoch und setzte mich auf die Waschmaschine, er drang in mich ein. Doch diesmal war alles neu, er war so zärtlich, es war das erste Mal, dass wir uns liebten.

Danach ging er nach Hause zu seiner Freundin, ich aber legte mich in mein Bett und weinte nur noch. Denn ich wusste, es war vorbei. Mein Herz zerriss es fast, es verging kein Tag, an dem ich nicht an ihn dachte.

Die Messages, die ich bekommen habe, waren mitunter nicht von schlechten Eltern: Hey du, Lust auf einen Blowjob im Auto, jetzt gleich? – Auf Ficken im Auto hätte ich Lust, du auch? Zahl dir auch was! – Würde dich gerne auf meinem Rücksitz rammeln, Lust? Hätten auch beide was davon, wenn du verstehst, was ich meine?! – Lecke wahnsinnig gerne, vor allem so eine geile Teeniefotze, zahle TG (TG heißt Taschengeld, dieser Ausdruck ist mir damals das erste Mal über den Weg gelaufen), treffen bei dir oder im Auto – Magst du mir beim Wichsen zusehen, lade dir auch dein Handy auf – Wichs mir den Schwanz, und du wirst belohnt, € warten auf dich ;-)

Ist das normal? Schreibt man solche Nachrichten einer 15-Jährigen? Einer mit einem Profil wie jede andere in diesem Alter auch? Was, wenn ich ein ganz alltägliches Mädchen gewesen wäre, das nur bei KWICK! angemeldet war, um mit ihren Freundinnen über Mode, Schminke, Jungs und vielleicht auch Partys zu korrespondieren. Das vielleicht noch gar nichts von Sex wissen wollte und vor allem nicht mit Männern, die gut ihr Vater, wenn nicht sogar Opa sein könnten? Was wäre dann?

BRUNO

Ein paar Wochen später hatte ich einen neuen Freund – Bruno. Er war 23, ich 15, er gab mir Halt und Sicherheit, ich glaube, daran lag es auch, dass ich nicht bald wieder mit ihm Schluss machte.

Bruno war ein Arbeitskollege von Santrinas Freund Sercan, er war süß und der Sohn einer Lehrerin an jener Schule, auf die ich wenige Monate zuvor noch gegangen war. Ich lernte ihn kennen, als wir mal wieder einen Film im Partyhaus anschauten. Irgendwie gefiel er mir gleich, aber nicht so wie die Typen, mit denen ich einfach nur Sex wollte, sondern wirklich vom Charakter her.

Das nächste Mal sah ich ihn, als seine Eltern im Urlaub waren, er wollte in deren Haus mit Santrina, Sercan und mir einen gemütlichen Abend verbringen. Zwar hatte er schon eine eigene Wohnung in der Stadt, in der ich seit diesem Jahr zur Schule ging. Doch wenn seine Eltern nicht da waren, hütete er immer deren Haus fünf Kilometer von meinem Heimatdorf entfernt, außerdem arbeitete er ja auch hier, also sparte er sich die lange Anfahrt zur Arbeit.

Jedenfalls tranken wir ein wenig, schauten einen Film nach dem anderen an. Als es dann schon so spät war, dass keiner mehr fahren konnte, beschlossen wir, bei Bruno zu bleiben. Santrina und ich informierten unsere Mütter, die natürlich nicht begeistert waren, aber das war uns wie immer egal. Sercan und Bruno bauten für uns dann ein Bett, in dem wir alle Platz hatten.

Sercan schlief ganz links, daneben Santrina, dann ich und ganz rechts neben mir Bruno. Und es bestätigte sich, dass er nicht war wie alle anderen Typen, denn er rührte mich nicht an, außer dass er mir nachts im Schlaf durch die Haare gestreichelt hat.

Am nächsten Tag hatten wir alle schrecklichen Hunger. Also auf zum Burger King, wo die junge Frau, die die Bestellung aufnahm, wohl dachte, dass wir einen ganzen Kindergeburtstag versorgen wollten: vier Kids Menüs, sechs normale Menüs und noch ein paar extra Burger obendrauf. Als wir dann wieder im Haus von Brunos

Eltern zurück waren, begann das große Fressen, bis wir uns alle nicht mehr bewegen konnten, vorher hätte keiner aufgegeben.

Sercan und Bruno mussten am Mittag noch eine Kanutour für die Firma, in der sie beide arbeiteten, organisieren, also legten Santrina und ich uns noch eine Weile aufs Ohr. Sie war neugierig, ob in der vergangenen Nacht irgendwas zwischen Bruno und mir gelaufen sei, ich musste verneinen, eigentlich schade, dachte ich mir. Denn spätestens jetzt war mir klar, dass ich Bruno haben wollte. Und ich würde ihn bekommen.

Danach sah ich Bruno wochenlang nicht mehr, ich dachte schon kaum mehr an ihn, bis es auf einem Grillfest bei Sercan wieder zwischen uns funkte. Am nächsten Tag war Bruno dann schon wieder mit uns unterwegs, dieses Mal in der Talaue, dem kleinen Park im Dorf. Nun stand mein Plan endgültig fest, heute würde ich nicht nach Hause, sondern mit ihm gehen.

Es kam, wie es kommen musste, er nahm mich mit zu sich in seine Wohnung. Doch er war wirklich nicht wie die anderen Typen, denn nicht mal hier fasste er mich an. Also machte ich den ersten Schritt und küsste ihn einfach, anschließend zog ich ihm seine Hose runter und fing an, seinen Schwanz zu lutschen. Doch er verhielt sich auch jetzt anders als alle anderen. Klar vögelte er mich in dieser Nacht unzählige Male, aber irgendwie kam es mir so vor, als täte er dies nur mir zum Gefallen.

Am nächsten Tag fand ich dann heraus, dass er mehr von mir wollte, denn er mochte mich gar nicht mehr gehen lassen. Mittags war Tag der offenen Tür in der Stadt, dort trafen wir uns mit Freunden von ihm. Ich war verblüfft, dass er als 23-Jähriger ganz offiziell eine acht Jahre Jüngere seinen erwachsenen Freunden vorstellte, obwohl noch überhaupt nichts zwischen uns klar war, außer dass wir miteinander geschlafen hatten. Doch fand ich es schön.

Nachdem wir uns eine Weile durch die Kälte gequält hatten, wärmten wir uns den restlichen Nachmittag mit Yufka und viel Sex in seiner Wohnung wieder auf. Am Abend brachte er mich dann heim. Ich glaube, das war für die nächsten Monate mein letzter Abend bei mir zu Hause. Denn ich schlief ab sofort eigentlich jede Nacht bei Bruno, ich hatte es ja von dort aus nicht weit zur Schule, genau zwei Busstationen.

Meine Mutter war am Anfang nicht so begeistert davon, doch nach ein paar Monaten begriff dann auch sie, dass Bruno durchaus kein schlechter Umgang für mich war, sondern eher genau das Gegenteil. Sie glaubte nämlich fest daran, dass ich immer bei Bruno sei, wenn ich nicht zu Hause schlief. Das war zwar auch meistens der Fall. Aber nur, weil ich einen Freund hatte, wollte ich doch nicht aufhören, Partys zu feiern. Deshalb ließ ich mich in solchen Fällen ganz einfach spät in der Nacht von Bruno abholen.

Auch auf meine Männergeschichten verzichtete ich nicht ganz. Zwar war es nicht mehr so, wie es vor Bruno war, aber wenn da mal einer auftauchte, der mich küssen wollte, und ich mal wieder ein bisschen viel Alkohol getrunken hatte, war ich nicht abgeneigt.

Die Zeit mit Bruno war wirklich schön, aber ich wusste ganz genau, dass dies irgendwann wieder ein Ende haben würde, denn ich war 15 und hatte schließlich noch ganz andere Dinge mit meinem Leben vor. Doch ich beschloss, die Zeit einfach zu genießen und den Rest auf mich zukommen zu lassen.

Mein neuer Tagesablauf sah nun so aus, dass ich morgens bei Bruno aus dem Bett fiel und mich direkt auf den Schulweg machte, dort hatte ich endlich mal wieder super Noten, nach dem Unterricht fuhr ich mit Santrina und Sabrina, einer Freundin seit dem 6. Schuljahr, meistens zurück nach Hause. Den Nachmittag verbrachte ich mit den beiden, am Abend holte mich Bruno wieder ab und dort blieb ich dann. Ab und zu fehlte mir das abendliche Zusammensitzen mit meiner Mum und meinen Geschwistern, deshalb blieb ich meistens einmal in der Woche bei ihnen, bis Bruno kam.

Da mein Vater und ich nun endlich nach unserem Streit darüber, ob ich einen mir angebotenen Praktikumsplatz als Köchin, meinem damaligen Traumberuf, annehme oder nicht, nach Monaten wieder normal miteinander sprechen konnten, stellte ich ihm Bruno sogar vor, er war begeistert von ihm. Und fing auch nicht ein einziges Mal an, von dem versäumten Praktikum zu sprechen, obwohl er damals gemeint hatte, dass ich mich gar nicht mehr bei ihm zu melden brauche, wenn ich diesen Platz nicht antreten würde. Ich aber war froh, meinen Vater wiederzuhaben, und auch über Bruno war ich sehr glücklich. Durch ihn fing ich an zu lernen, was eine Beziehung bedeutet.

Oft rauchte ich abends noch zusammen mit Sabrina eine an der Post, die lag genau auf halber Strecke zwischen ihr und mir. Mit ihr konnte ich mich gut unterhalten, sie hörte einem zu und erzählte auch nichts weiter, was man von Santrina und Gina zu diesem Zeitpunkt nicht gerade behaupten konnte. An manchen Abenden war auch Bruno dabei. So auch an jenem Abend, als mich plötzlich jemand von hinten anfasste, ich mich umdrehte und hinter mir Marc zusammen mit einem Mädchen, wahrscheinlich seiner Freundin, stand.

Er schaute mich verbittert an und drohte mir. Die Bullen wüssten alles und wenn ich ihn nur mit einem Wort bei der Polizei belaste, würde mir und meiner ganzen Familie etwas passieren. Dann ging er wieder. Bruno nahm mich bei der Hand, setzte mich in sein Auto und fuhr mit mir zur Polizei. Wir erstatteten Anzeige. In dieser Nacht wanderte Marc in Untersuchungshaft.

STRAFANZEIGE

Die Polizei wusste zu meiner Verwunderung tatsächlich alles, was in der Nacht des Überfalls passiert war, aber ich konnte mir im ersten Augenblick wirklich nicht erklären, wie das möglich war. Als ich dann aber einige Tage später Post im Briefkasten hatte, sollte ich aufgeklärt werden. Ich wurde zu einer Vernehmung bei der

Kripo geladen. Dort wurde mir dann erzählt, dass Marc sich selbst angezeigt hatte in der Hoffnung, dass er dann ungeschoren davonkäme. Natürlich war dies nicht der Fall. Ich zweifelte nun erstmals an seinem IQ.

Ich musste drei Stunden auf der Wache verbringen, damit sie dort ein ausführliches Protokoll aufnehmen konnten. Danach wurde ich von der Polizei heimgebracht, auch meine Mutter wurde von ihr informiert. Denn auch ich hatte eine Anzeige wegen Betrugs an der Backe. Mein Vater besorgte mir einen Anwalt.

Klar hatte ich Angst vor der Strafe, die mich erwarten würde. Aber noch schlimmer fand ich, dass Marc der Polizei zwar meinen Namen verschwiegen, aber dass er immerhin gesagt hatte, ich sei erst 15 Jahre. Jetzt war es natürlich ganz leicht für sie herauszubekommen, wer ich war. Sie konnten ganz einfach in unser Dorf fahren und dort am Bahnhof ein paar Jungs fragen, ob es hier ein Mädchen gebe, das einem erwachsenen Mann für ein paar Euro einen blies, und schon hatten sie meinen Namen.

Das war etwas, was mir seit langer Zeit mal wieder richtig peinlich gewesen ist. Dass mein Ruf schlimm war, wusste ich ja, aber so schlimm, hätte ich nicht gedacht, wirklich nicht. Es war aber nun einmal so und ich konnte ja sowieso nichts mehr ändern. Aber irgendwie war ich auch stolz darauf, mir gehörte die Aufmerksamkeit von jedem, wenn ich von dieser Geschichte erzählte.

MEINE WOCHENENDEN MIT NESTWÄRME

Am Wochenende war ich die meiste Zeit im Chapeau oder in der Talaue mit Santrina, Sabrina und Johanna, danach bei Bruno. Außerdem besuchten wir dann regelmäßig meinen Vater. Wenn nur der Alkohol nicht gewesen wäre.

Klar, ich sagte auch nicht Nein, wenn mir jemand was zu trinken anbot, aber er war Alkoholiker seit frühester Jugend. Dabei war er durchaus nicht so, wie man sich einen Langzeit-Alkoholiker vorstellt, sondern er wirkte normaler und verträglicher, wenn er getrunken hatte, als wenn er nüchtern war.

Trotzdem war es schmerzlich für mich zu sehen, wie mein Vater, wenn wir mal zur Tanke gegangen waren, um Zigaretten zu kaufen, sich zwei 0,2-Liter-Fläschchen Jägermeister oder Wodka innerhalb weniger Sekunden reinpfiff; so schnell wie er die Flaschen immer leer gesoffen hatte, konnte ich kaum schauen. Oder wenn Bruno mir erzählte, dass er gerade gesehen habe, wie mein Vater auf der Straße kniend sich Alkohol vom Fußraum des Autos schneller reingeschüttet hatte, als andere Menschen Wasser trinken. Aber ich hatte ihn so lieb und genoss jede Sekunde, die wir mit ihm verbrachten, er war mir einfach so ähnlich. Mein Vater eben. So gingen die Monate vorüber.

ZUKUNFTSPLANUNG

Im Rahmen des Schulunterrichts sollten wir ein Praktikum absolvieren, ich entschied mich für eine Anwaltskanzlei. Nach unzähligen Telefonaten habe ich dann auch einen Platz gefunden. Es machte mir wirklich Spaß, ich wusste, das ist der Beruf, den ich ausüben will. Ich redete mir zu der Zeit noch ein, dass man etwas Vernünftiges lernen muss.

Als es dann nicht mehr nur um ein Praktikum, sondern um einen richtigen Ausbildungsplatz ging, schrieb ich Bewerbungen an alle Kanzleien, die ich nur finden konnte; leider kamen nur Absagen zurück, sie würden alle nicht ausbilden, stand in ihren Schreiben zu lesen. Es war klar, ich musste mich in anderen Branchen bewerben. Kurz darauf hatte ich viele Einladungen zu Vorstellungsgesprächen in der Tasche, in Hotels und Restaurants, auch für den Einzelhandel, nur eine Anwaltskanzlei war nicht dabei.

Also musste ich mich damit abfinden und beschloss stattdessen, eine Ausbildung in der Gastronomie zu machen. Doch diese Karriere endete schon nach kürzester Zeit. Ob es nun das einzige Fünfsternehotel im ganzen Umkreis war oder ein Dreisternehotel im Schwarzwald, in dem alles sehr nett und freundlich zuging – ich konnte mich einfach nicht entscheiden. Zur Probe arbeitete ich auch noch in einem Fast-Food-Restaurant, wo ich schon am zweiten Tag nicht mehr hinging. Überall zeigte es sich schnell: Dieser Beruf war dann doch etwas zu langweilig für mich.

Dann gab es ja auch noch die Option, meinen Realschulabschluss nachzuholen. Meine Noten waren mittlerweile so gut, dass mir eigentlich alle Türen offen standen, doch was brachte mir das, wenn ich einfach nicht wusste, was ich wollte. Und schließlich wollte ich damals gerade mit Bruno zusammenziehen, weshalb ich ja wenigstens ein bisschen Geld brauchte. Ich hätte natürlich auch die Schule weitermachen und nebenher jobben gehen können. Es gab einfach viel zu viele Möglichkeiten, deshalb ließ ich mir mit der Entscheidung Zeit. Zu viel Zeit, wie sich bald herausstellte.

Ich war mir nämlich mittlerweile nicht mehr so sicher, ob ich tatsächlich mit Bruno zusammenziehen wollte, deshalb beschloss ich, doch noch für eine Weile bei meiner Mutter zu wohnen. Doch weil diese gerade mit meinen Geschwistern auch aus unserer Wohnung ausziehen wollte, weil sie einfach zu klein für uns alle war und auch zu klein gewesen wäre, wenn ich nicht mehr da gewohnt hätte, mir aber das Kaff, wohin sie ziehen wollte, nicht gefiel, nahm ich die Sache in die Hand, schließlich wollte ich endlich einmal in einer richtigen Stadt leben.

Ich wusste, dass meine Mutter eine Beziehung zu Heilbronn hatte, denn dort wohnte Henry, mit ihm hatten Santrina, Lina und ich sie ein paar Jahre zuvor verkuppelt. Er war Santrinas und mein Mathelehrer, es war für beide die große Liebe. Doch leider konnte er sich nicht damit abfinden, dass meine Mutter drei Kinder hatte, und das auch noch von zwei verschiedenen Männern.

Das war auch der Grund, warum sie sich wieder trennten, doch keiner der beiden konnte sich lösen, auch Jahre danach noch nicht. Deshalb war ich mir auch sicher, dass meine Mutter nicht lange zögern würde, wenn wir eine Wohnung in Heilbronn finden würden.

Also suchte ich das nächste Mal, als ich in einem Internetcafé saß (Internet hatten wir zu der Zeit zu Hause nicht), nach den Wohnungsanzeigen und erzählte dann meiner Mutter von den günstigen Angeboten in Heilbronn. Etwa eine Woche später, es war Muttertag, nahm ich selbst die Sache in die Hand, weil meine Mutter immer erst einen Arschtritt braucht, wenn sie sich entscheiden soll. Ursprünglich hatten wir durch Bietigheim bummeln wollen, doch kaum waren wir unterwegs, schlug ich ihr vor, stattdessen im nahegelegenen Heilbronn einen Kaffee zu trinken – wo wir doch sowieso überlegten, dort hinzuziehen.

Wenig später schlenderten wir bereits durch Heilbronn, ich genoss die Atmosphäre um mich herum und stellte mir bereits vor, wie es werden würde, wenn wir hier wohnten. Es fühlte sich gut an, ich bin, das merkte ich wieder einmal, eindeutig ein Stadtmensch. Wieder zu Hause, blätterten wir die Heilbronner Lokalzeitung durch und fanden prompt ein paar interessante Wohnungsanzeigen. Und noch in derselben Woche hatten wir zwei Besichtigungstermine – wobei schon die erste der beiden Wohnungen einen so guten Eindruck auf uns machte, dass wir die zweite erst gar nicht mehr anschauten.

Jetzt ging alles ganz schnell, in drei Wochen würden wir umziehen. Ich musste nun auch noch Bruno klarmachen, dass ich doch nicht mit ihm, sondern mit meiner Mutter zusammenwohnen wolle. Und noch weniger begeistert war er, als ich ihm beibrachte, dass ich erst mal ein paar Wochen Zeit für mich allein brauchte, um Abstand zu gewinnen. Außerdem, warum soll ich es verschweigen, hatte ich schon ein Auge auf einen Jungen geworfen, der in demselben Heilbronner Haus wohnte wie wir demnächst. Er hieß Jan, und er hatte sichtlich auch Interesse an mir.

Also blieb ich immer öfter während der Renovierungszeit noch länger in der neuen Wohnung und ließ mich dann nach ein paar mit Jan verbrachten Stunden von meinem Schatz Bruno abholen. Es lief allerdings nichts zwischen Jan und mir. Außer dass wir uns gegenseitig massierten, war wirklich rein gar nichts. Obwohl Bruno sicher nicht begeistert gewesen wäre, wenn er Jan mit nacktem Oberkörper in unserer Wohnung angetroffen hätte. Zum Glück wusste ich das zu verhindern, bevor alles aufflog. Ich wollte Bruno schließlich nicht verlieren – noch nicht.

Drei Wochen später ging es Schlag auf Schlag. Am Donnerstag feierte ich in meiner alten Heimat leichten Herzens Abschied von meinen Freundinnen und Freunden. Obwohl wir erst zwei Tage später in Heilbronn einziehen würden, wollte ich schon am Freitag in der neuen Wohnung übernachten, am besten zusammen mit Jan. Den Freitagabend verbrachte ich wie geplant allein in Heilbronn. Ich färbte mir meine Haare bei Jan in der Wohnung wieder von Braun auf Blond, doch die Haare wollten nicht, wie ich wollte. Da ich Extensions drin hatte, war es nicht so einfach, die Haare auf eine Farbe zu bringen. Nach dem Färben waren meine echten Haare blond und die reingeschweißten Extensions orange. Deshalb beschloss ich, nicht wie geplant mit Jan noch wegzugehen, um uns mit Freunden von ihm treffen, sondern lieber in unserer neuen Wohnung zu bleiben. Jan ging allein. Doch eigentlich wollte ich ihn bei mir haben, deshalb schrieb ich ihm dann eine Weile später, dass, wenn er hinterher noch Lust habe, bei mir vorbeizukommen, er einfach klingeln solle. Keine 20 Minuten später klingelte es tatsächlich.

Und so kam es, auch wenn ich mir das etwas anders vorgestellt hatte: Jan und ich chillten ganz entspannt in meinem Bett und schauten uns eine DVD auf meinem Laptop an. Ich wusste genau, dass er mehr wollte, und das wollte ich eigentlich auch, doch irgendwie waren wir beide zu schüchtern. Es blieb bei einer gemeinsamen DVD-Nacht und sonst nichts, um fünf Uhr morgens ging er wieder zu sich nach oben; ich schlief die wenigen Stunden, die mir noch blieben, ganz alleine.

Um zehn Uhr rief meine Mutter auf meinem Handy an, ich war noch im Halbschlaf und verstand nur, dass sie schon eine Stunde später mit den Umzugsleuten vor der Tür stehen würde. Und das nach meinem bisschen Schlaf und einem Schädel, der vom Alkohol am Vorabend brummte. Wenigstens blieb mir noch Zeit, oben bei Jan einen Kaffee zu trinken – es sollte die ruhigste Stunde des Tages werden.

Denn nachdem wir den ganzen Tag mit unseren Umzugskartons geschuftet hatten, ließ ich mich auch noch am Abend von Santrina überreden, mit ihr aufs Kelternfest im Ort, aus dem ich gerade gestern weggezogen war, zu gehen. Das endete schließlich damit, dass ich die Nacht bei Bruno verbrachte. Ich wusste zwar, dass ich das mit ihm beenden musste, doch ich wusste nicht wie und hatte vor allem Angst davor, dass ich ohne ihn den Kontakt zu »meinem Dorf« ganz verlieren würde.

Das mag einer der Gründe gewesen sein, warum ich mit Bruno noch in den Urlaub fuhr. Wir reisten über Italien nach Südfrankreich, von Monaco nach Paris und von dort aus zurück nach Hause. Er versuchte, mir den Himmel auf Erden zu bieten, doch ich hatte einfach keine Lust mehr auf ihn.

Wir hatten zum Beispiel in Südfrankreich in einem Hotel eingecheckt und den Abend am Meer verbracht, jetzt wollte ich nur noch schlafen, doch er ließ mich nicht. Ich wusste genau, was er wollte, doch eigentlich hatte ich überhaupt keine Lust dazu. Ich fickte trotzdem mit ihm, so wie er es mochte, nur damit er sich gut fühlte. Doch innerlich wusste ich spätestens jetzt, dass es bald vorbei war mit uns.

Als wir zurück in Deutschland waren, packte mich gleich wieder das Fernweh, und weil Bruno noch ein paar Tage Urlaub hatte, beschlossen wir, einen Tag in Berlin dranzuhängen. Um Mitternacht fuhren wir los und waren schon 24 Stunden später, nach einem Besuch bei Knut im Zoo und einer echten Berliner Currywurst, wieder zu Hause. Nach einer Woche mit Bruno war ich zurück in Heilbronn und hatte endlich meine Ruhe.

Die Sommerferien waren fast vorbei und ich wusste immer noch nicht, was ich nun machen sollte. Das Arbeitsamt machte auch schon Druck und drohte mir, dass sie mich, wenn ich nicht bald etwas finden würde, in ein Projekt der Agentur für Arbeit stecken würden. Also musste schnell eine andere Lösung her, ich wollte meine mittlere Reife nachholen. Mit meinen Noten war es auch nicht schwer, noch so kurzfristig einen Platz auf einer kaufmännischen Berufsfachschule zu finden.

Als ich Bruno das erzählte, freute er sich zwar für mich, aber geglaubt hat er mir nicht, wie ich dann im Nachhinein erfahren habe. Immerhin schien er noch zu hoffen, dass ich zu ihm ziehen würde, statt bei meiner Familie in Heilbronn zu wohnen. Doch er hatte sich getäuscht. Denn jetzt hatte ich einen derart straffen Terminplan, dass für ihn kaum noch Zeit blieb. Von Montag bis Freitag ging ich zur Schule, nachmittags musste ich lernen oder war mit meiner Mum in der Stadt, selbst zum Telefonieren mit ihm kam ich kaum noch.

Am Sonnabend arbeitete ich bei Martin, meinem Ersatzvater, als »Vertriebsassistentin«, so nannte er es. Eigentlich schrieb ich nur ein paar Werbebriefe und sorgte so für neue Stammkunden. Und am Sonntag hatte ich nur bis nachmittags für Bruno Zeit, danach wollte ich zu Hause bei meiner Familie sein, mehr blieb für ihn nicht übrig.

Trotzdem unterstützte er mich, wo er nur konnte, manchmal hatte ich das Gefühl, dass er mich kaufen wollte. Andauernd steckte er mir Geldscheine zu, er deckte mich sonntags mit einem Wochenvorrat an Zigaretten ein und lud mir mein Handy mit Guthaben auf, das nach nur wenigen Tagen immer leer war, weil ich ständig SMS schrieb, mit Männern, die entweder mich ficken wollten und meine Nummer von Santrina oder sonst einer Freundin hatten, oder mit Männern, die ich ficken wollte.

Klar nahm ich alles an, aber es berührte mich nicht, es stand für mich nach wie vor fest, dass ich bald mit ihm Schluss machen würde. Ich wollte einfach mal wieder verliebt sein, mal wieder Schmetterlinge im Bauch haben, einfach mal wieder ein unbeschwertes Gefühl haben, mich unsterblich fühlen.

MAX

Es traf mich wie ein Blitz, als ich an einem Samstagmorgen bei Martin vor der Arbeit im Büro zum Frühstück ankam, denn es war noch jemand anwesend, Max, Martins Kumpel und von Beruf Detektiv. Es war wie Magie, ich fühlte mich verzaubert, hatte so etwas noch nie gespürt, war hin und weg. Warum? Frag den Mond und die Sterne oder sonst wen – erklären lässt sich so etwas nicht. Er saß mit einem orangefarbenen T-Shirt und nur einem Handtuch um die Hüften gewickelt am Tisch, saß einfach nur so da. Ich wusste nur: Genau ihn will ich und ich werde ihn kriegen, wann, das würde die Zukunft zeigen. Gut war, dass er in der Wohnung oben in der Tankstelle von Martin wohnte, so bestand eine gute Chance, dass ich ihn wiedersah.

Mit Bruno lief alles wie geplant, ich verbrachte zwar immer noch Zeit mit ihm, aber eben nicht so viel wie damals, als er mir noch mehr bedeutet hatte. Meistens war ich am Wochenende bei ihm, aber auch nur, damit ich mir das teure Ticket von Heilbronn in mein Dorf sparen konnte. Denn dort musste ich ja jeden Samstagmorgen arbeiten, innerlich hoffte ich stets, endlich wieder Max zu begegnen.

Die Rubrik »Jobangebote« war voll mit verkappten Sexanzeigen oder besser gesagt von Suchanzeigen, die Frauen wie ich hier und nicht im Erotikbereich online stellten. Ich hätte sicher im offiziellen Erotikbereich auch nicht mehr Anfragen bekommen. Es war unglaublich, ich konnte mich vor Interessenten kaum retten.

Mein Postfach war voll mit Nachrichten, die so oder ähnlich aussahen: Was heißt jung? – Wie sieht denn das junge Fickstück aus, aussagekräftige Bilder bitte, und wie jung ist es? – Na, Lust, einen geilen, reifen Schwanz zu lutschen? – Wenn du wirklich sehr jung bist, so wie du es schreibst, und daher eine geile Teeny-Maus bist, ist mir das wirklich etwas wert! Melde dich! – Ich 53, 180/87 habe schon lange das Bedürfnis nach jungen Frauen, darf ich fragen, wie alt oder besser gesagt jung du bist? Vielleicht hast du ja auch noch ein Bild für mich, auf dem ich was von dir sehe, wenn du verstehst, was ich meine?!

Ich bekam so viele Nachrichten, dass ich sie gar nicht alle beantworten konnte. Ich fand aber schnell heraus, dass viele von ihnen einfach nur Männer waren, die sich an meinen Bildern aufgeilten oder sich darauf einen wichsten, dass sie mit einer Göre wie mir über Sex schrieben.

Ich hörte ihn zwar jedes Mal, wenn er badete oder wenn er das Gebäude verließ, doch ihn zu Gesicht bekam ich selten. An einem Samstagmorgen endlich musste ich mich an die Straße gegenüber der Tankstelle setzen, um die Autos zu zählen und die Namen der vorbeifahrenden Lkw-Unternehmen aufzuschreiben, um ihnen später einen Werbebrief schicken zu können. Santrina leistete mir nach einer Weile Gesellschaft, dann geschah das, worauf ich schon so lange gehofft hatte.

Ein Mann stieg aus einem Auto und ging direkt auf uns zu, wir wunderten uns beide, ich erkannte ihn immer noch nicht, auch nicht, als er direkt neben uns stand. Als er jedoch seine Sonnenbrille abnahm, sah ich, dass es Max war. Sofort spürte Santrina, wie ich mich freute, deshalb ließ sie uns nach kurzer Zeit allein. Jetzt hatte ich endlich die Gelegenheit, ganz ungestört mit ihm zu plaudern, alles war gut, er fragte mich sogar nach meiner Handynummer.

Ich dachte, mein Traum geht endlich in Erfüllung. Doch leider war es nicht so, wie ich es mir vorgestellt hatte, denn er meldete sich weder am selben Tag, noch am nächsten und auch nicht nach einem Monat. Die ganze Zeit hoffte ich sehnsüchtig darauf, ihn wiederzusehen, aber es geschah einfach nichts.

KIJIJI

Ich war 16, und fühlte mich, als wenn ich endlich im Leben angekommen sei. Mittlerweile war ich nicht mehr die Lisa von damals vor dem Umzug nach Heilbronn, jetzt war ich eine junge Frau, die genau wusste, was sie wollte. Für mich stand fest, dass ich Karriere machen werde. Und ich war gerade auf dem besten Weg dorthin.

Ich war Klassenbeste, der Liebling der Lehrer und auch bei meinen Mitschülern war ich überall beliebt. Und das Beste daran: Ich fühlte mich in diesem neuen Leben einfach nur sauwohl. Abends lag ich im Bett, träumte von meiner Zukunft und malte mir aus, wie alles wohl werden könnte. Vielleicht würde ich nach der mittleren Reife noch mein Abi machen und womöglich sogar noch studieren. Ich war voller Optimismus und wünschte mich so sehr in diese heile Welt, die ich mir ständig in meinem Kopf ausmalte.

Da ich aber immer geldgeiler wurde und im Luxus leben wollte, fiel mir als einzige Lösung ein, mich wieder mal mit Männern für Geld zu treffen. Das tat ich dann auch.

Ich hatte mir vorgenommen, die Suche nach Freiern professioneller anzugehen. Ich wollte nicht mehr auf Zufallsbekanntschaften angewiesen sein, und ich wollte mir vor allem auch aussuchen können, mit wem ich ins Bett stieg. Ich wusste, dass mein junger Körper mein Kapital war und dass ich es nicht verschleudern dürfe. Keinesfalls wollte ich mit 30 so aussehen wie ein Wrack. Also Augen auf bei der Freier-Wahl.

Ich habe gegoogelt, wo Erotikanzeigen zu finden waren, fragen konnte ich ja niemanden. Es war ganz einfach zu finden: kijiji.de. Das gehörte damals noch nicht zu ebay, die dann später die Rubrik der erotischen Kleinanzeigen abgeschafft und das ganze Portal in ebay Kleinanzeigen umbenannt haben.

Damals – im Jahre 2008/2009 – stand Kijiji in voller Blüte, man hätte meinen können, es habe nur aus Sexanzeigen bestanden – Suche von Freiern und Angebote von Frauen.

Das einzige Problem: Erotikanzeigen haben 15 Euro gekostet und man brauchte einen Personalausweis. Da wäre aufgeflogen, dass ich noch nicht volljährig war. Was nun?

Glücklicherweise gab es auch eine ganz normale Job-Rubrik, wo man Gesuche aufgeben konnte. »Sehr junge SIE sucht großzügigen Gentleman für TG-Treffen«, lautete die Überschrift. Das war eindeutig genug, viel mehr Text hatte die ganze Anzeige auch nicht, bis auf den Hinweis, dass man sich bei mir melden möge.

Diese Anzeigen in den »normalen« Rubriken wurden ohne redaktionelle Prüfung freigeschaltet, aber natürlich verschwanden sie auch wieder, wenn der Anbieter es mitbekam oder wenn sich jemand beschwerte und diese Anzeige als »unangemessen« meldete. Dennoch reichte es, um Kontakt herzustellen, denn die Anzeigen wurden schneller wieder online gestellt, als sie gelöscht werden konnten. Und meine Anzeige war nicht die einzige, es waren auch andere auf diese Idee gekommen.

Die Rubrik »Jobangebote« war voll mit verkappten Sexanzeigen oder besser gesagt von Suchanzeigen, die Frauen wie ich hier und nicht im Erotikbereich online stellten. Ich hätte sicher im offiziellen Erotikbereich auch nicht mehr Anfragen bekommen. Es war unglaublich, ich konnte mich vor Interessenten kaum retten.

Mein Postfach war voll mit Nachrichten, die so oder ähnlich aussahen: *Was heißt jung? – Wie sieht denn das junge Fickstück aus, aussagekräftige Bilder bitte, und wie jung ist es? – Na, Lust, einen geilen, reifen Schwanz zu lutschen? – Wenn du wirklich sehr jung bist, so wie du es schreibst, und daher eine geile Teeny-Maus bist, ist mir das wirklich etwas wert! Melde dich! – Ich 53, 180/87 habe schon lange das Bedürfnis nach jungen Frauen, darf ich fragen, wie alt oder besser gesagt jung du bist? Vielleicht hast du ja auch noch ein Bild für mich, auf dem ich was von dir sehe, wenn du verstehst, was ich meine?!*

Ich bekam so viele Nachrichten, dass ich sie gar nicht alle beantworten konnte. Ich fand aber schnell heraus, dass viele von ihnen einfach nur Männer waren, die sich an meinen Bildern aufgeilten oder sich darauf einen wichsten, dass sie mit einer Göre wie mir über Sex schrieben. So kam es, dass ich von 50 Nachrichten in meinem Postfach 40 gleich löschte, und weitere fünf nach den ersten zwei Mails. Von den fünf, die übrig geblieben waren, traf ich mich mit zwei, weil die anderen entweder nicht erschienen oder sich nach einiger Zeit auch als die herausstellten, die ich zuvor schon gelöscht hatte, und die einzig und allein ein bisschen schriftlich schweinigeln wollten.

MÄNNERFANTASIEN

Auf meinem Weg durch die Betten sind mir verschiedene Männerfantasien begegnet, einige davon möchte ich hier darstellen.

Zum Beispiel: Der Mann, der keinen Blowjob will, muss wohl erst noch geboren werden. Manche kommen nach ein paar Sekunden, weil sie so lange nicht mit Zartheit und Gefühl am Schwanz berührt worden sind. Andere können es länger genießen, dann artete es aber schon manchmal für mich in Arbeit aus. Da mir Blasen aber meist Spaß gemacht hat, war das der angenehmste Teil aller Männerfantasien. Natürlich nur, wenn der Schwanz sauber war, aber andere kamen mir auch nie in den Mund. Beim Blowjob holen sich Männer einfach das, was sie zu Hause am wenigsten kriegen. Das war und ist okay für mich.

Ebenso simpel ist der normale Verkehr, Ficken, Vögeln, Bumsen. Viele Männer werden zu Hause nur noch selten »rangelassen« oder haben ihrerseits die Lust auf ihre Frauen verloren. Das scheint in der Langzeitbeziehung ziemlich normal zu sein, und auch damit hatte ich nie ein Problem. Die meisten Männer sind da auch ziemlich einfach gestrickt, als gäbe es nur die Missionarsstellung. Wenig Arbeit für mich, die Jungs mussten alles selbst erledigen.

Ein bisschen interessanter wurde es, wenn ich sie reiten sollte, oder wenn mich jemand im Doggy Style nehmen wollte. Das kam fast schon eher selten vor, ebenso dass mich jemand leckte. Einen Dreier wollen fast alle, aber wohlgemerkt FFM, nicht MMF, jedenfalls die meisten. In schöner Regelmäßigkeit bin ich gefragt worden, ob ich nicht noch eine »Freundin« mitbringen könne.

Woher ich das alles weiß? Was meinen Sie, wie redselig Männer nach dem Orgasmus sind!

BJÖRN

Björn war einer der Männer, mit denen ich mich öfter traf. Er hatte mich im Chat angesprochen, und schnell war es klar, dass es um Geld geht. Er wollte es schon die ganze Zeit, aber irgendwie hatte ich anfangs Hemmungen, weil ich Angst hatte, ihm nicht zu gefallen. Manchmal hatte ich solche Skrupel. Ich konnte mir einfach nicht vorstellen, Typen wie Björn zu treffen, ohne perfekt gestylt zu sein. Und dieses Styling mag zwar für meine Rolle perfekt gewesen sein, es war aber alles andere als schön, sondern einfach nur extrem billig. Ich trug meistens kurze Röcke, hohe Stiefel oder High Heels, war geschminkt, als ob ich in einen Farbtopf gefallen sei, und auch meine Haare mussten makellos genau liegen. Nur so fühlte ich mich bereit und gut genug, einem Typen für Geld einen zu lutschen.

Dass das gar nicht das Wichtigste war, wusste ich damals noch nicht, denn so viel Erfahrung hatte ich schließlich nicht. Vielleicht lag es ja einfach nur daran, dass ich nie geglaubt hätte, die Männer könnten auf etwas anderes stehen als auf gestylte Schlampen. Dabei war es den Freiern doch egal, wie ich aussah, sie wollten einfach nur die Macht über mich haben und von mir befriedigt werden.

Ich hatte Angst, mit einem Mann zu sprechen, den ich nicht kannte, und mit ihm dann im Auto zu sitzen und ihm einen zu blasen. Doch ich sprang wieder und wieder über meinen Schatten. Es machte mich mit der Zeit richtig geil, wenn meine Mitschüler nach dem Ende des Unterrichts in den Bus einstiegen, ich aber an der Haltestelle stehen blieb, um mich mit einem Freier zu treffen, ohne dass einer davon wusste. Nur ich und wirklich keine andere Menschenseele kannte mein kleines Geheimnis. Mich machte es geil, dass Typen Geld dafür bezahlten, mich zu vögeln, oder dafür, dass ich ihren Schwanz in den Mund nahm.

So auch bei Björn. Er holte mich nach Schulschluss ab, ich stieg zu ihm ins Auto, dann fuhren wir an ein stilles Plätzchen. Auf dem Weg dorthin erzählte er von seinem Hobby, dem Angeln, als wir schließlich anhielten, sagte er: »Und nun kannst du dir ein paar Scheinchen angeln« und steckte mir 150 Euro zu. Nach drei Minuten in meinem Mund ergoss er sich, ich machte die Türe auf und spuckte sein Sperma aus, dann fuhr er mich zurück; ich ging in einen Drogeriemarkt und fühlte mich toll. Ich kaufte mir mit meinem gerade verdienten Geld, was ich wollte, dann ging ich nach Hause, als wäre nichts gewesen.

Solche Treffen gab es viele. Mein Geldvorrat wuchs und wuchs, doch immer wieder hatte ich Tage, an denen es mir einfach nur beschissen ging, dann wollte ich das Geld nur loswerden, es war dreckiges Geld, das ich mit meinem Körper verdient hatte. In solchen Augenblicken fuhr ich in die Stadt und shoppte, egal was es kostete, Hauptsache, es gefiel mir, danach ging es mir wieder besser – bis ich wieder einen Freier brauchte, um Geld zu haben. So ging das Wochen und Monate.

Dann änderte sich alles. Eines Tages nahm ich all meinen Mut zusammen und schrieb Max eine E-Mail, wann wir uns denn endlich mal treffen würden. Zu meinem Erstaunen antwortete er mir tatsächlich einen Tag später per SMS, wir verabredeten uns für den darauffolgenden Tag. Ihm zuliebe schwänzte ich sogar die Schule, das hätte ich für niemand anderen getan. Also machte ich mich früh am Morgen auf zu dem vereinbarten Treffpunkt.

MAX

Ich konnte es nicht glauben, ich dachte immer noch, dass alles nur ein Traum sei und ich gleich aufwachen würde. Als Max dann aber tatsächlich um die Ecke bog, wusste ich, es war Realität. Warum machte ich mich eigentlich so verrückt?

Er war ein ganz normaler Mann, alles, was ich bis dahin von ihm wusste, war, dass er in der oberen Etage der Tankstelle wohnte, dass er Detektiv und dass er 30 Jahre alt war, 14 Jahre älter als ich. Ein bisschen dürftig als Information, um sich in einen Kerl zu verlieben – und trotzdem war ich verliebt, es war einfach unbeschreiblich, ich hatte so etwas noch nie zuvor gespürt, nicht einmal bei Marc, obwohl das Gefühl damals ähnlich stark gewesen war.

Jedenfalls öffnete ich die Beifahrertür seines Autos und stieg ein, mit dem süßesten Lächeln meines Repertoires, er lächelte zurück. Ich war so aufgeregt, ich wusste nicht, was ich sagen sollte, ich wusste nicht, wie ich mich verhalten sollte, ich wollte einfach nur alles richtig machen. Doch was war richtig und was war falsch? Ich kannte ihn ja nicht wirklich. Was wollte er von mir, was war der Grund, warum er sich mit mir getroffen hatte?

Wollte er sich mit mir wirklich nur über den Beruf des Detektivs unterhalten, wie er es in seiner SMS angedeutet hatte, oder wollte er mehr von mir – so wie ich von ihm? Ich beschloss einfach, alles auf mich zukommen zu lassen, das war die beste Lösung, wie sich dann später auch bestätigte.

Nach zwei Stunden machten wir einen Stopp bei einer Media-Markt-Filiale. Danach wollte er dann endlich konkret darauf eingehen, was ein Detektiv den ganzen Tag macht. Es konnte ja niemand ahnen, dass seine Arbeit vor allem aus Abwarten und lauter Nichtstun bestand. Er suchte gerade im Auftrag eines Kunden nach einer Polin, die angeblich in einem Restaurant hier in der Nähe von Stuttgart arbeitete. Also bat er mich, in diesem Restaurant anzurufen, um nach den Öffnungszeiten zu fragen.

Ich tat es, doch innerlich habe ich mir dabei fast in die Hosen gemacht. Es gibt auf dieser Welt nicht viel, was ich mehr hasse, als in der Gegenwart eines anderen Menschen zu telefonieren. Doch natürlich war mein Wunsch, ihm zu gefallen, stärker als meine Angst, ich wollte schließlich einen erwachsenen Eindruck auf ihn machen, und welcher Erwachsene hat schon Angst vorm Telefonieren. Und tatsächlich: Das Restaurant war geöffnet, der Besitzer gab mir die Adresse und eine Wegbeschreibung durch.

Oh Gott, was hätte ich in diesem Augenblick dafür gegeben, wenn das Restaurant heute Ruhetag gehabt hätte. Ich ahnte nämlich schon, dass Max mich testen wollte, und prompt fragte er mich, ob ich denn nicht Lust hätte, in das Restaurant zu gehen und nach dieser Polin namens Ewa zu fragen. Nein, ich hatte weder Lust noch Mut dazu, dennoch willigte ich ein.

Zum Glück kam alles anders, denn als ich auf der Fahrt zum Restaurant Durst bekam, hielt Max auf dem Seitenstreifen der Bundesstraße an und reichte mir eine Flasche Wasser. Er beobachtete mich, ich wurde nervös. Er schaute mir in die Augen und ich wusste, gleich wird er mich küssen, aber sollten jetzt auch wirklich alle meine Sehnsüchte in Erfüllung gehen? Würde er mehr als einen Kuss von mir wollen?

Meine Vorahnung bestätigte sich, er küsste mich, und zwar göttlich. Vielleicht war es auch einfach nur das Gefühl, dass es Max war, der mich küsste. Ich schwebte im siebten Himmel, konnte mir in diesem Augenblick keinen Ort auf der ganzen Welt vorstellen, an dem ich lieber gewesen wäre. Wir kuschelten im Auto, wir kuschelten tatsächlich, war es doch alles nur ein Traum?

Doch ich wollte mehr, ich wollte ihn ficken, und zwar noch in dieser Nacht. Also fasste ich ihm in den Schritt, und das, was ich spürte, fühlte sich gut an. Als ich mit der Hand von oben in seine Hose greifen wollte, meinte er, dass ich doch sicher noch etwas Besseres könnte, ich wusste natürlich gleich, was er meinte. Also öffnete ich seine Hose und fing an, an seinem Schwanz zu lutschen, ich fühlte mich wie ein Weltmeister. Eigentlich war ich in diesem Augenblick nur eine billige Schlampe, aber das war in meiner Gedankenwelt ganz weit weg.

Nach einer Weile fragte ich ihn, ob er denn nicht Lust hätte, noch mit mir zur Tanke zu gehen. Im ersten Moment schaute er mich nur verwundert an, bis er es raffte, dass ich nicht die Tankstelle an sich gemeint hatte, sondern seine Wohnung eine Treppe höher. Dann saßen wir in seiner Küche, tranken Wein und unterhielten uns, irgendwann im Morgengrauen gingen wir endlich ins Bett, ich wollte mit ihm ficken, doch er meinte, ich sei kein Nachtisch, ich wäre etwas Besonderes.

So was hatte ich noch nie von einem Mann gehört, der gerade die Chance auf einen Fick hatte, doch ich akzeptierte das. Also lutschte ich noch eine Weile an seinem Schwanz und schlief dann ein. Er war nicht gekommen, so sehr ich mich auch bemüht hatte.

SCHULTAG

Zwei Stunden später klingelte schon mein Wecker, ich musste und wollte unbedingt nach Heilbronn zur Schule. Ein bisschen verspätet und total verstrahlt kam ich dort an – auch wenn ich nur für kurze Zeit blieb. Denn schon nach einer halben Stunde schickte mich meine Lehrerin wieder nach Hause. Ich solle mich lieber auskurieren, ich würde richtig krank aussehen. Wenn die gewusst hätte, dass ihre Einserschülerin einfach zu viel getrunken und zu wenig geschlafen hatte, wäre sie wahrscheinlich aus allen Wolken gefallen.

Daheim duschte ich und machte mich wieder menschlich, denn so, wie ich ursprünglich aussah, hätte mir meine Mutter sicher nicht geglaubt, dass ich bei Sabrina einen Abend lang DVDs geschaut hätte und dann ganz harmlos auf der Couch eingeschlafen sei. So schluckte sie auch diese Lügengeschichte und wurde erst hellhörig, als ich andeutete, dass dies auch heute wieder passieren könnte, schließlich hatte ich mich die ganzen letzten Wochen überhaupt nicht für Sabrina interessiert.

Den Tag verbrachte ich recht ruhig, bis sich mittags Max meldete und ich wieder zu ihm ging. Wie lange ich denn jetzt Ferien hätte, fragte er. Drei Wochen? Woraufhin er grinste: Dann hätte ich ja ordentlich Zeit zum Blasen, er würde es mir beibringen. Dieser Satz brachte mich ins Grübeln. Der Vorteil für mich war, dass er viel Zeit mit mir verbringen wollte. Aber sollte ich in dieser Zeit nichts anderes machen, als unter seiner Anleitung zu blasen? Anfangs wollte ich meinen Ohren nicht trauen, doch es stellte sich heraus, dass er das wirklich so gemeint hatte.

Den nächsten Tag verbrachte ich auch wieder in Heilbronn und den Abend und die Nacht bei Max. Da er aber erst am späten Abend Zeit für mich hatte, verabredete ich mich mit Santrina, die auch ganz neugierig war auf das, was in den letzten Tagen passiert war. Wir sind dann einen Salat essen gegangen und ich habe ihr alles erzählt.

Als Max sich dann meldete, fragte ich ihn per SMS, ob er was dagegen hätte, wenn auch Santrina mitkommen würde. Und so hatten wir an diesem Abend viel Spaß zu dritt, ganz gesittet und ohne jede sexuelle Spielchen. Wir tranken Wein, Bier und Sekt, quatschten und lachten bis spät in die Nacht hinein. Als Max dann im Küchenschrank eine alte Flasche Chantré fand, beschlossen Santrina und ich, einen Schluck davon zu trinken. Doch das sollte für sie ein Nachspiel haben, denn ihr wurde so schlecht, dass sie sich übergeben musste, und zwar überall, auf den beiden Stockwerken der Wohnung. Danach ging es ihr allerdings wieder gut genug, um nach Hause gehen zu können.

Am nächsten Tag habe ich mich erneut mit Santrina getroffen, aber als sie behauptete, dass Max sie am Bauchnabel befummelt habe, während sie sich übergab, erklärte ich sie schlicht für verrückt. Das konnte ich mir nicht vorstellen, wieso hätte er das tun sollen? Andererseits: Warum sollte meine beste Freundin mich anlügen, vor allem aber: Warum ausgerechnet der Bauchnabel? Wenn sie mir erzählt hätte, dass er ihr an die Titten gefasst hat, hätte ich ihr das vielleicht glauben können, aber das mit dem Bauchnabel hörte sich einfach nur abstrus und verwirrend an.

Nach einer Weile fragte ich ihn, ob er denn nicht Lust hätte, noch mit mir zur Tanke zu gehen. Im ersten Moment schaute er mich nur verwundert an, bis er es raffte, dass ich nicht die Tankstelle an sich gemeint hatte, sondern seine Wohnung eine Treppe höher. Dann saßen wir in seiner Küche, tranken Wein und unterhielten uns, irgendwann im Morgengrauen gingen wir endlich ins Bett, ich wollte mit ihm ficken, doch er meinte, ich sei kein Nachtisch, ich wäre etwas Besonderes.

So was hatte ich noch nie von einem Mann gehört, der gerade die Chance auf einen Fick hatte, doch ich akzeptierte das. Also lutschte ich noch eine Weile an seinem Schwanz und schlief dann ein. Er war nicht gekommen, so sehr ich mich auch bemüht hatte.

Mittlerweile bin ich mir sicher, dass sie die Wahrheit gesprochen hat. Denn Max ist ein Alles-Fetischist. Er liebt Titten, Füße, Bäuche, Ärsche. Alles eben, außer Fotzen. Ich musste blasen und blasen, Tag für Tag, Stunde um Stunde. Aber gevögelt oder geleckt hat er mich nie.

RAUSSCHMISS

Nach einer Woche etwa, Max und ich hatten gerade den Kaffee, den wir uns zuvor beim Burger King nebenan gekauft hatten, getrunken, rief Martin an. Weil er ein mulmiges Gefühl hatte, nahm Max erst gar nicht ab. Als dann auch mein Handy klingelte und abwechselnd meine Mutter und Martin anriefen, war uns klar, dass sie alles mitbekommen hatten. Doch ich wollte nicht wieder heraus aus dem Leben, das ich gerade führte. Klar musste ich täglich stundenlang blasen, doch die restliche Zeit war einfach nur schön, alles, was wir machten, war schön, ich wollte einfach hier bleiben. Wieso mussten die beiden sich nur einmischen, warum? Gönnten sie uns unser Glück nicht oder wieso?

Martin und meine Mutter hatten auf Max' Handy eine Nachricht hinterlassen; als wir sie uns anhörten, kamen wir minutenlang aus dem Lachen nicht mehr heraus. Sie spielten sich auf, meine Mutter drohte wieder mal mit der Polizei, und Martin hatte Angst um seinen guten Ruf. Eins stand fest, wir würden uns seinen Anweisungen nicht beugen. Wir wollten zusammenbleiben und das taten wir auch. Max wurde tatsächlich aus der Wohnung geschmissen, für Silvester hatte Martin die Schlüsselabgabe geplant. Doch wenigstens meine Mutter hatte sich wieder beruhigt und beschloss, Max eine Chance zu geben. An Silvester lieferte er dann seine Wohnungsschlüssel ab. Meine Mum hatte uns zum Essen eingeladen, in dieser Nacht sind wir auch bei ihr geblieben, wir wussten ja sowieso nicht, wo wir hinsollten. Im wahrsten Sinn des Wortes waren wir jetzt obdachlos, auch wenn wir das nicht so eng sahen. In den nächsten Tagen haben wir bei Freunden von Max geschlafen, mal bei Chris und mal bei Thomas, doch so konnte es nicht weitergehen, das wussten wir alle.

Reinald, ein weiterer Kumpel von Max, der abwechselnd in Deutschland und in China lebte und schwul ist, war gerade in der Heimat und nahm uns bei sich in Marbach auf. Wir hatten ein Zimmer für uns, wir konnten kochen und nach Lust und Laune durch diese schöne, uns fremde Stadt schlendern. In dem Haus, in dem wir jetzt lebten, war Friedrich Schiller geboren. Die Abende verbrachten wir auf dem Dachboden mit Asti spumante, manchmal mit Reinald und manchmal ohne ihn. Aber nach etwa einer Woche war es auch mit diesem Quartier vorbei, auch Reinald brauchte mal wieder seine Ruhe.

Also zogen wir trotz des Widerstands meiner Mutter zu mir nach Hause und lebten jetzt in meinem Zimmer. Jeden Morgen fuhr Max mich zur Schule. So gar keine Privatsphäre mehr zu haben war ein merkwürdiges Gefühl, aber es hatte auch seine Vorzüge. Hier konnte ich mich überall frei bewegen, ich war nicht mehr abhängig von ihm, sondern er war es von mir. Er riss sich zusammen, wollte nicht mehr acht oder neun Mal am Tag einen geblasen bekommen, sondern nur noch höchstens vier Mal, aber selbst das war mir zu viel. Ich hatte die Hoffnung noch nicht aufgegeben, dass ich ihn so hinbiegen konnte, wie ich ihn mir erträumt hatte.

Da die Schule schon lange wieder begonnen hatte und ich meine Ferien ja nicht wie geplant dafür genutzt hatte, meine anstehenden Referate vorzubereiten, musste ich dies jetzt schnellstmöglich nachholen. Also bat ich Max, sich den Tag über irgendwie anderweitig zu beschäftigen und erst am Abend zu mir nach Heilbronn zurückzukehren. Dadurch hätte ich dann die Zeit gehabt, mich um die Schule zu kümmern. Das Dumme war: Ich hatte weder Lust noch Kraft dazu, mir fehlte jegliche Motivation, weil Max mich täglich so viel Energie und Nerven kostete. Ich war am Ende.

Die Lehrerin bat mich sogar schon zu einem Gespräch, weil mit mir irgendetwas nicht stimmte, ich sei nicht mehr die Lisa, die hier im Sommer mit ihrer mittleren Reife begonnen hatte. Meine Noten hielt ich zwar vorerst noch konstant oben, doch wenn ich weiter mit Max zusammen sein würde, könnte das nicht so bleiben, das wusste ich. Ich lernte zwar schnell, doch Referate machen sich nicht von allein. Außerdem hatte ich ja keine freie Minute mehr, denn kaum machte ich Pause, stand Max da und wollte seinen Schwanz befriedigt haben.

Meine Lehrerin ließ nicht locker. Sie wüsste zu gerne, was das denn für ein – das sagte sie wörtlich – »geiler Hengst« sei, durch den ich mich derart verändert hätte. Sie versuchte, mir ins Gewissen zu reden, doch das war zwecklos, Max hatte mich in seinen Bann geschlagen, ich konnte mich nicht von ihm befreien. Deshalb entschied ich mich für ihn und gegen die Schule. Meine Mutter, die von meinem Entschluss schockiert war, beruhigte ich mit dem Versprechen, dass ich mir im Sommer einen Ausbildungsplatz suchen wollte. Sie war auch davon nicht begeistert, klar, doch was hätte sie machen sollen? Sie war schon vor Jahren nicht gegen mich angekommen, wieso sollte sie das jetzt schaffen.

Ich meldete mich im Fitnessstudio an, in das auch meine Mutter ging, ich wollte die viele Zeit, die ich jetzt hatte, nutzen, denn Max gab mir jeden Tag zu verstehen, dass ich zu fett sei. Ich und fett? Ganze 62 Kilo wog ich in dieser Zeit bei einer Größe von 1,70 Metern, das ist ganz gewiss nicht fett, doch ich glaubte ihm und wollte alles dafür tun, dass ich ihm gefiel, also quälte ich mich jeden Morgen zum Fitnesstraining. Ein weiterer Vorteil war der, dass meine Mutter und ich wieder mehr Zeit miteinander verbrachten. Das wollte ich nicht mehr missen, immer deutlicher erkannte ich, dass ich ohne Max auch glücklich sein konnte. Manchmal ließ ich sogar den Gedanken zu, dass es jenen Max, in den ich mich verliebt hatte, den Detektiv von der Tankstelle, gar nicht gab. Nur der Körper dieser Person, seine Hülle, existierte, und nur diese Hülle war es, der ich täglich mehrmals einen lutschte.

Ich habe mich auch schon in der Anfangszeit unserer Beziehung oft gefragt, warum ich mir das eigentlich antat. Doch immer wieder verdrängte ich meine Zweifel und aalte mich stattdessen in den Erinnerungen an die schönen Momente, die ich mit Max erlebte.

ERWISCHT

Langsam ging mir das Geld aus, ich wusste aber nicht, woher ich neues nehmen sollte. In meiner Not kam ich auf die Idee, meine getragenen Höschen zu verkaufen, doch das war leichter gesagt als getan. Zwar wusste ich ja aus Erfahrung noch, wie ich an richtiges Geld hätte kommen können, aber das kam doch wohl jetzt nicht mehr infrage für mich – oder, wie eine innere Stimme mir ständig einflüsterte, etwa doch?

Als ich dann meine Nachrichten in KWICK! durchstöberte in der Hoffnung, dass doch endlich mal einer anbiss, der mir ein Höschen abkaufen wollte, las ich eine Message von einem Unbekannten. Der schmeichelte mir, wie hübsch ich sei, ich antwortete nur mit einem kurzen Danke. Schließlich wollte ich keine Zeit verschwenden, denn ich brauchte endlich wieder Geld im Portemonnaie. Dass dieser Unbekannte mir den Weg dorthin ebnen würde, konnte ich ja nicht ahnen.

In seiner nächsten Nachricht stand dann nämlich, dass er sich gerne mit mir gegen Geld treffen würde, doch ich hatte Angst, von Max ertappt zu werden, und fast noch mehr Angst, dass es sich dabei um einen geistesgestörten Gewalttäter handeln könnte. Doch es klang allzu verlockend. Und da mich Patrick – so hieß der

Unbekannte – nach unserem »Geschäft« noch bis nach Pforzheim bringen würde, wo ich mit Santrina und Jasmin, einer anderen Freundin, ausgehen wollte, beschloss ich nach kurzem inneren Kampf, mich auf das Abenteuer einzulassen.

Als ich schon buchstäblich in Hut und Mantel war, rief Max an, er wollte wissen, wie ich denn eigentlich nach Pforzheim kommen wollte. Mit dem Zug, sagte ich und wollte das Gespräch dann ganz schnell abwürgen, doch das wusste er zu verhindern. Ich solle auf ihn warten, er würde mich abholen. Okay, sagte ich, dann war er auch schon aus der Leitung. Doch ich wollte die Zeit bis zu seinem Eintreffen nutzen und machte mich auf zu dem mit Patrick vereinbarten Treffpunkt, schließlich brauchte ich Geld, und es war mir in diesem Augenblick einfach egal, was ich dafür tun musste.

Kaum hatte ich Patrick erkannt, stieg ich zu ihm ins Auto und teilte ihm als Erstes mit, dass ich sein Angebot, mich nach Pforzheim zu fahren, so nett es auch sei, ablehnen müsse. Er wollte wissen wieso, und ich nannte ihm den Grund. Das sei nicht weiter schlimm, meinte er, dann hätten wir ja trotzdem noch zehn Minuten Zeit füreinander und das reiche ja wohl aus, um ihm einen zu blasen, es sei ihm 150 Euro wert. Womit ich einverstanden war.

Wir fuhren in die Weinberge, denn er hatte eine panische Angst, erwischt zu werden. An einer gut getarnten Stelle setzten wir uns beide hinten ins Auto, ich öffnete ihm die Hose und nahm seinen Schwanz in den Mund, es dauerte keine drei Minuten, ehe er es mir in den Rachen spritzte. Sofort riss ich die Tür auf und spuckte alles in die Wiese hinaus. Dann setzten wir uns wieder nach vorne. Er reichte mir die Scheine, zu seinem Pech waren es statt der vereinbarten drei Fünfziger sogar vier, die er mir in die Hand drückte.

Anschließend setzte er mich auf dem Dro-Markt-Parkplatz ab und ich ging, ohne mich auch nur einmal nach ihm umgedreht zu haben, hinein und kaufte mir einen weißen Nagellack, weil sich Max den schon so lange an mir gewünscht hatte. Dann eilte ich zurück nach Hause und wartete vor der Wohnungstür, bis Max angefahren kam. Ich setzte mich zu ihm hinein und tat, als sei rein gar nichts gewesen. Als er mich aber fragte, ob ich beim Dro-Markt gewesen sei, wurde ich hellhörig, woher hätte er denn das wissen können? Und spätestens als er wissen wollte, mit welchem Zug ich denn gefahren wäre, wenn er mich nicht abgeholt hätte, begriff ich, dass er etwas von meinem Abenteuer wusste.

Ich habe ihn dann schön mit dem Mund befriedigt, genauso wie er es mochte, so drückte ich wenigstens einen kleinen Teil meines schlechten Gewissens wieder weg. Und kaum in der Disco in Pforzheim angekommen, fühlte ich mich schon wieder rundum wohl und bestellte eine Flasche Champagner, die Leute glotzten, denn es war nicht normal in dieser Kinderdisco, dass jemand etwas anderes bestellte als Wodka Bull oder Bier. Die neidischen Blicke der Gleichaltrigen schmeichelten mir.

Ich fühlte mich großartig an diesem Abend in dem Bewusstsein, dass ich alles schaffen konnte, wenn ich es nur wollte. Später am Abend kam dann auch noch Max dazu, er war immer noch merkwürdig, aber ich war schon so voll vom Alkohol, dass mir das einfach nur egal war. Er war anhänglicher als sonst, gleichzeitig aber kam es mir vor, als ob es in ihm brodelte vor Hass, ich konnte ihn an diesem Abend einfach nicht mehr einschätzen. Doch weil ich nicht wusste, ob er etwas von meinem Abenteuer mit Patrick mitbekommen hatte oder ob er einfach nur schlechter Laune war, beschloss ich abzuwarten.

Am nächsten Tag hatte ich sowieso wieder alles verdrängt, so als wäre nie etwas gewesen, und das fand ich auch gut so. Das Schlimme war nur, dass Patrick mir eine E-Mail schrieb, wann wir uns denn mal wieder treffen würden. Prompt fragte mich Max, wer denn Patrick sei, ich musste ihm wenigstens einen kleinen Teil der Geschichte erzählen, um ihn wieder zu beruhigen: nämlich, dass ich mich gestern Abend mit ihm getroffen hatte.

Er stand auf und knallte mir eine, mir tat alles weh, doch ich fand es gut, dass er das tat, ich hatte es schließlich verdient. Doch ich schwor ihm, dass nichts zwischen uns gelaufen sei, er glaubte mir oder tat zumindest so. In den nächsten Tagen lutschte ich wieder öfters seinen Schwanz, ich hoffte, ihn dadurch milde zu stimmen. Das klappte auch bis zu dem Tag, da ich bei meiner Tante zum Geburtstag war.

Abends nach der Feier holte mich Max von dort ab, er sprach kein Wort, als ich in sein Auto einstieg. Kurz darauf hielt er auf einem Parkplatz an und fragte, ob ich ihm etwas zu sagen hätte. Ich antwortete mit Nein, daraufhin knallte er mir zwei Blatt Papier auf den Schoß, und schon bewahrheiteten sich meine schlimmsten Befürchtungen.

Er hatte Patrick angemailt, und der hatte ihm, weil er glaubte, ich sei der Absender, in aller Offenheit geantwortet, mit den ganzen Einzelheiten, was wir miteinander gemacht hatten. Und diese Mail hielt Max mir jetzt vor die Nase. Am liebsten wäre ich weggerannt, um ihn nie mehr zu sehen. Wieder einmal wollte ich einfach nur vor den Konsequenzen davonlaufen, ich hatte nur noch Angst vor dem, was jetzt passieren würde.

Schließlich habe ich mich dann aber doch zusammengerissen, denn ich wollte Max nicht verlieren – wollte einfach nur, dass alles wieder normal sei. Wir redeten stundenlang, und er vergab mir. Spätestens jetzt wusste ich, dass ich beim nächsten Mal vorsichtiger sein musste.

WIEDER AKTIV

Ich musste etwas tun, ich wusste auch was, doch ich wusste nicht wie. Dieses »Wie« hieß: Wie verklickere ich Max, dass ich wieder anschaffen gehen will? Und: Wie schaffe ich es dabei, mit ihm trotzdem zusammenzubleiben? Ich wartete und wartete und hoffte, dass mir irgendwann schon etwas einfallen würde. Zwischendurch spielte ich sogar mit dem Gedanken, ihn zu verlassen, doch dann, aus heiterem Himmel, löste sich das Problem.

Wieder einmal stritten wir uns und plötzlich konnte ich einfach nicht mehr anders, ich musste mit ihm reden und so platzte es einfach aus mir heraus. Anfangs tat er geschockt, aber ich glaube, er hatte es schon geahnt. Er schien so enttäuscht, dass er fast Tränen in den Augen hatte, er war eben auch ein guter Schauspieler. Ich bin mir sogar sicher, dass er sich gefreut hat, dass er mich jetzt genau da hatte, wo er mich haben wollte.

Jedenfalls erlaubte er mir, dass ich den Freiern einen blasen dürfte, aber nur mit Gummi und kein Geficke, ich stimmte mit dem Hintergedanken zu, dass ich das auch irgendwann machen würde, denn wenn er einmal mit dem ersten Schritt einverstanden war, fände er auch alles Weitere mit der Zeit okay …

Und was die Einnahmen betraf, handelte ich ihn auf ein Drittel der Gage herunter, eigentlich hatte er 50 Prozent gewollt. Ja, er wollte mitverdienen! So simpel ist es also, den eigenen Freund dazu zu bringen, dass er dem bezahlten Sex mit anderen zustimmt. War er jetzt mein Zuhälter? Nein, dennoch nicht. Ich war für meine Dates immer selbst zuständig, und ich sah es als meinen Beitrag zur gemeinsamen Haushaltskasse. Jetzt hatten wir zwei Verdiener in unserer kleinen Familie.

Doch besser ging es mir bei alledem immer noch nicht. Klar, meine Geldsorgen wären bald vorbei, doch was war in Max gefahren? Wie konnte er jemandem, den er liebte, erlauben, anschaffen zu gehen, die Schwänze von anderen Männern in den Mund zu nehmen? Ich fühlte mich ungeliebt, benutzt und ungerecht behandelt, obwohl ich ja wusste, dass ich diejenige gewesen war, die diesen Vorschlag gemacht hatte. Schon jetzt bereute ich meinen Entschluss, wollte wieder alles rückgängig machen, doch meine Geldprobleme erlaubten es mir nicht. Jetzt fehlten mir nur noch die neuen Freier.

Erst einmal wollte ich die Sache langsam angehen lassen und mich vorsichtig umschauen, was so auf dem Freiermarkt im Angebot war. Die absurdesten Dinge ließ ich mir einfallen, jeden Tag hatte ich neue Ideen, ich fand Gefallen daran, in den unzähligen Kontakt-E-Mails der Männer zu stöbern, es wurde zum Hobby.

SOLL ICH DEINE TOCHTER SPIELEN?

Einmal muss mich der Hafer gestochen haben, denn ich schaltete nur einen einzigen Satz: *Soll ich deine Tochter spielen?* Keine weiteren Informationen, kein sonstiger Text, nur dieser eine Satz. Das Echo übertraf alle Erwartungen. In welches Wespennest hatte ich da gestochen? Es gab in den ganzen Jahren keine meiner Anzeigen, die mehr Aufmerksamkeit weckte, und keine, bei der die Anfragen erschreckender und abstoßender hätten sein können.

Komm her, du kleines Luder, ich versohl dir deinen frechen Hintern! – Komm zu mir, spiel meine kleine Tochter, die nicht artig ihre Hausaufgaben macht und mir dann zur Strafe den Schwanz lutschen muss, zahle großzügiges TG – Junge Teen-Fotze, komm zu mir und lass dich in die Sex-Welt der Erwachsenen einführen. – Wenn du wirklich so ein junges Gör bist, das gefickt werden will, dann komm her. Liebe Grüße. Steinhart steht er. – Hallo die junge Dame, ich bin selbst Vater eines 17-jährigen Mädchens, die ich letztens bei der Selbstbefriedigung erwischt habe, sie hat mich nicht bemerkt, aber mir geht dieses Bild seither nicht mehr aus dem Kopf. Daher mein Anliegen, du stellst die Szene nach, dann komm ich zu dir und ficke dich, um dich zu befriedigen, dass du es nicht selbst zu Ende bringen musst. Wie findest du meine Idee?

Bis heute frage ich mich, wie gutgläubig und unvorsichtig nur Männer sein können. Diese Anzeige hätte ja auch von einem Polizisten auf Jagd nach Pädophilen sein können. Aber gleichzeitig

Ich schaltete nur einen einzigen Satz: Soll ich deine Tochter spielen? Keine weiteren Informationen, kein sonstiger Text, nur dieser eine Satz. Das Echo übertraf alle Erwartungen. In welches Wespennest hatte ich da gestochen? Es gab in den ganzen Jahren keine meiner Anzeigen, die mehr Aufmerksamkeit weckte, und keine, bei der die Anfragen erschreckender und abstoßender hätten sein können.

frage ich mich, warum die Polizei genau diese Methode nicht nutzt! Einen einfacheren Weg gibt es doch gar nicht, Männer mit solchen Neigungen aufzuspüren und ihnen dann auf den Zahn zu fühlen. Stattdessen machen sie einfach nichts oder hacken mit teuren Methoden Computer von Männern, die wie auch immer in Verdacht geraten sind, ob er nun berechtigt ist oder nicht. Warum einfach, wenn es auch kompliziert geht? Warum fragt denn keiner die Profis?

BLOWJOB GEGEN TG

Aber auch mit wirklichkeitsnahen Anzeigen funktionierte es: *Sehr junge W bietet Blowjob gegen TG*, mehr Text war nicht nötig. »TG« bedeutet Taschengeld, eine reine Beschönigung, mit der man andeuten will, dass man es nicht im Puff macht und dass man keine professionelle Hure ist. Auch wenn es in den meisten Fällen gelogen ist, so gibt es den Männern doch die Illusion, es mit einer Nichtprofessionellen zu treiben.

Noch mehr machte es sie an, wenn man sich als Anfängerin ausgab. *Was verlangst du denn für ein Autodate?* Das war die Standardnachricht, die ich so oder so ähnlich mehrfach jeden Tag bekam. *Was kostet es, wenn du mir meinen Schwanz bis zum Schluss bläst, was, wenn du meinen Saft dann auch noch schluckst? – Bist du nackt, während du meinen Schwanz leersaugst? – Darf ich dir auch ins Gesicht spritzen und es anschließend verreiben? – Fickst du auch? Wenn ja, was kostet ein Fickdate?*

Damals bot ich ausschließlich Blowjobs an und ich zog mich auch nicht weiter aus als bis zur Unterwäsche, dafür verlangte ich als Minimum 150 Euro. Die Männer bezahlten meinen unüblich stolzen Preis, warum? Ich schätze, sie bezahlten für meine Jugend.

In den nächsten Wochen traf ich mich mit unzähligen Typen, um ihnen einen zu blasen, mein Geldstapel wuchs Tag für Tag. Doch viele Anfragen musste ich ablehnen, weil ich mit Max ja verabredet hatte, dass ich alles, nur nicht ficken dürfte. Und zu meinem Plan gehörte es, mich zumindest anfangs an diese Verabredung zu halten.

Zum Glück hatten wir nicht vereinbart, dass ich mich ausschließlich mit Freiern traf, von denen er wusste. Ich wollte und konnte es als solide schwäbische Geschäftsfrau einfach nicht zulassen, dass er ein komplettes Drittel meiner Einnahmen kassierte. Deshalb ließ ich mich nebenher und »inoffiziell« noch mit ein paar anderen Typen ein, aber nur, wenn ich ganz sicher sein konnte, dass er keinen Verdacht schöpfte. Auch wenn diese Art von Treffen viel riskanter war, als wenn sie mit ihm abgesprochen waren.

Mit Max war ich abgesichert, ich war durch ein GPS-Gerät jede Sekunde, die ich beim Freier war, überwacht und somit geschützt. Wenn bei meinen Alleingängen etwas schiefgelaufen wäre, hätte es eine Ewigkeit gedauert, bis sich jemand auf die Suche nach mir gemacht hätte, denn meine Ausreden für diese Sonderfälle waren gut durchdacht und wasserdicht.

FICKEN WIRD ERLAUBT

Nach ein paar Wochen jedoch war die Kapazität der zahlungswilligen Freier ausgeschöpft, die Zahl der Männer, die bereit sind, für einen Blowjob von ein paar Minuten mehr als 100 Euro zu zahlen, hat in unserer Gegend ihre Grenzen. Ich musste mir etwas anderes einfallen lassen und Max von meinem nächsten Schritt überzeugen. Schließlich wusste ich bereits in meinem Alter, dass es eindeutig mehr Männer gibt, die fürs Ficken mit einer Minderjährigen zahlen als bloß fürs Blasen.

Er gab schließlich nach, weil er wohl genau wusste, dass alles andere zwecklos gewesen wäre. Und tatsächlich: Wenn er es nicht »erlaubt« hätte, hätte ich es eben heimlich gemacht. Also setzte ich nun neue Anzeigen ins Netz, die genauso geschneidert waren, wie es die von mir angepeilte Zielgruppe haben wollte.

Es ging mir dabei vor allem um die dominanten Männer, weil ich gemerkt hatte, dass sie es waren, die am meisten springen ließen, auch wenn mir diese Sorte Mann überhaupt nicht gefiel. Meine E-Mail-Adresse war das Highlight und machte meine unterwürfigen Anzeigentexte perfekt: Youngdevotion@…..de – das gefundene Fressen für jedes dominante Arschloch.

Kurze Zeit später zeigten die Anzeigen auch schon ihre gewünschte Wirkung. Die Männer boten mir von sich aus mehrere Hundert Euro für ein Date mit mir. Sie waren so scharf darauf, eine Minderjährige zu poppen, dass sie ihre Vernunft anscheinend restlos über Bord warfen. So viele seriös wirkende Anfragen, wie ich sie unmittelbar nach Erscheinen meiner neuen Anzeige bekam, konnte ich weder beantworten, geschweige denn mich mit den Absendern treffen.

Natürlich waren auch hier erst auf den zweiten Blick viele Männer dabei, die es nicht ernst meinten. Ich habe dabei viel Lehrgeld bezahlt, wenn ich mal wieder vergebens am vereinbarten Treffpunkt auf den Kunden wartete. Denn auch Zeit ist Geld.

Harald war einer von denen, die es tatsächlich ernst zu meinen schienen. Ich traf mich mit ihm erst einmal zum Kennenlernen, weil ich an diesem Tag nicht in der Stimmung auf mehr war, ich hatte einfach keine Lust auf einen Schwanz in mir, in welchem Loch auch immer. Da er sich aber zumindest in natura davon überzeugen wollte, ob es mich leibhaftig gibt, und ich Angst hatte, dass er sich andernfalls nicht mehr meldet, fügte ich mich seinen Wünschen.

Er wartete nur zwei Straßen von meiner Wohnung entfernt auf mich. Als ich zu ihm ins Auto stieg, wurde mir schon schlecht beim

Gedanken daran, mit diesem Kerl poppen zu müssen. Er entsprach genau dem Bild von Mann, den ich nie auch nur anfassen wollte. Er sah aus wie der Vater einer Freundin, der mich mal auf einem Fest ficken wollte, ich war damals 15, er schätzungsweise 50: klein, mit einem Bierbauch und nur noch höchstens einem halben Dutzend Haare auf dem Kopf. Er roch so »männlich« wie einer, der sich nur alle drei Tage duscht und dessen Testosteron einem in die Nase stach, wenn man nur die Tür des Autos öffnete, in dem er saß!

Er schaute mich gierig an, ich wünschte mich nur noch weg. Ob ich denn wirklich erst 16 sei? Als ich das bejahte, verstärkte sich die Geilheit in seinen Augen, falls das überhaupt noch möglich war. So jung und dann auch noch devot, das war genau das, worauf er stehen würde. Wieder weigerte ich mich, mit ihm zu poppen, doch er ließ nicht locker und erhöhte sein Angebot für einen Quickie im Auto von 250 auf 300. Bei dieser Summe fehlten mir die Argumente.

Sofort fuhr er auf einen abgelegenen Parkplatz ein wenig außerhalb und schon saßen wir hinten auf der Rückbank. Dann musste ich mich nackt ausziehen und mich vor ihn hinknien, während er sich mit eigener Hand hartwichste. Er stülpte sich das Gummi über und steckte mir seinen kleinen, dicken Schwanz von hinten in die Muschi. Er fickte und fickte, dabei stöhnte er laut. Ich schätze, es waren kaum sechs Minuten, in denen er mich mal mehr und mal weniger schnell oder fest fickte, dann kam er unter lautem Stöhnen zum Orgasmus.

Nachdem er abgespritzt hatte, wollte er noch wissen, ob er mich denn auch gut gefickt habe. Ich log ihn, ohne rot zu werden, an und schaffte es sogar, meinen Brechreiz zu unterdrücken. Harald schrieb mir noch unzählige SMS, doch zu einem weiteren Treffen kam es nicht mehr – zu groß war mein Ekel gewesen, den ich beim ersten Mal empfunden hatte.

NASE VOLL

Die Kehrseite war allerdings, dass ich von dieser Art von Job bald die Nase voll hatte. Ich wollte keine Schwänze von fremden Männern mehr in mir spüren, ich hätte sie am liebsten alle auf der Stelle erwürgt. Beim Blasen war das zuvor auch schon manchmal der Fall gewesen, aber eben nicht in diesem Ausmaß wie jetzt.

Auch für Max wurde es immer unerträglicher, er wollte einfach wieder eine normale Freundin haben und verschwieg mir das auch nicht. Die Vorwürfe wurden immer schlimmer. Doch er wusste genau, dass ich ihn verlassen würde, wenn er mir die Anschafferei verbot, deshalb verlangte er es erst gar nicht.

Schließlich verfiel er auf den Ausweg, dass wir doch andere Mädels suchen könnten, die dann für uns das Geld verdienen würden. Ich war nicht abgeneigt, doch ich ahnte gleich, dass daran ein Haken sein müsse, und bald wurde mein Argwohn auch bestätigt. Er meinte, dass man ja nicht irgendwelche Mädels auf gut, womöglich sehr gut zahlende Freier loslassen könne, man müsse diese zuvor erst einmal testen. Da ich von dieser Idee so rein gar nichts hielt, versuchte er, sie mir schmackhaft zu machen. Er schwärmte mir davon vor, dass ich dann ja nur noch wenige Freier treffen müsste und trotzdem mehr Geld hätte als jetzt. Dass wir auch Sex mit zwei jungen Mädels anbieten könnten und dadurch noch mehr kassieren würden usw. Klar war das alles sehr verlockend, denn das schnelle Geld war ja der einzige Grund, den ich mir bisher eingestand, warum ich das alles machte.

Doch der Gedanke, dass Max alle Mädels, die wir dann zu den Freiern schicken würden, zuvor selbst ausprobieren müsste, und der Gedanke, dass ich alle meine hart erworbene Kundschaft an die Mädels abzudrücken hätte, machte mich verrückt. Trotzdem stimmte ich nach langen Debatten seinem Vorschlag zu.

Es stellte sich jedoch als gar nicht so einfach heraus, Mädels zu finden, die ernsthaftes Interesse an dieser Arbeit hatten, weil die meisten kurz vor dem ersten geplanten Treffen den Schwanz einzogen. Adelina dagegen, eine Albanerin, war eine super Kandidatin, 17 Jahre jung, auf den Bildern durchaus vorzeigbar und auch sonst recht umgänglich, so wirkte sie zumindest in den ersten MSN-Kontakten. Und sie schreckte auch nicht davor zurück, sich mit uns zu treffen.

Als wir jedoch am ausgemachten Treffpunkt ankamen, traf uns fast der Schlag: Nicht dieses Mädchen von den Bildern im Internet, sondern ein Mauerblümchen saß vor dem Eingang des McDonald's. Es lag viel Arbeit vor uns, das war klar, doch es kam noch besser, als sie dann bei uns im Auto saß.

Als Erstes erzählte sie uns, dass sie noch nie etwas mit einem Typen gehabt hätte, dass sie also noch Jungfrau war. Zweitens, dass sie strenge Eltern zu Hause hätte und deshalb Termine am Abend für sie kaum möglich seien. Gut, das waren zwar kleine Einschränkungen, doch lösbar war das alles.

Nachdem wir alles Wichtige besprochen hatten, setzte sich Adelina auf meinen Platz im Auto und ich ging hinein zu McDonald's. Dort bestellte ich mir etwas zu trinken und packte meinen Laptop auf den Tisch, um zu schauen, ob der für den heutigen Tag geplante Freier noch nicht abgesagt hatte. Später surfte ich dann noch im Internet, um mich abzulenken von dem Gedanken, dass mein Freund in diesem Augenblick von einer anderen einen geblasen bekam.

Doch da ich kein Kind von Traurigkeit bin, flirtete ich kräftig mit dem Nachbartisch, ich hatte schon beim Hereinkommen bemerkt, dass einer der jungen Männer dort ein Auge auf mich geworfen hatte. Und hätte ich noch länger Zeit gehabt, hätte ich ihn mit auf die Toilette genommen. Doch leider klingelte dann mein Handy, Max und Adelina standen wieder draußen auf dem Parkplatz.

Als der Typ vom Tisch nebenan bemerkte, dass ich meine Sachen zusammenpackte, kam er zu mir an den Tisch. Er fragte mich, ob ich einen Freund habe; als ich nickte, erkundigte er sich frech, ob er trotzdem meine Nummer bekommen würde, ich grinste und schrieb sie ihm auf.

Dann marschierte ich nach draußen und setzte mich ins Auto zu den beiden. Nach außen gab ich mich stark, innerlich jedoch brach ich fast auseinander, ich konnte mir nicht vorstellen, wie dies heute Abend werden sollte, wenn wir wieder alleine sein würden.

Auf der Heimfahrt hatten wir uns nicht viel zu sagen, ich wollte einfach nur verdrängen, was gerade passiert war, wollte einfach wieder in Max' Augen blicken können, ohne daran denken zu müssen, dass er mich gerade eben mit meinem Wissen betrogen hatte. Ich wäre ihm so gerne an die Gurgel gesprungen, doch ich ließ mir nichts anmerken.

Als er mich dann jedoch aufforderte, ihm einen zu blasen, weil Adelina es nicht geschafft hätte, ihn zum Abspritzen zu bringen, rastete ich aus. Ich brüllte ihn an, schrie alles aus mir heraus, was mir in diesem Augenblick durch den Kopf schoss und was ich ihm schon lange mal hätte sagen sollen. Danach schwiegen wir uns lange an.

MAN SIEHT »ES« MIR AN

Ich war die ganze Zeit auf dem Rückweg von Adelina verzweifelt, doch als ich auf halbem Weg auf meine Uhr blickte und wusste, dass ich zu spät zu meinem Freier kommen würde, reichte es mir. Ich machte Max sofort wieder Vorwürfe, ich hielt ihm vor, dass er schuld daran sei, weil er sich zu viel Zeit für Adelina genommen hatte.

Meine Aufregung war völlig unbegründet, denn der Freier war noch gar nicht da, als ich am vereinbarten Treffpunkt ankam. Am Eingang des Drogerie-Marktes, vor dem ich mich auch schon zum

Beispiel mit Patrick getroffen hatte und von dem ich nur zwei Straßen entfernt wohnte, stand ich nun und wartete. Ein älterer Mann beobachtete mich die ganze Zeit, ich nutzte die Chance und fing ein Gespräch mit ihm an. Er wollte wissen, was ich mache; von meiner Antwort, dass ich auf einen alten Freund warte, war er sichtlich enttäuscht. Er hatte sich wohl erhofft, dass ich gerade auf Kundenfang war und er der Glückliche sein dürfte.

Da ich jedoch nicht wollte, dass mein Freier mich mit diesem Fremden hier stehen sah, wollte ich ihn loswerden, fragte ihn aber noch schnell, ob ich ihm meine Handynummer geben solle. Ein kurzes Nicken seinerseits und schon griff ich mir sein Handy und tippte meine Zahlen in die Tasten. Als er mich dann nach meinem Namen fragte, nannte ich ihm mein Huren-Pseudonym »Xenia«.

Kaum war er endlich verschwunden, erkannte ich, dass mein Freier schon mehrere Male angerufen hatte und es in diesem Augenblick schon wieder tat. Er habe im Stau gestanden, aber jetzt müsste er jede Minute da sein – nur, dass wir uns, als ich schließlich in sein Auto gestiegen war, nicht über den Preis einigen konnten, und schon stand ich wieder auf dem Parkplatz.

Auf dem Weg mit Max in seine Wohnung nach Pforzheim bekam ich auch schon einen Anruf von dem Mann, der mich vor dem Drogeriemarkt angesprochen hatte. Er wollte mich treffen, am besten noch heute. Ich hätte dies sicherlich auch getan, wenn wir nicht schon auf der Autobahn gewesen wären. Er war der Erste, der mich als Nutte ohne vorherige Vereinbarung angesprochen hatte, und wollte nun seine Vermutung, dass ich anschaffen ging, bestätigt haben.

Wann ich denn mal Zeit hätte, mich mit ihm zu treffen, gegen einen kleinen Obolus natürlich. Ich musste mir ein lautes Lachen verkneifen und würgte das Gespräch ab, denn ich hasste nichts mehr, als in Gegenwart von Max mit einem Freier zu telefonieren. Der Empfang sei im Moment ganz schlecht, flunkerte ich ihm vor, ich würde mich aber in den nächsten Tagen bei ihm melden. Was ich jedoch ganz und gar nicht vorhatte, denn mit dem »kleinen Obolus« hatte er es bei mir sofort verspielt, mit nur einem »bisschen Geld« kam man bei mir nicht weit.

ADELINA

Der Abend war dann trotz allem noch überraschend schön. Wir kuschelten und aßen zusammen Pizza, alles schien wie immer. Vielleicht spielte auch die Tatsache, dass Max heute nicht noch einmal versuchte, einen geblasen zu bekommen, eine Rolle. Die nächsten Tage suchten wir weiterhin nach möglichen Nachfolgerinnen für mich. Dann stand auch schon das zweite Treffen mit Adelina an.

Da Max sich erhoffte, dass Adelina schneller lernen würde, wie man es einem anspruchsvollen Mann richtig besorgt, wenn sie einmal einer Expertin bei der Arbeit zuschauen könnte, bat er mich, diese Rolle zu übernehmen. Ich überlegte nicht lange und stimmte zu, denn ich liebe es, wenn mir jemand beim Sex zusieht. So kam Adelina so wie auch beim letzten Mal auf dem Parkplatz des McDonald's zu uns ins Auto, und als wir eine vor neugierigen Blicken geschützte Stelle gefunden hatten, stiegen wir alle aus.

Max öffnete den Kofferraum und nahm Platz. Ich kniete mich auf einer Plastiktüte vor ihn auf den Boden und öffnete ihm seine Hose. Dann beugte ich mich über ihn, nahm seinen Schwanz in den Mund und lutschte, was das Zeug hielt. In den Augen von Adelina muss das wie ein Live-Porno ausgesehen haben, und dieser Gedanke machte mich geil.

Sie wirkte jung und ängstlich, hatte offensichtlich Respekt vor mir, zumindest tat sie so. Tief im Inneren wusste ich genau, dass sie ein kleines verdrecktes und falsches Miststück war, doch ich genoss die Situation. Als wir wieder zurück auf dem McDonald's-Parkplatz waren und ich mich auf den Weg ins Restaurant machte, um die beiden wie beim letzten Mal alleine zu lassen, folgte mir Adelina. Zu Max hatte sie gesagt, sie müsse zur Toilette, und bat mich mitzukommen. Mit verzweifeltem Blick fragte sie mich dort, ob denn alle Männer so wären wie er.

Am liebsten hätte ich ihr erzählt, dass ich noch nie einen so schrecklichen und schwierigen Mann wie Max erlebt hatte. Doch dann hätte sie sich geweigert weiterzumachen und das wollte mein notgeiler Freund natürlich nicht. Also antwortete ich ihr nur kurz und beiläufig, dass erstens nicht alle so wären und zweitens Max sich nur deshalb so brutal aufführe, damit sie wisse, was zu tun sei, wenn sich tatsächlich mal ein Freier als ein solcher Härtefall entpuppen sollte. Sie wirkte beruhigt, aber gleichzeitig auch ängstlich, denn sie wusste, was ihr heute noch bevorstand. Dann ging sie zurück zu Max und ich konnte aufhören, die harte Nuss zu spielen, und gönnte mir endlich ein paar Tränen, um mich von dem schrecklichen Druck zu befreien.

Eigentlich war es mir ja gleichgültig, was andere von mir dachten, doch in diesem Fall hätten die Leute im Restaurant die wahre Lisa vor sich gesehen und das auch noch verkleidet als »Xenia«, diese unangenehme Situation wollte ich mir unbedingt ersparen. Also bestellte ich mir zwei Burger und setzte mich allein an einen Tisch. Ich musste diese Kalorienbomben ganz einfach in mich hineinstopfen – ein instinktives Protestverhalten gegen Max, der mich immer unter strenger Diät hielt. Das hatte er nun davon.

Was mache ich hier nur, warum gehe ich nicht einfach weg und verlasse ihn?, fragte ich mich und fand einfach keine Antwort. Spätestens jetzt wurde mir bewusst, dass jener Max, der gerade draußen im Auto Adelina zur Bläserin ausbildete, nicht der Mensch war, den ich liebte. Ich erkannte, dass ich nur einen Teil von ihm liebte, und das war der »liebe Max«, das »Kind« Max. Ich konnte mir keinen tolleren Menschen vorstellen als den Mann, der abends zum kleinen Kind wurde, zum knuddelbedürftigen, hilflosen Menschen.

Doch ich hasste nichts mehr als die andere Seite, die Rolle, in der er gerade mit Adelina steckte. Mir wurde klar, dass unsere Beziehung kaputtging, wenn wir so weitermachten, denn ich würde innerlich daran zerbrechen. In meinem Kopf sah ich die kleine Lisa vor mir stehen, wie sie vor mir auf die Knie fiel und bitterlich weinte. Ich musste sie schützen und zwar schnell.

An diesem Abend wollte ich Max sagen, dass ich nicht mehr mitmache, dass ich aussteige aus dem Deal mit Adelina, dass ich nicht mit dieser Art von Leben klarkäme, und zu meiner Verwunderung sagte ich ihm das tatsächlich. Nämlich dann, als er mir vorschwärmte, wie toll er sich das Szenario vorstellen könne: Er würde Adelina und mich zu einem Freier fahren, sie käme nach getaner Arbeit schon etwas früher zurück, um ihm noch einen zu blasen, und dann erst würde er auch mich abholen. Da endlich platzte es aus mir heraus.

Er war wie schon befürchtet nicht begeistert von meinem Ausbruch, doch er ließ sich darauf ein, allerdings nur unter der Bedingung, dass ich es war, die Adelina absagen musste, und das war ich dann auch bereit zu tun. Ich schlief in dieser Nacht spät, aber glücklich ein, denn ich bildete mir ein, dass ich ihm tatsächlich wichtiger sei als seine dreckigen Vorlieben, Sexfantasien und seine Befriedigung durch andere Mädels. Auch Adelina akzeptierte »unsere« Entscheidung, als ich klarstellte, dass Max mein Freund sei. Dass er aber noch oft bei ihr war und sie tatsächlich zu Freiern hinfuhr, bekam ich erst im Nachhinein mit.

TEURE GELIEBTE

Ich überlegte mir immer und immer wieder neue Möglichkeiten, wie ich mit dem geringsten Zeitaufwand das meiste Geld anschaffen könnte. Irgendwann kam ich dann auf die Idee, dass ich mir einen oder mehrere Geliebte suchen könnte, doch nicht so wie die ganzen anderen Prostituierten, die dafür 1000 Euro wollen und das für zwei Treffen pro Woche oder so ähnlich, nein ich wollte für ein wöchentliches Treffen 5000 Euro im Monat.

Ich setzte eine Anzeige auf eine Internetseite: dass ich endlich im Luxus leben und nicht jeden Cent zweimal umdrehen wolle. Das war zwar bei mir sowieso nicht der Fall, ich hatte ja genug Geld, doch ich musste ein wenig das Mitleid der Männer wecken. Und ich bekam ganz zur Verwunderung von Max sehr viele Antworten auf meine Anzeige. Allerdings: Ernst gemeinte waren wenige darunter.

Zu diesen Ausnahmen zählten Matthias und Holger, die beide einen glaubwürdigen und seriösen Eindruck machten. Matthias traf ich zum ersten Mal in einem Einkaufszentrum, denn ich wollte nicht gleich zu jemand nach Hause, um dort mit ihm zu schlafen, wenn ich ihn nicht vorher persönlich kennengelernt hatte. Wir rauchten eine zusammen, dann ging er auch schon wieder, nachdem wir uns für kommenden Mittwoch verabredet hatten.

Doch tags zuvor wurde es mir ein wenig mulmig, er hatte mir seine Adresse geschickt, und als ich sie las, beschlich mich ein merkwürdiges Gefühl, zudem ich ja auch wirklich keine Erfahrung mit so etwas hatte. Deshalb gönnte ich mir noch ein bisschen Bedenkzeit und verschob den Termin auf freitags, wo ich um 20 Uhr an seiner Haustür klingelte. Zu meinem Schrecken kam mir aus dem Hausflur als Erstes der Anwalt entgegen, bei dem ich früher mal ein Praktikum absolviert hatte. Er erkannte mich nicht und er war, wie ich später erfuhr, nur zufällig hier, weil er gerade seine Mutter besucht hatte, die im gleichen Haus wohnte.

Kurz darauf öffnete mir Matthias die Tür, seine Wohnung war sehr schön und geschmackvoll eingerichtet und führte über zwei Etagen. Unten waren das Wohnzimmer, die Küche und ein Badezimmer, oben das Schlafzimmer und ein weiteres Badezimmer. Er stellte mir etwas zu trinken auf den Couchtisch, das sei Wodka Bull. Nach kurzem Zögern – wusste ich, ob er mir nicht irgendwelche K.-o.-Tropfen hineingemischt hatte? – entschied ich mich, trotzdem zu trinken. Vielleicht würde ich danach ein wenig lockerer werden, denn das konnte ich jetzt wirklich brauchen.

Er verschwand erneut in der Küche, um sich ebenfalls ein Glas einzuschenken, und rief mir durch die Tür zu, dass ich mich doch bitte schon mal ausziehen solle, was ich dann auch sofort tat. Währenddessen kramte er in seinem Brotschrank herum, vermutlich, um Geld herauszusuchen, und wenig später legte er mir auch schon die vorher vereinbarte Summe auf den Tisch: »So, dann haben wir das hinter uns!«

Nun saßen wir zusammen auf dem Sofa und quatschten noch ein bisschen, doch dann sah ich, dass er offensichtlich zur Sache kommen wollte. Also nahm ich seinen Schwanz in den Mund und begann, daran zu lutschen, zwischendurch erkundigte ich mich sicherheitshalber, ob es ihm so recht sei, er nickte. Nach ein paar Minuten deutete er nach oben, ich stieg vor ihm die Treppe nach oben, er tatschte an meinen Arsch, es sei schön knackig, lobte er, was er da in der Hand habe. Oben angekommen, warf er mich aufs Bett, zog sich ein Gummi über und fing an, mich zu ficken. Ich bewegte mich mit, weil ich dachte, jeder Mann steht darauf, doch er bat mich, ganz still zu liegen. Er schwitzte wahnsinnig, aber irgendwie machte es mich an, dass mir der Schweiß eines wildfremden Mannes auf den Körper tropfte, während er mich fickte, und das sagte ich ihm auch. Kurz bevor es ihm kam, nahm er sich das Gummi vom Schwanz, wichste weiter und spritzte mir alles auf meine Brüste. Dann stand er auf und brachte mir ein Handtuch, damit ich das Sperma wegwischen konnte.

Wieder zurück im Wohnzimmer unten, lachten und alberten wir nur noch eine Weile herum. Merkwürdig, dass mir dieser fremde Mensch nach kurzer Zeit so vertraut war, wir sprachen wie zwei alte Kumpels miteinander, die sich nach langer Zeit endlich einmal wiedergesehen haben, so zumindest kam mir das vor. Nach einer zweiten Runde Sex verließ ich zwei Stunden später die Wohnung mit 850 Euro mehr in der Tasche. Ich stieg zu Max ins Auto, doch er warf mich nach ein paar Hundert Metern auch schon wieder hinaus, da ich vergessen hatte, meinen Lippenstift nach dem Geschäft mit Matthias neu aufzutragen. Also setzte ich mich an den Fahrbahnrand und wartete. Nach fünf Minuten war er wieder da, ich fragte ihn, ob er zuerst das Geld oder lieber erst einen geblasen haben wolle. »Zuerst her mit dem Geld«, knurrte er, doch dann besann er sich um und entschied sich fürs Blasen. Das tat ich dann zwar, aber es ärgerte mich wahnsinnig. Wieso musste ich ihm jetzt einen blasen, nur weil ich gerade gearbeitet habe? Ich wusste, irgendwann würde es vorbei sein, ich spürte, dass ich das nicht ewig mitmachen könne. Danach bekam er sein Drittel, obwohl er nicht das Geringste dazu beigetragen hatte. Doch an diesem Abend verdrängte ich noch, wie sehr mich das störte.

Es gab ja jetzt aber auch noch einen anderen attraktiven Interessenten, Holger. Ich vereinbarte mit ihm ein Treffen zum Kaffeetrinken, er sah total gut aus und war überhaupt kein Arschloch. Wir haben uns nicht wie geplant zusammen irgendwo hineingesetzt, sondern sind zum Drive-in von McDonald's gefahren und haben den Kaffee dann im Auto getrunken. Er war auch noch richtig nett, ich glaube, ich habe mich sofort ein bisschen in ihn verliebt. Aber so etwas darf und kann einfach nicht passieren.

Deshalb ging ich auf Abstand und Max durfte natürlich auch nichts davon wissen, doch ich konnte es einfach nicht lassen, mich mit ihm zu treffen. Nach ein paar Rendezvous küssten wir uns schließlich, und zu meiner Verwunderung hatte ich überhaupt kein schlechtes Gewissen dabei. Mehr geschah jedoch nie, denn irgendwann meldete er sich nicht mehr. Ich hätte schwören können, dass Max etwas damit zu tun hatte, deshalb strich ich Holger ganz schnell wieder aus meinem Leben.

NOCH MEHR »GELIEBTE«

Es gab mittlerweile weitere interessante Antworten von möglichen »Geliebten«. Da war zum Beispiel Simon, mit ihm schrieb ich lange Zeit nur in MSN, da er in Mainz lebte und erst zwei Wochen später wieder beruflich in der Nähe von Heilbronn zu tun hatte. Er wirkte sehr nett, und er schickte mir viele Bilder von sich, die sich aber dann, als ich ihn persönlich traf, als Fotomontagen herausstellten. Denn in Wahrheit war er fett, richtig fett, das war er auf den Bildern nicht gewesen.

Wir fuhren in die Stadt, um dort etwas trinken zu gehen, die Leute glotzten, als wären wir nicht von dieser Welt. Na ja, das war wohl auch nicht so ganz normal, dass ein junges, hübsches Mädchen mit einem fetten erwachsenen Mann in der Stadt gesehen wird. Wir setzten uns vor eine Bar und tranken Cocktails, dabei plauderte er von seiner Firma und von seinem Leben.

Er hatte viel mit dem Fernsehen zu tun, war selbstständiger Tontechniker oder so was, und er erzählte von dem vielen Schwarzgeld, das er normalerweise immer in die Schweiz brächte, dass aber ich diese Kohle jetzt bekommen sollte. Doch irgendwie glaubte ich ihm nicht, obwohl er wirklich ein netter Kerl war.

Als die Bar dann schloss, setzten wir uns in sein Auto und hielten auf irgendeinem Parkplatz, wo er seinen Laptop auspackte, um mir irgendwelche Blase-Pornos zu zeigen. Natürlich erkannte ich sofort, was er wollte, doch für mich war das nur ein Kennenlern-Treffen und ich wollte endlich ehrlich zu mir selbst sein. Ich ließ ihn seine Pornos anschauen und tat, als würde mich das total an-

Ich überlegte mir immer und immer wieder neue Möglichkeiten, wie ich mit dem geringsten Zeitaufwand das meiste
Geld anschaffen könnte.

Irgendwann kam ich dann auf die Idee, dass ich mir einen
oder mehrere Geliebte suchen könnte, doch nicht so wie die
ganzen anderen Prostituierten, die dafür 1000 Euro wollen
und das für zwei Treffen pro Woche oder so ähnlich, nein ich
wollte für ein wöchentliches Treffen 5000 Euro im Monat.

machen. Irgendwann jedoch riss meine Geduld, deshalb sagte ich ihm, dass ich jetzt langsam mal heim müsse, es sei ja schon spät. Und es kam, wie ich es vorhergesehen hatte: Er wollte erst noch einen geblasen bekommen. Deshalb erklärte ich ihm erstens, dass das heute nicht geplant war, und ich das zweitens nicht mache. Und außerdem hatte ich von ihm ja noch gar kein Geld gesehen.

Als er erfuhr, dass ein einfacher Blowjob 300 Euro kostete, schluckte er und murmelte, dass das aber »total viel« sei, ich aber dachte mir mein Teil. Denn wenn wir doch 5000 Euro für vier Treffen pro Monat ausgemacht hatten – wieso waren dann plötzlich 300 Euro so viel Geld für ihn?

Ich sagte ihm dann unmissverständlich, dass er nicht versuchen solle, mich umzustimmen; wenn ich einmal Nein gesagt hätte, dann sei das auch ein Nein. Er verstand und fuhr mich nach Hause. Dort ging ich dann noch mal kurz ins Internet, er war auch online und wollte mir klarmachen, dass er das Geld immer erst am 15. des Monats bezahlen könne, dass es jetzt ja schon der 20. sei und dass es deshalb noch so lange bis dahin dauere. Dass ich außerdem schon in zehn Tagen 17 Jahre alt werde und er doch so gerne noch ein paar »schöne Dinge« mit mir anstellen wolle, solange ich noch 16 sei, weil das dann ja etwas ganz Besonderes wäre. Doch ich beharrte darauf, dass ich, bevor ich nicht mein Geld hätte, gar nichts mit ihm machen würde. Danach meldete er sich nie wieder.

Matthias war heute gerade aus dem Urlaub zurück, er rief sofort an, doch ich hörte mein Handy nicht klingeln. Also schrieb ich ihm eine SMS, doch er antwortete erst ein paar Tage später, weil er, wie er sich entschuldigte, so viel zu tun gehabt hatte. Max hat bis heute nicht erfahren, dass ich später noch oft bei Matthias war; er dachte, er wollte nichts mehr von mir wissen, doch dem war nicht so.

Der andere »Geliebte«, der noch auf meiner Liste stand, war »Peter Wood«, so hieß er in seiner E-Mail-Adresse. Er war ein großer Mann, so um die 50 Jahre alt, und wirkte bei aller Liebenswürdigkeit sehr dominant – oder er spielte es nur, ich weiß es nicht.

Auf jeden Fall blieb es mit ihm bei einem einmaligen Treffen zum Kaffee, denn irgendwie fand ich es schrecklich, dass er nur über seine vier Kinder und seine Frau sprach, mit mir, einer 16-Jährigen, mit der er Sex haben wollte. Und als ich ihn fragte, ob er keine Angst habe, hier mit mir in aller Öffentlichkeit zu sitzen, es könnte ja seine Frau vorbeikommen, antwortete er nur lässig: »Keine Sorge, sie ist auf der Arbeit.«

Das wiederum fand ich einfach nur krass. Er wollte einem jungen Mädchen wie mir für ein bisschen Sex 5000 Euro im Monat bezahlen und seine Frau musste arbeiten gehen? Ich bekam es nicht in meinen Kopf hinein. Nach etwa zwei Stunden musste er los, zum Stammtisch, meinte er. Mir war es recht. Er meldete sich noch einige Male, doch ich hatte mit ihm abgeschlossen.

ER BETRÜGT MICH!

Max vertraute ich inzwischen längst nicht mehr, ich wusste ganz genau, dass er mich betrog, ich konnte es nur nicht beweisen, deshalb ließ ich mir nichts anmerken. Ich wusste, so würde ich ihn irgendwann erwischen, und ich sollte recht behalten.

Dann eines Nachmittags, als er mich zu Santrina fahren sollte, weil mich dort meine Mutter abholen wollte, saß er nach der Ankunft noch einen Moment nachdenklich neben mir im Auto. Ich wollte gerade aussteigen, da meinte er, dass ihm gerade aufgefallen sei, wie ewig lange er sich von keiner anderen als mir hatte einen blasen lassen. Das war meine Chance, deshalb hakte ich nach, zum Glück. Wie lange es denn her sei, fragte ich. Drei oder vier Wochen seien es bestimmt, brüstete er sich. Mehr nicht? Ich machte die Tür auf und rannte wortlos weg. Vor meiner Mutter und Santrina ließ ich mir natürlich nichts anmerken. Zwar hätte ich am liebsten geheult, doch ich konnte nicht, zumindest nicht während der 40

Minuten Fahrt, die wir noch vor uns hatten, denn das wäre mir einfach zu peinlich gewesen.

Unterwegs rief er an, schrieb eine SMS nach der anderen, doch ich wollte nichts mehr von ihm hören, wollte auch nichts mehr von ihm lesen, wollte einfach nur, dass er nie in mein Leben getreten wäre. Zu Hause angekommen, fiel ich auf mein Bett und fing an zu heulen. In diesem Augenblick konnte ich mir nicht vorstellen, dass es mir jemals wieder gut gehen könnte.

Das hatte sich noch niemand getraut, mich zu betrügen. So ungeschoren würde er mir nicht davonkommen. Inzwischen war mir eingefallen, wie auch ich ihn verletzen konnte. Da er ja keinen herkömmlichen Sex mit mir haben konnte, tat es ihm sicherlich mehr weh, wenn ich mit einem anderen gefickt und ihm nicht bloß einen geblasen hätte. Ich hatte natürlich für alles eine Geschichte, denn ich selbst betrog ihn ja auch ständig, doch ich glaube, die erste Idee, die mir durch den Kopf schoss, war auch die beste: Jan, mein Nachbar. Diesen Ausrutscher rieb ich ihm direkt am Anfang unter die Nase, doch um es spannender zu machen, erzählte ich die Story ohne Namen, denn das machte ihn verrückt: wenn er zwar wusste, was gewesen war, aber eben nicht mit wem. Er wiederum behauptete, dass sein Seitensprung eine Prostituierte gewesen sei. Na toll, dachte ich, das machte die Sache ja noch schlimmer. Da verdiene ich mein Geld mit diesem Job und er schmeißt das Geld einer anderen in den Rachen. Wäre es doch wenigstens keine Prostituierte gewesen.

Aber so gut, wie ich Max zu diesem Zeitpunkt schon kannte, wusste ich, dass es sowieso keine Professionelle gewesen sein konnte. Denn er dachte genau wie ich und überlegte, wie er mir wohl am meisten wehtun könnte. Ich wusste auch, dass da noch mehr war, doch ich konnte es ihm nicht beweisen und aus ihm war ohnehin nichts mehr herauszubekommen. Er schwieg, vielleicht war das auch besser so. Jedenfalls hasste ich ihn von Tag zu Tag mehr, aber genauso liebte ich ihn von Tag zu Tag mehr.

Eine seltsame Welt. Max sagte immer, dass Liebe und Hass gar nicht weit voneinander entfernt seien. Dass es im Prinzip dasselbe sei, denn beides, Liebe und Hass, seien die stärksten Gefühle, die ein Mensch empfindet. Und wieso beschäftigt man sich mit jemandem, den man anscheinend nur hasst, so intensiv? Wenn das nämlich tatsächlich Hass wäre, würde man diese Person doch einfach bloß verachten, mehr nicht. Er hatte schon recht, also quälten wir uns weiter.

FLUCHT NACH ZUHAUSE

Meine Familie war mir jederzeit wichtig, hier fühlte ich mich immer noch am wohlsten, nirgendwo kam ich mir sicherer vor. Ich wäre viel lieber öfter zu Hause gewesen, statt bei Max rumzuhängen. Doch er wollte mich immer im Griff haben, und er wollte auch nicht alleine sein. Da ich mich in dieser Zeit abhängig von ihm fühlte, traute ich mich nicht, ihm zu widersprechen; ich wollte einfach, dass er mich mochte.

Es war ein schönes Gefühl, wenn ich dann doch einmal eine Nacht zu Hause zusammen mit meiner Familie verbrachte und wir uns gemeinsam von dem abendlichen Fernsehprogramm berieseln ließen. Und wenn ich danach zusammen mit meiner Schwester Lina auf dem Balkon saß, wir noch eine gemeinsame Gutenachtzigarette rauchten und ich dann in meinem Bett lag, ganz allein, und meinen Gedanken einfach freien Lauf lassen konnte.

Manchmal schaltete ich den Fernseher wieder an oder ließ Musik laufen, um mich nicht so allein zu fühlen. Auch ins Fitnessstudio ging ich immer mal wieder, morgens mit meiner Mutter, es war dann wie in alten Zeiten. Oft habe ich mir gewünscht, dass ich wieder ein ganz normales Schulmädchen wäre. Doch tief in meinem Innern wusste ich genau, dass diese Zeit für immer vorbei war und ich allein daran die Schuld trug. Selbst die vielen Sommerabende, die meine beste Freundin Santrina, meine Schwester und unser Nachbar Jan miteinander in unserem Garten verbrachten, konnte ich fast nie mehr unbeschwert miterleben, weil ich entweder irgendwelche Freier treffen musste oder zumindest in Gedanken irgendwo anders war.

Ich konnte mich kaum noch auf etwas anderes als auf das Geld konzentrieren, das ich in der nächsten Woche oder im nächsten Monat verdienen würde. Und wenn das mal gerade nicht das Thema war, dann war es die Sorge um mein Äußeres oder der Ärger darüber, dass Max mal wieder vorbeikommen wollte, um sich einen blasen zu lassen, wo ich doch überhaupt keine Lust darauf hatte.

Er konnte oder wollte nicht existieren, ohne nicht mindestens einmal, besser zweimal am Tag einen gelutscht zu bekommen. Und da ich nicht wollte, dass er zu einer anderen ging, gab es, glaube ich, nicht einen einzigen Tag, an dem wir uns nicht gesehen haben – mit den unvermeidlichen Folgen. Dass er trotzdem mit anderen rummachte, wollte ich in dieser Zeit einfach nicht wahrhaben, es hätte mich noch tiefer verletzt, als ich es sowieso schon war.

Also musste ich mir täglich seine Ansagen, seine Kommandos anhören: schneller, tiefer, mehr Zunge, rechts, links, oben, unten, lass die Zunge tanzen usw. Braves Mäddchen – Mäddchen, so nannte er mich immer, wenn ich ihm gehorchte oder, wie er es nannte, mich ihm fügte.

Bei jedem Abspritzen wurde mein Brass auf ihn größer, ich zeigte ihm heimlich hinter seinem Rücken den Stinkefinger, ich wollte ihm nicht »gehorchen«, wollte wieder eine eigene Persönlichkeit haben, wieder ein eigenes, selbstbestimmtes Leben führen können.

Bei meiner Familie, ohne ihn, hatte ich das. Doch entfernte sie sich mehr und mehr von mir; mit jedem Tag, an dem ich nicht da war, wurde die Distanz größer und die Liebe weniger. Ich wusste schon lange, dass man sich die Liebe meiner Mutter verdienen musste, doch ich hatte keine Lust mehr zu kämpfen. Allein schon deswegen konnte ich Max nicht verlassen, weil ich mich nicht auch noch meiner Mutter fügen wollte. Ich wollte nicht geliebt werden, nur weil ich wieder brav war, sondern weil ich ihre Tochter war, ein Mensch, der es verdient hatte, geliebt zu werden, und der nicht erst darum kämpfen musste.

DIE MAUER UM MICH HERUM

Ich fühlte mich ganz allein auf dieser Welt, als ob ich niemanden, gar niemanden mehr hätte. Von außen betrachtet sah mein Leben eigentlich gar nicht schlecht aus, ich hatte eine Familie, mit der scheinbar alles super lief, ich hatte Freundinnen, einen Freund, immer genug Geld und hübsch war ich dazu auch noch. Also alles, was ein glückliches Leben ausmacht. Doch es war für mich alles andere als das. Ich vertraute allein mir und sonst niemandem, die Mauer um mich herum war viel zu dick. Klar wäre es möglich gewesen, durch diese Mauer hindurchzustoßen, doch das hätte viel zu lange gedauert, so viel Zeit war ich niemandem wert, als dass er sich so lange mit mir beschäftigt hätte. Ich war allein, und ich war glücklich, das redete ich mir zumindest immer dann ein, wenn ich mich wieder ganz schrecklich fühlte, denn dann ging es mir besser.

Auch wenn ich von meiner Mutter immer nur als Sündenbock behandelt wurde, sie immer nur von sich sprach, wenn wir mal wieder Nachmittage in der City verbrachten, wollte ich sie nicht missen. Ich liebte meine Mutter, auch wenn ich manchmal nicht wusste, warum das eigentlich so war. Und warum ich nicht schon lange von zu Hause abgehauen war, warum ich immer noch so tat, als wäre alles super. Vielleicht liegt es einfach in der Natur, dass Kinder ihre Eltern lieben, egal was passiert.

VERDACHT AUF KREBS BEI MAMA

Meine Mutter hatte schon lange davon gesprochen, dass sie endlich mal wieder zum Frauenarzt wollte. Schon mit Anfang 20 war sie darauf hingewiesen worden, dass bei ihr ein hohes Risiko für Gebärmutterhals- und Brustkrebs vorliege, und dass sie deshalb ab dem 35. Lebensjahr ganz verschärft zu Vorsorgeuntersuchungen gehen sollte. Mittlerweile war sie schon 36 und noch nicht bei einer einzigen Untersuchung gewesen, ich erinnerte sie immer wieder daran. Auch Eduard, der sie nun auch schon seit mehreren Jahren gut kannte, hatte sie ständig dazu ermahnt.

Meine Mutter putzte das Haus, in dem Eduard wohnte, dadurch hatten sich die beiden kennengelernt. Er war Rentner und um die 65, als sie sich erstmals begegneten, mittlerweile stand er schon kurz vor seinem 70. Geburtstag. Mum mochte ihn wirklich, doch eher als väterlichen Freund und nicht als möglichen Partner für eine Beziehung, worauf er hoffte. Jedenfalls machte Eduard sich große Sorgen um sie, denn auch er wusste von den ärztlichen Befunden von vor mehr als zehn Jahren. An einem Morgen, als meine Mutter dann mal wieder Eduards Haus putzte, drückte er ihr einfach den Telefonhörer ans Ohr, und als sie fragte, wer denn am anderen Ende der Leitung sei, war es ihre Frauenarztpraxis. So blieb ihr nichts anderes übrig, als einen Termin auszumachen. Es war ein wahres Glück, dass Eduard die Initiative ergriffen hatte, denn schon eine Woche später musste sie tatsächlich operiert werden. Ich begleitete sie, war für sie da; wie eine Mutter, die auf ihr Kind wartet, saß ich vor dem Zimmer, in dem sie gerade lag.

Sie war wirklich dankbar, vielleicht das erste Mal in ihrem Leben, dankbar dafür, dass Eduard und ich nicht aufgegeben hatten, sonst wäre es wahrscheinlich selbst für eine so einfache und recht unkomplizierte Rettung zu spät gewesen. Egal was je zwischen mir und meiner Mutter gewesen war und wie sehr ich ihre Art manchmal hasste, erkannte ich in dieser Situation, wie wichtig sie mir wirklich war. Max hatte dafür kein Verständnis, dass ich mich in den nächsten Tagen um meine Mutter kümmern musste, weil sie im Bett bleiben und gepflegt werden sollte. Drei Tage habe ich ihn nicht in meinem Mund abspritzen lassen. Was er derweil mit dem Ding gemacht hat, weiß ich bis heute nicht und will es auch ehrlich gesagt nicht wissen. Ich weiß nur, dass ich ein paar Wochen später zufällig in seinem Büro seine Handyrechnung in die Finger bekam und da sah ich, dass er mich aus dem Ausland angerufen hatte. Also denke ich mir, dass sich in diesen Tagen eine tschechische Nutte um seinen Schwanz gekümmert hat. Das hatte ich jedoch schon geahnt, als ich die Entscheidung traf, lieber bei meiner frisch operierten Mutter zu bleiben, als mich um Max' Befriedigung zu kümmern. Entscheidend war, dass meine Mutter wieder gesund wurde, alles war gut. Auch im Nachhinein bin ich immer noch zufrieden mit meinem Entschluss, denn erst dadurch sind meine Mutter und ich wieder ein großes Stück zusammengewachsen.

KRIMINALPOLIZEI

Das Telefon weckte mich und Max so gegen zwölf Uhr mittags. Meine Mutter war am anderen Ende der Leitung, sie fragte mich sofort ganz entrüstet, ob ich denn schon wieder etwas verbrochen hätte. Was war geschehen? Da ich ahnungslos war und nicht unfreiwillig in ein Fettnäpfchen treten wollte, spielte ich erst einmal die Unschuldige. Als sie dann aber endgültig mit der Sprache herausrückte, war ich fassungslos.

Die Kriminalpolizei sei bei uns zu Hause gewesen, da meine Mutter aber nicht da war, kündigten die Beamten meiner Schwester an, dass sie am nächsten Tag wiederkommen würden. Und weil sich Mum keiner Schuld bewusst war, dachte sie natürlich gleich an mich. Ich tat weiterhin, als wüsste ich von nichts, wir sollten uns ausführlich darüber unterhalten, wenn ich am Abend nach Hause käme. Erst einmal nämlich wollte ich von Max wissen, was ich tun sollte. Wir malten uns die schrecklichsten Dinge aus, doch vielleicht war ja alles auch nur ein einziges Missverständnis.

Trotzdem mussten wir Vorsichtsmaßnahmen treffen: alles Verdächtige vom Laptop löschen, die Festplatte von Max' Computer im Büro reinigen, alle verdächtig aussehenden Bilder entfernen, die E-Mail-Fächer leeren und auch die SMS vernichten. Es war viel zu tun.

Am nächsten Tag um 14 Uhr holte mich Max von zu Hause ab, denn für eine Stunde später hatte sich die Polizei dort angekündigt. Wir mussten erst einmal verschwinden und in Ruhe überlegen, was tun, wenn jetzt tatsächlich alles ans Licht kommen würde. Nichts war schlimmer als die Vorstellung, dass meine Mutter alles erfahren würde, was ich trieb – ich hätte nie wieder nach Hause gehen können, ihr nie wieder in die Augen blicken können.

Erst gegen Abend, nachdem ich meine Mutter endlich telefonisch erreicht hatte, erfuhr ich, was die Polizei von uns wollte: Ein Unbekannter hatte Max angezeigt wegen Zuhälterei bei einer Minderjährigen. Bevor ich mich vor ihr auf eine Verwechslung herausreden konnte, ergänzte sie, dass die Beamten ihr auch ein Bild gezeigt hätten, auf dem eindeutig ich abgebildet war.

Es verschlug mir die Sprache, doch sie war noch nicht fertig: Max und ich sollten uns so schnell wie möglich auf dem Polizeirevier melden. Ich war so geschockt von dem, was mir meine Mutter da gerade erzählt hatte, dass ich wortlos auflegen musste.

Auch Max fiel aus allen Wolken, was sollten wir jetzt tun? Klar hatten wir alle Beweise vernichtet, doch es gab ja nicht nur die Aussage des Freiers, die der Polizei vorlag, sondern auch das Foto von mir und die dazugehörende Handynummer, alles passte zusammen. Eigentlich hatte ich ja kaum etwas zu befürchten, denn wenn sich bei dieser Sache einer so richtig strafbar gemacht hatte, dann war es Max, der ganz tief in der Scheiße saß, wenn ich nichts dagegen unternahm. Er wäre, wenn ich ihm nicht geholfen hätte, wegen Förderung der Prostitution Minderjähriger angeklagt worden. Bei Verurteilung hätte er mit einer Haftstrafe von bis zu fünf Jahren rechnen müssen.

Doch wer hatte uns anzeigen können? Jetzt fiel mir eine SMS aus den vergangenen Tagen ein. Geschickt hatte sie mir ein Mann, der sich angeblich mit mir treffen wollte, um mir zu helfen. Wäre ich doch nur auf diese SMS, statt sie zu ignorieren, näher eingegangen. Das holte ich nun ganz schnell nach und simste den Absender an, der mich auch kurz darauf zurückrief.

Er erzählte mir, dass er meine Nummer im Internet von irgendeinem Typen bekommen hatte, zusammen mit einem Foto und der Zusicherung, dass ich erst 16 Jahre alt sei. Und dass er dies natürlich sofort der Polizei gemeldet habe, weil er sich nicht vorstellen könnte, dass eine 16-Jährige so etwas freiwillig und ohne jeden Zwang machen würde.

Ich tat völlig entgeistert und dankte ihm dafür, dass er sich so für mich eingesetzt hätte, denn andernfalls hätte ich ja nie von diesen üblen Machenschaften erfahren. Es sei einfach ekelhaft, dass jemand meine Bilder und meine Handynummer an Perverse weiterschicke. Das mit »pervers« sagte ich natürlich ganz bewusst, da ich ja mit genauso einem Typen gerade telefonierte. Das scheint gewirkt zu haben, denn er murmelte nur, dass er das gerne getan hätte, und beendete dann das Gespräch ganz schnell.

Nun konnte ich beruhigt nach Hause gehen und meiner Mutter, wie eben dem Anrufer, die Ahnungslose vorspielen – Hauptsache, es handelte sich bei dem Foto um eines, das genauso auch öffentlich in KWICK!, meiner Chat Community, veröffentlicht war, und so war es zum Glück dann auch. Was wäre wohl geschehen, wenn mich einer jener Freier angezeigt hätte, die ein oder auch mehrere Nacktbilder von mir besaßen?

Meine Mutter tat so, als ob sie mir die Geschichte abnahm, aber vermutlich nur deshalb, weil sie mir einfach glauben wollte. Und ich war froh, dass sich die Angelegenheit fürs Erste beruhigt hatte, und erholte mich zwei Tage lang in der Nestwärme zu Hause von dem Schrecken.

Während für mich das alles inzwischen wie ein großes Abenteuer war, bekam Max sichtlich die Panik, als der Termin bei der Kripo bevorstand. Er gab mir die Telefonnummer eines Anwalts in Stuttgart, den sollte ich anrufen, wenn er nach dem Verhör nicht mehr entlassen würde. Dass es so schlimm kommen würde, konnte ich mir überhaupt nicht vorstellen. Schließlich hatte die Polizei uns doch abgekauft, was wir erzählt hatten, alles klang glaubhaft oder zumindest so, dass man uns nichts nachweisen konnte und man ihn sofort wieder freilassen würde. Und mir würde man ohnehin nichts anhaben können.

Am Revier angekommen, rutschte auch mir dann allerdings das Herz in die Hose. Eine rauchten wir noch, dann stellten wir uns dem Beamten. So wie ich dort auftauchte, wäre jedoch jedem Blinden aufgefallen, dass ich eine Nutte bin. Ich hatte einen extrem kurzen schwarzen Mini an, darunter eine Netzstrumpfhose, eine eng anliegende, sexy Leopardenbluse und war geschminkt bis zum Gehtnichtmehr. Ich hätte mich natürlich auch anders kleiden können, doch das sah ich gar nicht ein, warum denn auch? Denn woher besaßen die das Recht, mich nur wegen meines Auftretens zu verurteilen? Er führte uns in sein Büro und klärte uns erst einmal über den Sachverhalt auf.

Der Informant hatte der Polizei per E-Mail mitgeteilt, er wisse zwar nicht, ob er sich mit seiner Aussage strafbar mache, aber dieser Fall liege ihm so am Herzen, dass er ihn trotz allem melden müsse. Er habe auf der Internetseite soundso zu einer Prostituierten Kontakt aufgenommen, daraufhin habe sich aber keine Frau, sondern ein Mann mit ihm in Verbindung gesetzt. Und als der ihm die 16-jährige Xenia anpries, sei er stutzig geworden.

Also wollte er wissen, ob das Alter korrekt sei oder nur ein Trick, um den Preis hochzutreiben. Er war erst sicher, als ihm der Typ, also Max, versprach, dass Xenia ihm bei dem Treffen, bevor sie zur Sache gingen, mit dem Personalausweis die 16 Jahre beweisen würde. Diese Korrespondenz schickte er als Anhang zu seiner E-Mail, zusammen mit meinem Foto und der Handynummer, an die Polizei.

Nun wollte der Polizist von mir wissen, ob ich meine Aussage unter vier Augen machen wollte, da er wohl vermutete, ich hätte Angst, die Wahrheit zu sagen, wenn Max neben mir säße. Doch wenn ich dem zugestimmt hätte, wäre er womöglich draußen vor Angst zusammengebrochen. Außerdem machte es mir überhaupt nichts aus, wenn er dablieb, denn wir hatten uns eine lückenlose Darstellung ausgedacht.

Als Erstes erzählte ich ihm nun, dass das alles nur ein Witz sei, ein Zeitvertreib, da wir beide ja so viel Zeit hätten. Sowohl Max als auch ich stellten immer neue Kontaktanzeigen ins Netz, ohne uns ernsthafte Gedanken über die möglichen Folgen zu machen oder gar damit zu rechnen, dass wir wegen dieses harmlosen Hobbys eines Tages hier sitzen könnten.

Natürlich war uns bewusst gewesen, dass die Polizei schon vor unserem Verhör Nachforschungen anstellen würde, deshalb erzählte ich ihm auch, dass ich mich manchmal mit den Männern aus dem Internet getroffen hätte. Aber doch nur, um noch mehr Spaß zu haben, auch das alles ganz harmlos, und dass Max per GPS immer dabei war, alles mithören konnte und bei Gefahr hätte eingreifen können. Hier wies er Max darauf hin, dass es strafbar sei, Tonmitschnitte von einer ahnungslosen Person zu machen, und ihn das ganz schnell seine Lizenz kosten könnte. Max war mittlerweile ganz klein, verschüchtert und ängstlich geworden, dass er zu allem nur noch nickte. So hatte ich ihn bisher gar nicht gekannt.

Damit war meine Befragung auch schon zu Ende, nun hatte der Polizist noch einige Fragen an ihn. Als er in seiner Akte herumkramte, fiel mein Blick auf einen bereits unterschriebenen Haftbefehl – hatten die wirklich vor, Max festzunehmen?

Ob er sich noch an Bonn erinnern könne, fragte er ihn aus heiterem Himmel und nun verlangte Max, dass ich den Raum verlasse, was wollte er mir verheimlichen? Doch als er meinen Blick sah, änderte er seine Meinung schnell wieder. Ich hatte von dieser Geschichte noch nie etwas gehört und war deshalb natürlich neugierig. Max setzte sich spontan weiter weg von mir, ich glaube, es war ihm peinlich.

Schließlich kam heraus, dass er sich in Bonn mit einer Prostituierten im Auto vergnügt hatte. Als sie dann aber den doppelten Preis von ihm wollte, da der Blowjob länger gedauert hatte als ausgemacht, weigerte er sich, den Rest zu bezahlen. Also rief sie gleich hinterher die Polizei an. Max wurde auf dem Heimweg auf der Autobahn festgenommen und musste einen Tag in U-Haft verbringen.

Da ja auch ich schon einen Eintrag, wegen meiner Beteiligung an dem Raubüberfall auf den Autofahrer damals mit Marc und den anderen, bei der Polizei hatte, der aber zum Glück bald darauf gelöscht werden sollte, war es für den Beamten natürlich schwer, uns zu glauben. Er wollte von Max wissen, ob er von seinen Einnahmen leben könne, klar konnte er das. – Aber es ginge doch nicht jedem Detektiv so gut wie ihm. – Na und? Er könne davon sogar sehr gut leben, versicherte er ungerührt und bot ihm sofort an, er könne gerne per Internet seinen Kontostand abrufen.

Das jedoch lehnte der Kriminalbeamte ab. Er glaubte uns oder, besser gesagt, er musste uns glauben und ließ uns daher gehen. Als wir wieder im Auto saßen, wurde uns erst so richtig bewusst, wie knapp wir noch einmal davongekommen waren, denn auch Max hatte den Haftbefehl gesehen. Erleichtert fuhren wir zur Tankstelle und kauften uns erst einmal etwas zu trinken, er ein Bier, ich eine Jacky Cola, ein Mix aus Cola und Jack Daniels Whiskey.

Meiner Mutter erzählte ich am Abend, dass, so wie ich es vermutet hatte, alles ein einziges Missverständnis gewesen sei, weil sich jemand bei meinen Fotos im Internet bedient hatte und dieser

Jemand meine Handynummer wohl irgendwann mal von mir bekommen hatte, sie schien sichtlich beruhigt zu sein. Max und ich mussten nun vorsichtiger sein, er wollte sogar, dass ich ganz mit meinem Gelderwerb aufhörte. Das jedoch kam für mich nicht infrage.

MMF MIT ZWEI FAST FREMDEN

An einem Samstagabend im Sommer waren wir mal wieder bei Sarah, einer Bekannten meiner Mutter, eingeladen. Da es meiner Mutter aber nicht allzu gut ging und sie früh heimgehen wollte, beschloss ich, noch ohne sie weiterzufeiern. Mit dabei war auch der neue Nachbar von Sarah, der zusammen mit seinem Bruder und einem Kumpel in eine kleine Wohnung gegenüber gezogen war. Es war wie in der Fernsehserie *Mitten im Leben*, doch ich mochte asoziale und unkomplizierte Menschen, ich mochte sie, weil ich in ihrer Gegenwart einfach mal überhaupt nichts denken musste. Wenn sie nicht gerade fragten, welches Bier ich denn haben wollte, sprachen sie sowieso nichts.

Als die drei dann drüben verschwanden, wurde ich neugierig, ich ahnte, was da jetzt abgehen würde, deshalb schlich ich ihnen hinterher. Und siehe da: Sie kifften gerade einen, als ich die Wohnung betrat. Wir quatschten wirres Zeug und es endete, wie es enden musste: Ich lag irgendwann im Bett mit dem Kumpel des Nachbarn, ich war komplett weggetreten von dem vielen Alkohol und dem megageilen Gras, das wir soeben geraucht hatten.

Er vögelte mich zuerst in der Missionarsstellung und dann von hinten, dabei kam der Nachbar von vorne und steckte mir seinen Schwanz in den Mund. Der dritte der Gruppe war wieder nach unten zu den anderen verschwunden, damit diese keinen Verdacht schöpften. Aber anstatt es geil zu finden, dass ich gerade mit zwei

Männern gleichzeitig Sex hatte, kreiste mir nur die ganze Zeit die Frage durch den Kopf, dass ich das nicht könnte, wenn ich ein Mann wäre, denn der eine der beiden hatte einen großen Dödel und der von dem anderen war gerade mal halb so groß.

Nachdem beide befriedigt waren, kifften wir weiter und ich vögelte wieder mit dem Kumpel des Nachbarn. Diesmal trieben wir es auf der Couch und ich saß auf ihm. Später sind auch wir wieder zurück zu den anderen.

Meine Handynummer haben natürlich beide bekommen, doch ich habe bis heute auf keine ihrer vielen SMS geantwortet. Vielleicht aber auch deshalb, weil ich in meiner nicht mehr zurechnungsfähigen Verfassung ausgeplaudert hatte, dass ich als Hure arbeitete und ich Angst hatte, dass sie es jemand erzählt hatten. Eine halbe Stunde nach dieser Party holte mich Max ab, ich stieg in sein Auto ein und es war, als wäre nie etwas geschehen.

EIN RASTPLATZ IM NIRGENDWO

Ein ganz neuer Freier stand heute auf meinem Terminplan. Thomas nannte sich der Kerl, der mich bumsen wollte, doch wie ich es mir bei Unbekannten zur Pflicht gemacht hatte, wollte ich ihn erst einmal nur kennenlernen und sonst nichts. Allerdings wusste ich bereits in meinem tiefsten Inneren, dass ich an diesem Tag mit ihm ficken würde, wenn er mich dafür bezahlen würde, auch wenn ich Max das Gegenteil geschworen hatte.

Ich hatte einfach Lust darauf, ihm wehzutun, ich wollte ebenfalls gegen die Regeln verstoßen, wie er es immer tat. Er verletzte mich doch ständig. Wenn ich das jetzt auch mit ihm machte, würde es mir sicher besser gehen. Dass an diesem Abend allerdings alles anders kommen würde als geplant, konnte ich zu diesem Zeitpunkt noch nicht ahnen.

Aber anstatt es geil zu finden, dass ich gerade mit zwei Männern gleichzeitig Sex hatte, kreiste mir nur die ganze Zeit die Frage durch den Kopf, dass ich das nicht könnte, wenn ich ein Mann wäre, denn der eine der beiden hatte einen großen Dödel und der von dem anderen war gerade mal halb so groß.

Nachdem beide befriedigt waren, kifften wir weiter und ich vögelte wieder mit dem Kumpel des Nachbarn. Diesmal trieben wir es auf der Couch und ich saß auf ihm. Später sind auch wir wieder zurück zu den anderen.

Pünktlich war ich am Treffpunkt, doch wer weit und breit nicht zu sehen war, war Thomas. Vielleicht hatte er es sich ja anders überlegt, das kam ja immerhin auch mal vor. Allerdings hatte ich Thomas nicht so eingeschätzt, meistens wusste ich schon vor dem Treffen, mit wem ich es zu tun hatte, spätestens wenn ich mit ihm telefoniert hatte, konnte ich mir sicher sein, dass der Freier auch erschien. Diese Regel bestätigte sich auch heute, denn kurz darauf erschien er dann doch noch, er hatte sich einfach nur verspätet.

Ich stand an der Straße, er hielt an und ich sprang zu ihm ins Auto. Normalerweise tat ich das nicht, bevor ich mir das Kennzeichen eingeprägt hatte, um es dann bei so unsicheren Fällen wie heute vorab per SMS an Max zu melden. Heute musste es anders, ohne Vorsichtsmaßnahmen, gehen – der größte Fehler, wie sich dann später herausstellte.

Geplant war, dass wir in eine Bar oder ein Restaurant gehen wollten, um uns dort näher kennenzulernen, doch Thomas hatte anscheinend andere Absichten. Er fuhr auf die Autobahn, er fuhr und fuhr immer weiter, weil er angeblich in Heilbronn einfach zu viele Leute kannte, als dass er hier ungestört mit mir etwas trinken gehen konnte. Ich versuchte, ruhig zu bleiben, doch er machte mir Angst.

Als wir dann schon etwa 80 Kilometer von Heilbronn entfernt waren, hielt er auf meine Bitte an einer Autobahnraststätte an, weil ich, so behauptete ich, ganz dringend aufs Klo müsste. Er kaufte mir das anscheinend ab, ich schnappte mir heimlich den Akku, den er mir zuvor aus meinem Handy entfernt hatte, um nicht von jemandem geortet werden zu können.

Auf dem Klo holte ich erst einmal tief Luft und schrieb Max dann eine kurze SMS, viel Zeit hatte ich ja nicht, sonst wäre es Thomas vielleicht aufgefallen. Am liebsten wäre ich gar nicht zurück zu ihm ins Auto, doch was hätte ich sonst tun sollen? Ich war ihm hoffnungslos ausgeliefert. Wir waren auf einem Rastplatz im Nirgendwo, niemand anderes war mit uns hier, wir waren ganz allein. Diese Situation war natürlich die Gelegenheit, auf die er gewartet hatte.

Was blieb mir übrig, als gute Miene zum bösen Spiel zu machen? Er befummelte mich, obwohl ich mich wehrte, er küsste mich, ich hätte kotzen können, so eklig war es, mein ganzer Körper schüttelte sich. Dann kam mir die Idee, ich lockte ihn auf einen anderen Rastplatz, einen, auf dem es auch eine Tankstelle gab. Mir sei schlecht geworden, schwindelte ich ihm vor, weil ich den ganzen Tag nichts gegessen hätte.

Jetzt witterte ich meine Chance. Ich musste einfach nur aus dem Auto heraus, um an mein Handy gehen zu können. Das nämlich vibrierte ununterbrochen seit meiner SMS an Max, in der ich ihm nur hatte sagen können, dass irgendetwas komisch sei. Wir waren mittlerweile auf der Höhe von Hockenheim und das war etwa 100 Kilometer von Heilbronn entfernt. Jetzt wusste ich endgültig, dass Thomas mich so weit wie möglich wegbringen wollte; was er danach mit mir vorhatte, habe ich zum Glück nie herausgefunden.

Ich nutzte meine Chance, als er zur Tankstelle ging, um mir etwas zu essen zu holen. Erst einmal öffnete ich die von ihm verriegelte Beifahrertür, dann rannte ich nur noch um mein Leben, es war meine einzige Chance. Nie zuvor hatte ich eine solche Todesangst empfunden. Ein Burger King war meine Rettung, ich bestellte etwas zu trinken und setzte mich genau in das Blickfeld des Mitarbeiters.

So wie ich es befürchtet hatte, ließ auch Thomas nicht lange auf sich warten – kaum dass ich Max am Handy alles geschildert hatte und er sich auf den Weg zu mir machen konnte. Er kam direkt auf mich zu und fragte, was das alles solle, doch ich ließ ihn wortlos stehen und lief nach draußen. Er folgte mir nicht, alles andere wäre wohl zu auffällig gewesen.

Im Eingangsbereich des Restaurants zündete ich mir mit zitternden Fingern erst einmal eine Zigarette an. Ein junger Mann, der sich eben noch drin mit Thomas unterhalten hatte, näherte sich mir. Anfangs achtete ich nicht auf ihn, doch er starrte mich die ganze Zeit an. Jetzt erst brach ich in Tränen aus, in diesem Augenblick wurde mir bewusst, wie knapp ich einer womöglich schrecklichen Gefahr entronnen war.

Thomas, der sich drinnen immer noch nicht vom Fleck gerührt hatte, tat weiterhin nichts, als zu mir herüberzuschauen. Schließlich, nach ein paar Minuten, verließ er endlich das Restaurant und verschwand, doch ich fühlte mich immer noch nicht sicher. Was wohl dieser Typ, der mich schon die ganze Zeit anstarrte, mit ihm zu tun hatte? Deshalb erzählte ich ihm, was mir passiert war, er schien Mitleid mit mir zu haben und dadurch beruhigte er mich.

Nun schlug er mir vor, mit ihm nach draußen zu gehen, er würde mir helfen, das Nummernschild herauszufinden. Da ich mir sicher war, dass Thomas sich mit seinem Auto noch auf dem Parkplatz aufhielt, schien mir das sogar eine gute Idee, auch wenn ich genau wusste, dass ich ihn sowieso nicht anzeigen würde. Also folgte ich dem jungen Mann nach draußen, doch zum Glück traute ich ihm immer noch nicht über den Weg. Denn als ich neben ihm, der mir doch angeblich helfen wollte, zum Parkplatz herging, sprang plötzlich Thomas hinter einem Auto hervor.

Sofort rannte ich in höchster Not ins Restaurant zurück. Nun war ich mir endgültig sicher, dass dieser so hilfsbereite junge Mann nichts anderes vorgehabt hatte, als mich wieder in die Fänge von Thomas zu treiben. So groß war meine Angst inzwischen, dass ich fürchtete, selbst der Burger-King-Mitarbeiter würde mit den beiden unter einer Decke stecken.

Zum Glück trat kurz darauf Max durch die Tür. Zwar schien er stinksauer auf mich zu sein, doch ich konnte mir in diesem Augenblick keinen schöneren Anblick als ihn vorstellen. Ich war gerettet.

Max allerdings war nicht so sehr begeistert davon, dass er mich mitten in der Nacht auf einer Autobahnraststätte, 100 Kilometer entfernt, abholen musste. Und er war auch nicht begeistert davon, dass ich ihm kein Kfz-Kennzeichen nennen konnte, meine Entschuldigungen interessierten ihn nicht. Er musste einfach abschalten und deshalb lutschte ich ihm, gerade im Auto angekommen, auch sofort einen, und zwar wirklich gerne, ich war ihm so dankbar.

Nachdem er dann den größten Teil seiner Aggressionen beim Blasen verloren hatte, konnten wir auch ganz normal über das Vorgefallene sprechen. Er nahm mich in den Arm und flüsterte mir ins Ohr, dass ich wahnsinniges Glück gehabt habe. Und dass er froh sei, mich lebend und gesund wiederzuhaben. In diesem Augenblick hatte ich endlich wieder das schöne Gefühl, dass ich ihm wirklich etwas bedeutete.

Dennoch wollte ich in dieser Nacht nicht bei ihm schlafen, ich wollte niemanden bei mir haben, der mich am nächsten Morgen sofort an das, was mir widerfahren war, erinnern würde. Er akzeptierte das und fuhr mich nach Hause. Dort lag ich im Bett, zitterte, weinte und bekam kaum Luft. War ich wirklich in Lebensgefahr gewesen? Ich konnte das alles gar nicht glauben, am besten wollte ich nie wieder darüber nachdenken, ich lebte und war zu Hause, einzig das war es, was für mich zählte.

Nur der Zufall und das Glück hatten mich gerettet, denn normalerweise gab es keinen Abend, an dem Max nicht besoffen war, doch diesmal hatte er nicht einen einzigen Schluck getrunken gehabt. Manchmal glaubte ich, dass er ein Gespür dafür hatte, wenn etwas Schlimmes bevorstand.

THEA

Eines Tages schrieb mich ein Mädchen auf einer Internet-Plattform an und fragte mich, ob ich einen Florian Dietrich kenne. Klar kannte ich ihn, ich war ja damals mit 13 Jahren mal ein paar Monate mit ihm zusammen gewesen und hatte einiges mit ihm erlebt und das schrieb ich ihr auch so. Was sie denn von ihm wolle? Daraufhin erzählte sie mir eine so verrückte Geschichte, dass ich sie weder glauben konnte, noch glauben wollte.

Ihre beste Freundin Thea, so behauptete das Mädchen, habe Florian in einem Chat im Internet kennengelernt und beide hätten sich dabei unsterblich ineinander verliebt. Doch als Florian herausbekam, dass sie nicht schon 15 sei, wie sie es vorgetäuscht hatte, sondern zwei Jahre jünger, habe er die Internet-Beziehung schlagartig beendet. Thea jedoch sei nie über diese Liebe hinweggekommen. Bei einer Spritztour mit dem Auto wurde sie dann das Opfer eines tödlichen Unfalls, mit dem Wort »Florian« auf den Lippen sei Thea gestorben.

Spätestens bei diesem vor Schmalz triefenden Schluss war ich misstrauisch geworden. War es etwa die Erzählerin selbst, die sich hinter dem Namen Thea verbarg? Statt also im Straßengraben jammervoll verblutet zu sein, flunkerte sich diese Thea womöglich mit ihrer Geschichte höchst lebendig durchs Internet und machte sich wichtig damit. Mein Verdacht wurde bestätigt, als ich zufälligerweise meine Freundin Gina ein paar Tage später traf. Ja, sie kenne Thea und könne nur vor ihr warnen. Ich solle ihr bloß kein Wort glauben, sie erzähle im ganzen Dorf nur Scheiße herum, weil sie etwas von Florian und von Anton, Ginas Freund, wolle, aber die beiden sie links liegen ließen usw. Also schrieb ich Thea, sie solle mich in Zukunft doch bitte einfach in Ruhe lassen, weil ich keine Lust auf ihre Lügen hätte, das tat sie dann auch.

Ein paar Wochen später meldete sie sich dann doch wieder. Als Erstes gestand sie mir die Wahrheit über Florian, wie ich sie von Gina sowieso schon kannte. Dann wollte sie wissen, ob ich jemanden kenne, bei dem sie übernachten könnte, wenn sie mal zu uns ins Dorf käme. Sie habe schon Gott und die Welt gefragt, doch alle hätten entweder abgelehnt oder sie wollten dafür Sex von ihr. Mir fiel natürlich auch niemand ein, doch das schien sie nicht davon abzuhalten, trotzdem zu kommen.

In den Sommerferien tauchte sie dann auch tatsächlich in dem Ort, aus dem ich stamme, auf. Ich holte sie vom Bahnhof ab und war anfangs regelrecht erschrocken, als ich sie sah, denn sie war viel dicker als auf den Fotos im Internet. Nur: Was sollte mich das kümmern?

Wir sind dann in den Park zu Gina, Anton und den ganzen anderen, die dort immer rumhingen, gegangen. Am Anfang sprach keiner mit Thea und auch ich hatte keine Lust dazu. Doch irgendwann kam dann auch noch Florian mit seiner Freundin und schon nahm alles seinen Lauf. Sie konnte endlich das erste Mal mit ihrer »großen Liebe« sprechen. Mir sollte es recht sein, also nutzte ich die Zeit und soff mich zu, es war mal wieder schön, mit den Leuten zusammen zu sein, die ich lange nicht mehr gesehen hatte.

Später kam dann auch noch Max dazu, der das alles einfach nur total asozial fand und da Thea immer noch keinen Schlafplatz gefunden hatte, nahmen wir sie mit zu uns. Dort leerten wir dann eine Flasche Sekt nach der anderen und besoffen uns hemmungslos, und so kam es, dass wir plötzlich alle nackt waren, ich immer wieder kurz am Schwanz von Max lutschte und Thea dabei zuschaute. Ich wollte ihn einfach nur testen, ob er sich auch von Thea einen blasen lassen würde, und das trotz meiner Anwesenheit, deshalb ließ ich mir ganz schnell etwas einfallen. Um ihn heißzumachen, setzte ich mich auf Thea und fing an, mit ihr rumzuknutschen, ich merkte, wie es ihn geil machte, und plötzlich hatte er nicht nur meine Titten in der Hand, sondern auch die von Thea.

Ich hätte kotzen können, denn das bestätigte mir, dass es ihm scheißegal war, wie eine Tussi aussah, es war ihm nur wichtig, dass er befriedigt wurde und dass er mich damit verletzen konnte. Die Realität so zu erkennen, wie ich sie jetzt im Nachhinein sehe, war für mich bis dahin unmöglich gewesen, weil ich einfach geblendet war von so vielen anderen Dingen; ich konnte mein Leben nicht ungeschminkt und nüchtern wahrnehmen, weil es unerträglich für mich gewesen wäre. Selbsthass zerstörte mich.

Doch nun beschloss ich, ihn noch mehr herauszufordern. Ich wusste schon vorher, dass ich schauspielern kann, doch wie gut tatsächlich, fand ich erst an diesem Abend heraus. So glaubwürdig nämlich fiel ich von einer Sekunde zur anderen in eine gespielte Ohnmacht, dass sich die beiden ernsthaft Sorgen machten und beinahe den Notarzt gerufen hätten. Doch was stattdessen passierte, hätte ich nicht für möglich gehalten.

Max schüttelte meinen Kopf so brutal, dass ich fast gekotzt hätte. Doch weil ich ja nun einmal ohnmächtig sein musste, wollte ich es auch bleiben, also lag ich weiterhin reglos da. Atmen war das Einzige, was ich noch tat. Wieder schlug er mir mit voller Wucht gegen den Kopf, dann verschwand er aus dem Zimmer, was jetzt wohl passieren würde? Doch ich musste nicht lange auf die Antwort warten. Als ich einen erst schwachen Peitschenhieb spürte, der dann immer stärker wurde, begann ich mich zu fragen, mit was für einem Menschen ich die letzten Monate meines Lebens verbracht hatte. Er peitschte mich aus, ich konnte es kaum fassen. Hatte ich mich wirklich so sehr in ihm getäuscht oder was war los mit ihm? Meine Gefühle spielten verrückt, ich war bitter enttäuscht, ich spürte nichts als Schmerzen und ich hatte eine Heidenangst.

Die Schläge wurden immer brutaler, die Schmerzen waren kaum noch auszuhalten, doch ich hielt durch, denn mein Ziel hatte ich immer noch nicht erreicht. Doch es sollte noch schlimmer kommen. Jetzt nahm er seine Zigarette, zog ein letztes Mal daran und drückte sie dann in meinem Bauchnabel aus. Es tat so mörderisch weh wie damals, als Gustav mich nach der Vergewaltigung der gleichen Tortur unterzogen hatte. Doch trotz des kaum auszuhaltenden Schmerzes blieb ich immer noch regungslos liegen, ich fühlte mich so hilflos, ich konnte es nicht fassen. Da glaubte er allen Ernstes, dass ich bewusstlos war, doch statt sich um mich Sorgen zu machen, tat er so etwas.

Nachdem er sich an mir ausgetobt hatte, packte er seine Peitsche wieder weg und setzte sich zu mir und Thea aufs Bett. Aber nein, er kümmerte sich nicht etwa darum, wie es mir ging, stattdessen fragte er Thea, wer ihm denn jetzt einen bläst. Dann legte er den Arm um sie und fragte: »Du?« Jetzt hatte ich endgültig genug und erwachte ganz offiziell wieder aus meiner Ohnmacht, bevor sie es in die Tat umsetzen konnten. Sie starrten mich beide nur fassungslos an: Was denn bloß mit mir losgewesen sei, wollten sie wissen, doch ich tat so, als ob ich das selbst nicht wüsste.

Am nächsten Morgen brachte ich Thea zum Bahnhof und ging danach zurück zu Max. Ob er vielleicht wüsste, warum ich so unerträglich starke Kopfschmerzen hätte? Seine einzige Antwort war: »Alkohol!« Er war also auch noch zu feige, zu dem, was er getan hatte, zu stehen. Und zu den Striemen, die ich am ganzen Körper hatte, fiel ihm nur der zynische Kommentar ein: »Damit muss man eben leben, wenn man so tollpatschig ist wie du.«

Erst Wochen später stellte ich ihn zur Rede. Er stritt alles ab, ich solle nicht alles glauben, was Thea erzähle. Doch als ich mit der Wahrheit herausrückte, dass ich nämlich die ganze Zeit bei vollem Bewusstsein gewesen sei, verließ er wortlos den Raum. Selbst als er irgendwann wieder zurückkehrte, verlor er kein einziges Wort darüber. Die Bekanntschaft mit Thea hatte sich danach auch ganz schnell wieder erledigt, da sie im Dorf allen erzählte, wir hätten in jener Nacht einen Dreier gemacht. Auf eine für mich schmerzhafte Art hatte sie sogar recht, doch das durfte natürlich keiner erfahren. Und zum Glück glaubte ihr das von den anderen auch keiner.

SKLAVE

Eines Tages fand ich eine ganz spezielle E-Mail in meinem Postfach, diesmal ging es nicht um Sex im herkömmlichen Sinn, sondern um Erniedrigung beim Sex, sie kam von einem devoten Mann. Er wollte, dass ich ihn beleidige, anspucke und auslache, nichts weiter.

Aber das war mir auf den ersten Blick einfach zu langweilig, ich löschte die E-Mail und verschwendete keine weiteren Gedanken daran.

Doch ein paar Tage später schrieb dieser »Sklave« schon wieder. Er wolle unbedingt mit mir telefonieren, dann würde er mir alles genau erklären. Also ließ ich mich aus Neugierde darauf ein und schickte ihm meine Nummer. Das Gespräch begann dann damit, dass ich ihm Fragen stellen sollte. Zwar brannte ich vor Neugier, doch da ich auf diesem Markt noch völlig unerfahren war, traute ich mich nicht.

Also übernahm er die Initiative und erklärte mir seine Vorlieben. Er wollte einfach der Schwächere sein, er wollte wehrlos sein, und das bei einem Menschen, dem er im täglichen Leben überlegen gewesen wäre. Am liebsten wollte er in den Mund gepisst bekommen und mit Scheiße gefüttert werden. Das hörte sich für mich so abartig an, dass ich mich verarscht gefühlt hätte, wenn ich nicht schon von solchen Dingen gehört oder gelesen hätte.

Danach riss der Kontakt ab, bis der Sklave mir eines Tages wieder eine SMS schrieb: Ich solle es mir doch bitte noch mal überlegen, denn er würde es mit mir wirklich gerne ausprobieren. Also beschlossen Max und ich, ihn vorab auf einen Kaffee zu treffen, was aber dann buchstäblich in die Hose ging, weil ich mich keineswegs so dominant verhielt, wie er es sich von mir erhofft hatte, eher im Gegenteil. Damit war mein Bedarf an Abenteuern dieser Art gedeckt; zwar war ich bereit gewesen, ihn zu treffen, aber ich konnte einfach nicht über meinen Schatten springen.

Er meldete sich von nun an fast täglich, ich musste mir immer wieder neue Ausreden einfallen lassen, warum ich mich nicht mit ihm treffen wollte. Erst nach Wochen begann er zu begreifen, dass es zwecklos mit uns war. Und ich hakte dieses Thema nun endgültig auf meinem Zettel ab. Bis auf Weiteres jedenfalls.

MEIN VORHABEN AUF DER WARTELISTE

Mein Ziel war und blieb es weiterhin, mit wenig Arbeit richtig viel Geld auf einen Schlag zu verdienen, und zwar nicht bloß ein paar Tausend im Monat. Und ich hatte auch schon eine genaue Vorstellung davon, obwohl jeder, dem ich das erzählt hätte, an meinem Verstand hätte zweifeln müssen: Ich wollte meine Arschjungfräulichkeit verkaufen und dafür einen – man höre und staune – sechsstelligen Betrag kassieren, und das am besten mit einem Zeitaufwand von nur wenigen Stunden, denn eine Nacht schien mir schon zu lang für diese Strapaze. Der Weihnachtsmann, an den ich wohl insgeheim glaubte, war in diesem Fall vermutlich ein pädophiler saudischer Ölscheich, der ausnahmsweise auf Mädchen wie mich und nicht auf Knaben abfuhr. So naiv war ich damals noch.

Das einzige Hindernis auf dem Weg dorthin war Max. Weil er auf meinem Laptop ein Programm installiert hatte, das alles mitschrieb, was ich auf meinem Computer machte, hätte er meinen Plan sofort mitbekommen. Seine blöden Kommentare darüber wären wahrhaft das Letzte gewesen, was ich mir hätte anhören wollen. Deshalb vergrub ich alles in meinem Hinterkopf und wollte es erst dann wieder daraus hervorziehen, wenn der richtige Zeitpunkt gekommen war. Doch der Gedanke daran war immer wach.

TREUETESTERIN

Klar war, dass ich nicht mein Leben lang Prostituierte bleiben würde, doch ebenso sicher war, dass ich eine zündende Idee brauchte, wenn ich einen anderen Weg einschlagen wollte. Denn selbst wenn meine Rechnung mit der schnellen Million tatsächlich aufginge – was würde ich danach machen? So wie ich mich kannte, würde ich mich sicherlich ganz schnell langweilen.

Selbstständig sein, das war die Lösung. Etwas anderes hatte ich mir eigentlich noch nie vorstellen können, denn auf Dauer konnte ich niemanden ertragen, der mir irgendetwas vorschreiben wollte. Jetzt war nur noch die Frage: Was kann ich, welche Fähigkeiten besitze ich, um selbstständig zu arbeiten? Das war herzlich wenig, denn ich hatte keine Berufserfahrung, ich wusste nichts vom »normalen« Leben, also womit sollte ich mein Geld verdienen?

Es gab keine Möglichkeit außer der, einfach das Gleiche zu machen wie bisher, nur in abgeschwächter Version, um meinen Männerhass loszuwerden. Und da drängte sich der Beruf der »Treuetesterin« doch förmlich auf – eine Art Privatdetektivin in den Diensten betrogener Ehefrauen. Mein Traum war geboren: Menschen und Abenteuer wären mein täglich Brot, ich würde den untreuen Männern das Handwerk legen und ich hätte Kohle zum Scheißen. Vorkenntnisse brachte ich reichlich mit, weil ich die männliche Seite solcher »Partnerschaften« aus erster Hand kannte und wusste, mit welchen Tricks und Sprüchen diese Fremdgänger arbeiteten. Nicht einmal meine Geschlechtsteile müsste ich irgendeinem Arschloch mehr zur Verfügung stellen.

Sobald ich 18 bin, mache ich mich selbstständig, so sah meine weitere Planung aus. Die Angst vor der ungewissen Zukunft und die bange Sorge zu versagen, Gefühle, denen ich ständig ausgesetzt war, verdrängte ich wie gewohnt.

DER MANN OHNE NAMEN

Auf einem Straßenfest lernte ich den Mann ohne Namen kennen. Er steckte mir zum Abschied seine Nummer zu und da er mir gefallen hatte, rief ich ihn an. Nur: So unentschlossen wie ich eben bin, konnte ich mich mal wieder nicht aufraffen, ihn zu treffen.

Doch wie der Zufall spielt: Als ich ein paar Tage später in Pforzheim zu tun hatte, war er es, der sich bei mir meldete. Und weil ich wusste, dass er hier lebte, und ich ja jetzt sowieso schon unterwegs war, fragte ich ihn, ob er denn nicht ganz spontan Lust hätte, sich mit mir zu treffen. Nur wenige Minuten später wartete er am Hauptbahnhof auf mich, ich stieg in sein Auto und ließ mich von ihm durch die Gegend fahren. Nach dem üblichen Small Talk fragte er mich irgendwann, worauf ich Lust hätte, was ich machen wollte. Gute Frage, dachte ich, was wollte ich schon von den Männern; eigentlich nur Spaß und Bestätigung.

Schließlich sagte ich zu ihm, dass ich etwas erleben möchte, irgendetwas Verrücktes. Am liebsten hätte ich ihm einfach einen geblasen oder wäre von ihm gefickt worden, doch das konnte ich ihm schlecht so direkt auf den Kopf zu sagen, denn ich kannte ihn ja kaum und wusste nicht, wie er darauf reagieren würde. Stattdessen fragte ich ihn nach seinem Namen. Er zögerte kurz und entschuldigte sich dann, dass er ihn mir nicht nennen könne, da sonst jeder hier wüsste, wer gemeint sei, wenn etwas durchsickern würde.

Eh, hallo, was war das denn für ein Spruch? Und das von einem immerhin 36-Jährigen, sein Alter hatte er mir nämlich verraten. Da ich aber schließlich keinen Mann fürs Leben suchte, sondern einfach einen, mit dem ich ein wenig Vergnügen haben wollte, ließ ich mich davon nicht beirren. Eine Tankstelle war unser nächstes Ziel, Wodka und Redbull brachte er von drinnen mit. Am liebsten hätte ich zu ihm gesagt, dass er mich nicht betrunken machen müsse, um von mir befriedigt zu werden, ich täte es auch im nüchternen Zustand, doch ich ließ ihm seine Illusion.

In der Nähe eines Friedhofs stiegen wir aus und lehnten uns mit unserem Wodka Redbull und ich zusätzlich mit einer Zigarette in der Hand gegen das Auto. Er legte seinen Arm um mich und ich ließ es zu, obwohl ich diese Art von Nähe mit Fremden eigentlich nicht mag, ich hätte viel lieber seinen Schwanz im Mund gehabt.

Nach zwei weiteren Zigaretten und noch einer Dose Redbull mit Wodka fuhren wir wieder los.

Eine Ortschaft weiter sagte ich zu ihm, dass er doch bitte anhalten solle, ich wolle noch eine rauchen. Eigentlich hätte ich schon längst zu Hause bei Max sein sollen, doch ich wollte ihn nicht gehen lassen, ohne seinen Schwanz zum Abspritzen gebracht zu haben. Nach dieser Zigarette trat ich die Flucht nach vorn an: Ich drängte ihn auszusteigen, dann zerrte ich ihn hinter sein Auto, kniete mich auf den Kieselsandboden und öffnete ihm die Hose. Sein Schwanz war nicht der größte, aber er gefiel mir gut. Ich sah ihn zwar nur im Mondlicht, doch was ich da erkennen konnte, war eine ausgesprochene Schönheit.

Ich ließ seinen Schwanz in meinem Mund verschwinden, ich saugte, leckte und züngelte und nach nur wenigen Minuten spritzte er mir in den Mund; ich schluckte es, obwohl ich das sonst nicht machte. Doch ich wusste, dass er so jemanden wie mich noch nie zuvor getroffen hatte, und ich wollte ihm in Erinnerung bleiben. Wenn ich sein Sperma ausgespuckt hätte, hätte das das komplette Bild, das er jetzt für immer in sich tragen würde, zerstört.

Er war sprachlos und schaute mich mit den Augen eines kleinen Jungen an, der gerade ein riesiges Eis geschenkt bekommen hat. Dann erzählte er mir von seinem Leben, von seiner Freundin, die so alt sei wie ich und mit der er schon ein Kind habe, und dass ich wirklich alles zerstören könnte, wenn ich seinen Namen wüsste. Da mich der Gedanke geil machte, dass ich gerade den Saft eines Mannes geschluckt hatte, der mir seinen Namen mit voller Absicht verschwieg, ließ ich es so stehen, ohne weitere Fragen zu stellen.

Kurz bevor er mich wieder dort absetzte, wo er mich aufgesammelt hatte, fragte er mich, was ich für ein Sternzeichen sei. Löwe? Dann würden wir uns also nicht mehr wiedersehen. Und warum? Er habe sich eine Zeit lang mit Sternzeichen beschäftigt und daher wisse er, dass Löwe-Menschen schnell das Interesse an anderen verlieren. Und da ich ihn ja jetzt schon gehabt hätte, sei das für

Ich ließ seinen Schwanz in meinem Mund verschwinden, ich saugte, leckte und züngelte und nach nur wenigen Minuten spritzte er mir in den Mund; ich schluckte es, obwohl ich das sonst nicht machte. Doch ich wusste, dass er so jemanden wie mich noch nie zuvor getroffen hatte, und ich wollte ihm in Erinnerung bleiben. Wenn ich sein Sperma ausgespuckt hätte, hätte das das komplette Bild, das er jetzt für immer in sich tragen würde, zerstört.

mich keine Herausforderung mehr. Dass er recht hatte, wusste ich, und das sagte ich ihm auch. Nachdem ich ihm noch einen weiteren schönen Lebensweg gewünscht hatte, verschwand ich.

Eines Abends, als ich zufällig mal wieder in Pforzheim unterwegs war, zusammen mit Sabrina und ihrer Bekannten Eileen, rief er mich an. Wir waren gerade auf dem Weg zum Bahnhof, um unseren letzten Zug nach Hause nicht zu verpassen. Er fragte mich, ob ich Zeit hätte, tatsächlich blieben mir noch einige Minuten, bis der Zug einfuhr. Und weil ich ihn noch einmal sehen und einfach mal wieder etwas Verrücktes machen wollte, bat ich Sabrina und Eileen, auf mich zu warten.

Er saß in einem Taxi, ein Taxifahrer war er also. Er mache das nur nebenher, behauptete er; mir war das zwar egal, doch ich glaube, ihm wäre es peinlich gewesen, wenn ich das für seinen Hauptberuf gehalten hätte. Er fuhr los, ich sagte ihm gleich, dass ich nur wenige Minuten Zeit hätte, weil ich genau wusste, was er wollte, doch ebenso genau wusste ich, dass ich ihm an diesem Abend keinen blasen würde und auch an keinem anderen Abend mehr.

Um ihn abzulenken, fragte ich ihn, wie er meine neuen Stiefel fände, schwarze Lack-Overknees, sie gefielen ihm, das las ich in seinen Augen und das bestätigte er auch gleich handgreiflich, indem er mir in die Hose fasste. Ich war ganz geil, doch ich musste stark bleiben. Er fasste mir an die Brüste, ich ließ es zu. Ich zog mein Oberteil nach oben und meinen BH nach unten, sodass sie freilagen, er lutschte an meinen Nippeln.

Wie gerne ich doch jetzt seinen Schwanz in mir gespürt hätte, doch ich hatte keine Zeit und außerdem wollte ich, dass ich ihm in Erinnerung blieb, und das würde nicht gehen, wenn noch einmal etwas zwischen uns laufen würde. Deshalb bat ich ihn, mich zurück zu den anderen zu fahren, alles in ihm schien sich dagegen zu sträuben, doch er fügte sich meinem Wunsch. Danach habe ich ihn nie wieder getroffen, obwohl er noch oft angerufen und SMS geschickt hat.

DAS ERSTE MAL SCHLUSS MIT MAX

Inzwischen hatte ich endgültig keine Lust mehr auf Max, ich konnte es einfach nicht mehr ertragen, von ihm gedemütigt zu werden. Schließlich war ich es von Männern gewohnt, wie eine Prinzessin behandelt zu werden und nicht wie ein Spielzeug. Natürlich habe ich mir das nie gefallen lassen und mich dagegen gewehrt, doch im Inneren machte es mich krank.

Er schaute Frauen hinterher, während ich als seine Freundin daneben saß, das war in meinen Augen einfach nicht normal. Er wollte jeden Tag mehrmals einen geblasen bekommen, und das nicht wie andere Typen, bei denen ging das vielleicht fünf Minuten, doch bei ihm sollte es am liebsten eine Stunde dauern. Er ließ es zu, dass ich anschaffen ging, mich von alten, ekligen Säcken ficken oder mir in den Mund spritzen ließ.

Zugegeben: Ich wollte das so. Und wenn er versucht hätte, es mir zu verbieten, hätte ich eher mit ihm Schluss gemacht, als damit aufzuhören. Doch das Schlimmste daran war, dass er auch noch mit abkassierte. Und das konnte und wollte ich nicht noch länger mitmachen.

Im Kopf hatte ich schon lange mit ihm abgeschlossen, jetzt musste das nur noch in die Tat umgesetzt werden. Ich wollte endlich wieder frei sein, endlich mal wieder ganz alleine einen Tag auf dem Sofa verbringen, ohne den Gedanken: Oh, ich muss ja noch mal los, ich muss meinem Arsch noch einen blasen …

Ich wollte mein eigenes Ding durchziehen, das machen, wozu ich Lust hatte, mich endlich wieder mit Männern treffen, ohne es mit jemand vorher abzusprechen. Wenn ich mir treu bleiben wollte, musste ich das mit Max beenden, egal was danach passieren würde. So kam es dann auch.

Wieder einmal fuhr er mich morgens zu meiner Ausbildungsstelle, die ich kurze Zeit zuvor angenommen hatte, nein, nicht etwa, weil er es nett meinte, sondern weil er immer morgens, bevor ich dann acht Stunden weg war, noch einen geblasen haben wollte. Aber heute hatte ich es schon beim Aufwachen gespürt, dass irgendetwas anders war, heute war der Tag gekommen. Im Auto nahm ich zwar wie gewohnt seinen Schwanz in den Mund und begann ihn zu »verwöhnen«, doch nach zehn Minuten hörte ich auf und sagte ihm offen ins Gesicht, dass ich keinen Bock mehr hätte.

Obwohl er wie immer komplett ausrastete, fuhr er mich immerhin noch, wenn auch mit hassverzerrter Miene, die letzten Meter bis zu meinem Arbeitsplatz. Beim Aussteigen fragte ich ihn, ob er mir noch etwas zu sagen habe. Und als er nur den Kopf schüttelte, wünschte ich ihm noch alles Gute im Leben, knallte die Tür zu und ging zur Arbeit. Ich fühlte mich frei, lebendig, ich kannte dieses Gefühl schon gar nicht mehr. Es war einfach nur schön!

Als Erstes rief ich meine Mum an und verkündete ihr die gute Nachricht. Zu hören, wie sie sich darüber freute, war es allein schon wert, dass ich diesen Schritt getan hatte. Noch am selben Abend traf ich mich wieder mit einem Freier, er hatte mir 1500 Euro für zweimal pro Monat geboten. Als er mir erzählte, dass er immer so lange brauche, um abzuspritzen, grinste ich still in mich hinein. Schon jetzt wusste ich, dass es eh nichts mit ihm würde, denn wenn ein Mann so etwas sagt, ist es meistens gelogen, und vor allem bei dieser Witzfigur, die mir gegenübersaß.

An diesem Abend gab er mir kein Geld, wollte aber trotzdem einen geblasen haben. Mir war klar, dass ich von diesem Kerl nie im Leben Geld sehen würde. Doch es war mir in diesem Augenblick so was von egal, ich wollte einfach das tun, wozu ich Lust hatte, ohne dass ich mich vor irgendjemand rechtfertigen musste, deshalb tat ich ihm den Gefallen. Und der Mann, der eben noch damit geprahlt hatte, wie lange er brauche, spritzte nach nicht einmal drei Minuten.

Hinterher ging ich nach Hause und versuchte zu schlafen, doch das war nicht so leicht, wie ich mir das vorgestellt hatte. Bei dem Gedanken, dass ich Max jetzt nicht mehr hatte und dass alles aus sei, wurde mir komisch. Und seine ganzen Anrufe, die ich nicht beantwortete, und die unzähligen SMS machten die Situation auch nicht gerade besser. Tief in der Nacht schlief ich dann unter Tränen ein.

Am nächsten Tag bei der Arbeit konnte ich mich auf nichts konzentrieren. Nach langem Hin und Her schrieb ich Max schließlich eine SMS und prompt saß ich sofort nach Feierabend wieder bei ihm im Auto. Wir redeten und kuschelten, und dann – Überraschung, Überraschung – wollte er doch tatsächlich wieder einen geblasen bekommen. Er kotzte mich schon wieder genauso an wie gestern, wie hatte ich nur glauben können, dass jetzt alles besser werden würde? Ich fühlte mich so beschissen, so konnte ich nun endgültig nicht mehr weitermachen.

ENDGÜLTIGES AUS MIT MAX

Doch wenig später kam die Wende. Max fuhr mich nach Feierabend zu meiner Mum, ich klingelte an der Haustür, doch auch nach zwei weiteren vergeblichen Versuchen tat sich nichts. Gerade wollte ich wieder gehen, da drückte irgendjemand doch noch auf den Türöffner. Ich ging durchs Treppenhaus und schloss die Wohnungstür auf – keine Spur von Mum, niemand antwortete mir.

Weil es mich in der leeren Wohnung etwas vor dem Alleinsein gruselte, rief ich meine Schwester auf ihrem Handy an und erfuhr, dass sie bei Pete sei, denn der habe heute doch Geburtstag. Er würde mich sofort abholen, damit ich ihm ebenfalls gratulieren konnte. Doch als ich nach unten ging, wartete dort nicht Pete auf mich, sondern ein Freund namens Mike. Von meiner Schwester wusste ich, dass dieser Mike schon oft über mich gesprochen hatte, allerdings nichts Gutes. Jetzt aber behandelte er mich so zuvorkommend und liebevoll, dass ich schnell meine Vorurteile über

Bord warf. Er war einfach nur nett zu mir, der Rest interessierte mich in diesem Moment überhaupt nicht.

Als wir bei Pete ankamen, blieb Mike noch ein paar Minuten, ehe er ging. Deshalb verschwand auch ich bald und verbrachte den Abend bei Max, obwohl ich hier eigentlich gar nicht sein wollte. Umso mehr wurde mir in seiner Gegenwart bewusst, wie sehr ich mir einen Freund wünschte, der einfach nur lieb zu mir war und mich menschenwürdig behandelte. So einen wie Mike eben, doch schnell rief ich mich wieder zur Ordnung. Hör endlich auf mit deinen Tagträumen, Lisa, schimpfte ich innerlich mit mir und versuchte, ihn mir aus dem Kopf zu schlagen.

Doch am nächsten Morgen, einem Sonntag, saß ich bei meiner Mum auf dem Sofa und surfte im Internet. Als ich bei wkw, »wer kennt wen«, einem neuen sozialen Netzwerk, hineinschaute, hatte Mike angeklickt, ich reagierte sofort darauf. Und weil Pete mich am Vorabend auf eine Party in seinem frisch renovierten Keller eingeladen hatte, fragte ich ihn schnell, ob er auch dorthin kommen würde. Sofort kam die Antwort: Wenn ich da sei, gebe es ja wenigstens einen Grund für ihn, das auch zu tun. Ich wusste nicht warum, aber ich fühlte mich gut, wenn ich an ihn dachte.

Am Tag der Party verbrachte ich nach Feierabend noch eine Stunde mit Max, doch heute weigerte ich mich, ihm einen zu blasen, weil ich mir die Vorfreude auf Mike nicht kaputt machen lassen wollte. Um 20 Uhr wartete er unten auf der Straße, um mich zu Pete zu bringen. Anfangs war alles noch ein wenig steif, doch mit dem Alkohol besserte sich das ganz schnell. Wir sprachen über Gott und die Welt, er war so süß.

Irgendwann war ich dann so besoffen, dass mir ganz schlecht wurde und ich kotzen musste. Dennoch trank ich weiter, irgendwann ging es aber einfach nicht mehr, ich musste Pete bitten, mich nach oben zu bringen, damit ich endlich schlafen konnte. Mike kam mit, ich freute mich, obwohl ich eigentlich nicht mehr wirklich viel mitbekam.

Da ich es selbst in solch einem Zustand hasse, in Jeans zu schlafen, wollte ich mir wenigstens die Hose ausziehen. Doch Mike versuchte es zu verhindern, weil er Angst hatte, dass Pete das in den falschen Hals bekommen könnte. Die beiden waren schon ewig befreundet, und Pete ist schließlich so etwas wie mein Stiefvater, das passte in Mikes Kopf nicht zusammen.

Mir wurde erneut schlecht, ich kotzte in den Eimer, den Pete mir neben das Bett gestellt hatte. Sicherlich sehr aufgeilend für Mike, dachte ich mir noch, dann schlief ich ein. Ein paar Stunden später wurde ich wach, Mike lag immer noch neben mir und plötzlich küssten wir uns. Es war ganz anders als mit Max, ein so schönes Gefühl und ganz ohne einen Beigeschmack von Hass. Als wir dann miteinander schliefen, war es unbeschreiblich gut. Ich kannte diese Geborgenheit gar nicht mehr, in den vergangenen Monaten waren es ja nur noch Freier gewesen, mit denen ich es gemacht hatte.

Er fuhr mich nach Hause zu meiner Mum. Dort frischte ich mein Make-up auf und zog mich um, dann machte ich mich auf den Weg zu Martin an die Tankstelle, um mit ihm zu frühstücken. Max habe ich an diesem Tag nicht getroffen, ich wollte mir meine gute Laune nicht verderben lassen. Am Mittag besuchte ich mit meiner Mum, Lina und Till einen Flohmarkt, aber in Gedanken war ich immer bei Mike.

Die ganze Zeit grübelte ich, ob ich ihm schreiben sollte. War es für ihn einfach nur ein One-Night-Stand gewesen oder wollte er mehr? Vor allem diese zweite Möglichkeit jagte mir Angst ein. Endlich hatte ich mit Max vollständig abgeschlossen, ich musste ihn nur noch endgültig abschießen und dann wollte ich ein neues, ein freies Leben beginnen. Und jetzt sollte doch wieder alles anders kommen?

Nein, das lasse ich nicht zu, entschied mein Kopf. Also schrieb ich ihm eine SMS, in der stand nur: *Jetzt hast du auch meine Nummer. Lieber Gruß, Lisa.* Kurze Zeit später kam eine Antwort. Und die las sich genauso, wie ich es befürchtet, aber insgeheim auch gehofft hatte: Er wollte mehr und ich stand da und wusste einfach nicht mehr, was ich noch denken sollte. Mich hatte die vergangene Nacht ebenso wenig kalt gelassen wie ihn; auch wenn ich es mir nicht eingestehen wollte: Ich hatte mich in ihn verliebt.

Am nächsten Tag musste ich sowieso in mein Heimatdorf, in dem sich mein bisheriges Leben weitgehend abgespielt hatte und sich auch die nahe Zukunft es tun sollte. Ich würde die Kaution für meine erste eigene Wohnung hinterlegen, um endlich die Schlüssel zu erhalten, damit ich anfangen konnte, meine Möbel hineinzustellen. Santrina wollte mir beim Streichen helfen, also war das die beste Gelegenheit, mich wieder mit Mike zu treffen.

Die Nacht davor verbrachte ich noch einmal bei Max. Jedoch war es anders als sonst. Wir redeten nicht viel, weil wir sowieso bei jedem Satz wieder angefangen hätten, uns zu streiten. Tags darauf war ich mit Santrina und ihrem neuen Freund zum Schwimmen verabredet; bevor sie kamen, wollte ich mich von Max für immer verabschieden. Ich ging ins Bad, schminkte mich, um ihm dann so ordinär und mechanisch wie eine Pornodarstellerin einen zu blasen.

Er begriff nichts, denn er schien zu glauben, jetzt sei wieder alles okay. Sicher hatte er nicht damit gerechnet, dass ich gleich hinterher aus der Tür gehe und nie mehr wiederkomme, doch genau so sah mein Plan aus. Santrina und ihr Freund holten mich ab, wir fuhren zu Sandro, einem weiteren Bruder von Santrinas früheren Freund Sercan, den auch ihr neuer Freund gut kannte. Dort angekommen, kifften wir erst mal einen, bevor wir alle vier ins Schwimmbad hinüberwechselten. Auf dem Rückweg in meine neue Wohnung war ich in Gedanken schon bei Mike und dort sah ich ihn endlich wieder. Schmetterlinge sind nichts gegen das, was mir in diesem Moment im Bauch herumflatterte. Und schon waren all meine Träume von Freiheit vergessen.

Die ersten Tage in der neuen Wohnung wollte ich einfach nur genießen, ganz ohne irgendwelche ekligen Freier. Allerdings war mir bewusst, dass ich, wollte ich an meinem Ziel mit der Million festhalten, wieder anschaffen gehen musste.

Jetzt aber hieß es erst einmal streichen, also machten Santrina und ich uns mit Pinsel, Rolle und Farbe an die Arbeit. Und erst als wir damit fertig waren, ließ ich die Katze aus dem Sack: dass jetzt gleich noch mein neuer Freund vorbeikommen würde. Sie fiel aus allen Wolken, als Mike dann durch die Tür trat, schade, dass ich keine Kamera griffbereit hatte, um ihren offenen Mund fürs Fotoalbum festzuhalten. Ich glaube, niemand, der mich oder ihn kannte, hätte je gedacht, dass wir beiden einmal zueinander finden könnten, denn er war ein ganz normaler, gutbürgerlicher junger Mann, der in einem gutbürgerlichen schwäbischen Elternhaus unter gutbürgerlichen schwäbischen Umständen aufgewachsen war und bis dahin nichts von so kleinen Schlampen wie mir wissen wollte. Er war jene Art von Mann, die hierzulande ein solides junges Mädchen heiraten, also das genaue Gegenteil von mir und dem, was man sich von mir so erzählte. Denn ich war zwar auch Schwäbin, aber alles andere als ein »Heiratsmaterial«!

MEIN NEUER FREUND MIKE

Jetzt war ich also doch wieder in einer Beziehung, wie war das nur möglich? Ich hatte doch mein komplettes Leben nach der Trennung von Max schon verplant gehabt, und jetzt sollte alles vorbei mit diesen Plänen sein? Nein, das konnte ich nicht, deshalb habe ich einfach heimlich mit meinem Gewerbe weitergemacht. Und so geschah es, dass nach ein paar Tagen Björn der Angler, jener Freier, den ich auch schon früher einige Male getroffen hatte, vorbeikam, um sich von mir einen blasen zu lassen.

Es ist schon lustig, wenn ein Mann an deiner Tür klopft, deine Wohnung geschniegelt im Anzug betritt und nur wenige Minuten später nackt und notgeil auf deiner Couch Platz nimmt und nur darauf wartet, dass du anfängst, ihn zu befriedigen. Hinterher zieht er seinen noblen Anzug wieder an und verschwindet, als wäre nichts gewesen, genauso als wenn man gerade zusammen einen Kaffee getrunken hätte und sonst nichts. Mike und ich führten zwar eine wunderschöne Beziehung, aber ab und an traf ich mich eben nebenher mit Freiern, um meine Kasse aufzubessern.

START IN EIN SELBSTSTÄNDIGES LEBEN

Auf Geld war ich schon immer scharf gewesen, doch inzwischen war es schon fast zur Manie geworden. Tag für Tag wollte ich mehr davon, am liebsten eine ganze Million. Was mir alles für Gedanken durch den Kopf schossen, um diesen Traum wahr zu machen, von der Treuetesterin bis zum Verkauf meiner analen Jungfernschaft – selbst ich hätte es manchmal kaum für möglich gehalten.

Als ich noch mit Max zusammen war, hatte ich diese Sucht nur deshalb verdrängt, weil ich nicht mit ihm teilen wollte, doch jetzt hatte ich meine eigene Wohnung und einen neuen Freund, der aber von nichts etwas ahnte. Erst einmal wollte ich mir eine berufliche Basis schaffen, deshalb konzentrierte ich mich auf meine Ausbildung im Supermarkt, für die ich mich erfolgreich beworben hatte. Zwar: Wozu brauchte ich eine Ausbildung (vor allem eine im Einzelhandel), wenn ich in wenigen Jahren ohnehin Millionärin sein würde? Doch weil meine Mutter mich ohne Ausbildung nicht ausziehen lassen würde, biss ich eben in den sauren Apfel.

Außerdem musste ich gegenüber meinem Vermieter etwas Solides vorzuweisen haben. Als berufstätige 17-Jährige war es schon schwierig genug, eine Wohnung zu finden. Um wie viel komplizierter wäre das für eine 17-Jährige ohne jede Anstellung oder Ausbildung gewesen?

Während der ersten Tage im Supermarkt war alles noch neu und spannend für mich. Endlich hatte ich nach Monaten des In-den-Tag-Hineinlebens wieder einen geregelten Alltag. Doch es dauerte nur wenige Wochen und schon ging mir dieses Neue wieder tierisch auf die Nerven, wobei das Aufstehen am Morgen das größte Problem war. Sage und schreibe 20 Wecker brauchte ich, um an einem Arbeitstag überhaupt aus dem Bett zu kommen. Wesentlich leichter fiel es mir aufzustehen, wenn ich Schule hatte, denn da genügten schon fünf Wecker, mich hochzubekommen. Wenn alle Stricke rissen, hatte ich zwar noch meinen Arzt in der Hinterhand, doch auch der begann sich allmählich dagegen zu sträuben, mich jedes Mal krankzuschreiben, wenn ich ganz offensichtlich wieder mal keine Lust zum Arbeiten hatte.

ANALE JUNGFRÄULICHKEIT VERSTEIGERN

Wie also kam ich an richtig viel Asche? Der Gedanke ließ mich nicht mehr los, wurde zur fixen Idee. Doch was hatte ich anzubieten für eine Summe in der Größenordnung, von der ich halluzinierte? Natürlich mich selbst und meinen Körper, aber mein psychischer Zustand wurde immer verzweifelter, mir wurde bewusst, dass ich das alles nicht mehr lange durchhalten konnte.

Nach nächtelangem Grübeln kehrte ich immer wieder auf mein heißestes Kapital zurück: auf mein Arschloch, das als Einziges noch jungfräulich war, bis jetzt hatte ich keinen ran- oder besser gesagt reingelassen!

Auf die Idee, daraus Geld zu machen, kam ich durch einen Beitrag im Internet, auf den ich gestoßen war, als ich mal wieder gedankenverloren durchs Netz surfte. Da versteigerte eine 19-jährige Rumänin ihre Jungfräulichkeit. Und den Männern war das, den Geboten nach zu urteilen, einiges wert, der Erste zu sein.

Zwar war ich immer noch nicht volljährig, doch das stellte kein wirkliches Problem für mich dar. Ich stellte einfach eine Anzeige auf eines der Portale, auf denen ich auch ansonsten meine Anzeigen veröffentlichte. Wie die Anzeige genau hieß, erinnere ich mich nicht mehr, ich weiß nur, dass sie nicht lange online blieb. Aber auch in der kurzen Zeit wurde diese Anzeige schon knapp 200 Mal in nur wenigen Stunden angeklickt.

Ich bekam viele Hassmails, dass ich doch einfach etwas arbeiten gehen solle oder, wenn schon, mich ohne Gummi ficken lassen. Das würde mir guttun, vielleicht würde dann mein Hirn mal wieder richtig durchgespült und zur Vernunft kommen. Aber ich bekam immerhin auch zwei brauchbare Mails.

Der eine war irgendein hohes Tier in der Finanzbranche, zumindest behauptete er das. Außerdem beschrieb er sich als attraktiv, gut bestückt und sehr dominant. Er bot mir 15.000 Euro und wollte es dafür 24 Stunden lang mit mir treiben. Das war nicht schlecht, aber ich dachte in anderen Größenordnungen. Der andere hörte sich wesentlich interessanter an. Er schrieb zwar nichts über seinen Beruf, aber dafür umso mehr über sein Aussehen. Er sei 40 Jahre jung und attraktiv, was er mit einem Foto bestätigte. Geld spiele für ihn keine Rolle, meine Jungfernschaft sei ihm auch 100.000 Euro wert.

Ich war wie in Trance, schwankte antriebslos zwischen Hoffnung und Resignation hin und her. Im einen Moment wollte ich das alles glauben, was mir die beiden gemailt hatten, im nächsten wusste ich, dass es sich bei ihnen nur um Wichtigtuer handeln konnte. In meiner Angst, bald ohne Geld und Zukunft dazustehen, klammerte ich mich daran, dass das alles ernst gemeint sei, doch dann gewann wieder der gesunde Menschenverstand die Oberhand. Schließlich verlegte ich mich aufs Rechnen. 15.000 würden nicht reichen, mein Problem zu lösen, zumindest nicht auf Dauer, deshalb sagte ich dem »Mann aus der Finanzbranche« ab und entschied mich stattdessen für »Frank«, wie er sich in der Mail genannt hatte. Er wolle mich anrufen, antwortete er, schon am darauffolgenden Tag. Das war immerhin ein vielversprechender Ansatz.

Weil er am Telefon eine angenehme Stimme hatte, antwortete ich bereitwillig auf seine Fragen: wer ich sei, wie und wo ich aufgewachsen sei und all das. Und die Geschichten, die er mir über sich aufband, wollte ich umso lieber glauben, als ja für ihn Geld keine Rolle spielte. Doch tief in mir spürte ich bereits jetzt, dass das alles gar nicht stimmen konnte.

Zwei Tage später sollte sich meine Befürchtung bestätigen. Am Telefon meldete sich die Kriminalpolizei Nürnberg, doch die Stimme des angeblichen Beamten war unverkennbar die von Frank. Ein Herr Holig – offensichtlich Franks Pseudonym in dem Jungfernschaft-Handel – habe Anzeige gegen mich erstattet. Als ich den »Kriminalbeamten« fragte, was das denn konkret für eine Anzeige sei, konnte er mir keine plausible Antwort geben.

Ich kam mir einfach nur verarscht vor, weil ich ja genau wusste, wer da am anderen Ende der Leitung war. Und als er versprach, Herrn Holig dazu zu bewegen, die Anzeige zurückzuziehen, wäre ich fast laut herausgeplatzt vor Lachen.

Die Anrufe wiederholten sich Tag für Tag und obwohl ich wusste, was das für ein Spinner war, nahm ich immer wieder ab, wenn mein Handy klingelte. Warum? Ich hatte eine unbestimmte Angst, dass ich irgendetwas Schlimmes gemacht hätte, obwohl ich doch wusste, dass das nicht der Fall war.

Als ich nach Wochen des Telefonterrors mit den Nerven restlos fertig war, beschloss ich, dem Spuk ein Ende zu machen. Bei seinem nächsten Anruf begrüßte ich ihn einfach nur mit mit »Hallo Arschloch«, dann legte ich auf. Es klingelte erneut und ich begrüßte ihn genau wie beim ersten Mal. Diesmal legte ich nicht auf, doch alles, was ich zu hören bekam, war: »Hier ist nicht Arschloch, ich werde dir zeigen, wer ich bin.« Trotz dieser Drohung war ich stolz auf mich, weil ich ihm endlich die Stirn geboten hatte. Zwar hatte ich auch Angst davor, wie es weitergehen würde, doch die verdrängte ich erst einmal bis nach dem gemeinsamen Urlaub mit Mike, die Koffer waren schon gepackt.

Doch »Frank«, wie das fast bei allen dieser Typen ist, meldete sich nie wieder. Was er sich von seinen wochenlangen grausamen Spielchen erhofft hatte, weiß ich nicht, wahrscheinlich war das sein Fetisch, kleinen Mädchen Angst zu machen.

HALLOWEEN

Halloween 2009 war gekommen, ich freute mich schon die ganze Zeit darauf, wie ich Fasching mag, denn ich liebe es, mich zu verkleiden. Der Teufel sollte es sein, den ich spielen wollte, wie auch schon im letzten Jahr. Erst mit meinem Bruder, Santrina und ihrem kleinen Neffen um die Häuser ziehen und Süßigkeiten sammeln und dann den Rest des Abends oder besser gesagt der Nacht im Chapeau, der Dorf-Bar, verbringen, so sah die Abendplanung aus.

Mein freizügiges Kostüm beschränkte sich auf einen sehr kurzen schwarzen Lederrock, ein knappes rotes Top, eine zerrissene Netzstrumpfhose, High Heels und toupierte Haare. Natürlich durften auch die dicke Schminke und die Teufelshörner nicht fehlen.

Mein größter Ehrgeiz in dieser Zeit war es, die Aufmerksamkeit der anderen zu gewinnen, egal ob sie positiv oder negativ war, Hauptsache, ich hatte sie, das war das Einzige, was zählte. Und an diesem Abend gehörte sie ganz mir. Der Alkohol floss in Strömen, keiner konnte mehr richtig stehen, vom Gehen ganz abgesehen. Ich liebte es zu feiern, ich liebte es, Alkohol zu trinken, doch ich liebte es genauso, nüchtern zu sein und einen klaren Verstand zu besitzen.

Doch anders als im letzten Jahr, als ich nach einer Diskussion mit Alessios Freundin Selma tief in der Nacht wieder mit ihrem Kerl in seinem Keller verschwunden war und er mich zwischen

Der eine war irgendein hohes Tier in der Finanzbranche, zumindest behauptete er das. Außerdem beschrieb er sich als attraktiv, gut bestückt und sehr dominant. Er bot mir 15.000 Euro und wollte es dafür 24 Stunden lang mit mir treiben.

Konserven und Getränkeflaschen im Teufelskostüm durchgerammelt hatte, als wenn es kein nächstes Mal geben würde, ging ich heute ungevögelt nach Hause zu Mike, der schon im Bett auf mich wartete. Es war ein schönes Gefühl, nicht allein einschlafen zu müssen und jemanden zu haben, der auf einen wartete, auch wenn ich genau wusste, dass ich das eigentlich nicht verdient hatte.

Ein paar Tage später wollte ich den nächsten Anlauf zum großen Geld machen – eine hochbezahlte Dauerstellung, die mir, egal wie, auf den Leib geschnitten war – und dafür brauchte ich neue Fotos. Ich hatte genaue Vorstellungen, ich wollte, dass man viel sah, aber trotzdem nicht alles. Jasmin, eine alte Klassenkameradin, und Santrina sollten die Bilder machen. Auch Santrina wollte Fotos von sich haben.

Abends nach der Arbeit sollte das »Shooting« stattfinden. Wieder zu Hause, schminkte ich mich kurz nach, um auf den Fotos nicht komplett abgearbeitet auszusehen, dann standen auch schon Santrina und Jasmin vor der Türe. Ich rekelte mich genüsslich auf meiner Couch, an der Wand und auf dem Boden halb nackt vor den beiden, was war mit mir passiert? Wenn mir ein Jahr zuvor jemand Geld dafür geboten hätte, hätte ich mich nicht darauf eingelassen und jetzt machte ich es freiwillig? Wo waren mein Schamgefühl und meine Hemmungen hin? Ich fühlte mich sauwohl in meiner Haut, während wir die Aufnahmen machten.

Die Bilder wurden der Hammer, ich war begeistert, so toll hatte ich sie mir nicht vorgestellt. Und auch die von Santrina wurden nicht schlecht, doch eben nicht so gut wie meine, denn sie hatte nicht die Ausstrahlung, wie ich sie in dieser Zeit besessen habe. Später am Abend kam dann Mike und wollte die Bilder natürlich auch sehen, doch ich wollte nicht, dass er sie in meiner Anwesenheit anschaute. Deshalb drückte ich ihm die Kamera in die Hand und verschwand ins Bad unter die Dusche. Ihm gefielen die Bilder auch, natürlich nur, weil er nicht wusste, was ich mit ihnen vorhatte.

WIEDERSEHEN MIT VIVIEN

Meine alte Freundin Vivien, die ich das letzte Mal nach meinem Hauptschulabschluss besucht hatte, hatte ich in den Jahren danach völlig aus den Augen verloren. Genau die meldete sich wieder oder, besser gesagt, wir fanden uns im Internet wieder.

Dass sie überhaupt noch mit mir redete, wunderte mich, denn bei unseren letzten Begegnungen war ich nicht gerade nett zu ihr gewesen. Alle auf der Schule, ich inbegriffen, hatten sie gemobbt. Warum? Weil sie einfach so war, wie sie war.

Klar hatte sie viele Fehltage, weil sie auf irgendwelche Tokio-Hotel-Konzerte musste. Oder sie lief herum wie eine Bitch, doch heute denke ich, dass es einfach nur der Neid der anderen auf ihren Mut war, sich so zu geben oder zu kleiden. Doch das war alles lange her, jedenfalls schrieben wir uns schon seit einiger Zeit wieder in KWICK! miteinander und nach einigen Monaten war es dann auch so weit, dass wir uns in meiner neuen Wohnung trafen.

Es brauchte zwar eine Weile, bis wir wieder richtig warm miteinander wurden, auch war es nicht ganz wie früher, aber beide spürten wir, dass wir miteinander verbunden waren und dass wir uns schon ewig kannten. Wir redeten über Gott und die Welt, über alte Geschichten, über gemeinsame Bekannte und natürlich auch über unsere neuen Leben. Dass ich es für Geld mit Männern trieb, erzählte ich erst einmal nicht.

Ob das alles stimmte, was sie mir an diesem Abend erzählte, war mir egal, denn ich fand es einfach nur schön, sie mal wieder zu sehen. Erst spät in der Nacht machte sie sich auf den Heimweg, und ich freute mich, sie wieder zu meinem engsten Kreis zählen zu können. Sie war schon immer die einzige Freundin gewesen, die mir auch nur annähernd ähnlich war. Zwei Wochen später kam sie wieder vorbei, von da an wurden unsere regelmäßigen Treffen immer häufiger, sie tat mir gut.

SEKRETÄRIN IN HALTERLOSEN

Ich brauchte einen »seriösen« Job zur Tarnung bei meiner Mutter, schließlich musste ich ihr überzeugend begründen, woher ich genug Geld hatte, um meine Miete bezahlen zu können. Das war gar nicht so einfach, denn wie sollte ich einen solchen Job finden?

Also setzte ich eine Anzeige auf eine der Internetseiten, auf denen ich sonst meine Freier suchte. In dieser Anzeige beschrieb ich mich als sehr jung und hübsch und dass ich bereit sei, jeden Job, »EGAL WAS«, zu tun. Das verfehlte seine Wirkung nicht, es kamen unzählige Mails von Männern, doch wenige hatten tatsächlich einen Job zu vergeben. Die meisten waren Freier, die einfach bumsen wollten für einen einmaligen Betrag, doch ich wollte nur bumsen für einen dauerhaften Arbeitsvertrag.

Eine Mail jedoch stach mir ins Auge, es machte den Anschein, dass tatsächlich ein Job dahinterstecken könnte. Ich nahm Kontakt mit dem Verfasser der Mail auf, er antwortete, er wolle eine neue Sekretärin einstellen, die in Strapsen und auch ansonsten sexy »angezogen« für ihn arbeitete. Obwohl er damit wohl eher »ausgezogen« meinte, hörte sich das in meinen Ohren nicht schlecht an, deshalb beschloss ich, mich mit ihm zu treffen.

Ich machte mich schick, wenn man das so nennen konnte. Zog mir halterlose Strümpfe an, einen kurzen Rock und High Heels. Dann bestand Mike noch darauf, dass er mich zum Treffpunkt beim Supermarkt fuhr; ich widersprach nicht, auch wenn ich das ein wenig merkwürdig fand. Also stand ich nun bei Minusgraden auf dem Parkplatz, weit und breit war nichts von dem Mann aus dem Internet zu sehen. Erst nach ein paar Minuten tauchte er auf, er hatte um die Ecke geparkt, wahrscheinlich hatte er etwas zu verbergen, aber was soll's, ich wollte den Job.

Im Auto rauchten wir dann erst einmal eine, ich wollte am liebsten sofort wieder aussteigen, denn er sah grauenhaft aus. Er war relativ jung, vielleicht Mitte 30, doch eher ungepflegt, lange Haare, die zu einem Zopf gebunden waren, alles andere als mein Typ. Gut: Dass nicht alle mein Typ waren, die mich geil fanden, und dass das ja auch nicht das Wichtigste war, wusste ich natürlich, aber dieser hier war mir wirklich unheimlich.

Trotzdem fuhr ich mit ihm wenige Minuten später los, in Richtung Stuttgart. Etwa auf halber Strecke, so behauptete er, habe er seine Firma. Doch nach ein paar Kilometern fuhr er rechts ab, auf einen abgelegenen Feldweg, er müsse kurz pissen. Ich hätte kotzen können, denn spätestens jetzt wurde mir bewusst, dass dieser Mann, in dessen Auto ich gerade saß, kein Firmeninhaber war, sondern einfach nur ein notgeiles Arschloch. Und dass er mir keinen Arbeitsvertrag anbieten, sondern einfach nur ficken wollte.

Erst als ich seinen wiederholten Aufforderungen, ich solle doch auch aussteigen, nicht Folge leistete, bequemte er sich wieder zurück ins Auto. Wenn ich auf ihn gehört hätte, wäre er womöglich über mich hergefallen und hätte mich vergewaltigt oder etwas noch Schlimmeres mit mir gemacht – ich weiß es nicht und will es auch gar nicht wissen.

Als er dann endlich wieder im Auto saß, verlangte er immerhin, dass ich doch kurz einen Quickie mit ihm schieben sollte. Ich antwortete mit einem dominanten Nein in unsichtbaren Großbuchstaben, doch er wollte dieses Nein nicht akzeptieren. Jetzt wurde ich lauter und noch bestimmter: Er solle mich sofort nach Hause fahren, da ich andernfalls aussteigen und die Polizei anrufen würde. Nun verlegte er sich aufs Betteln und Flehen: Ob er mich denn bitte nur ganz kurz ficken dürfe, er hätte so große Lust. Als ich gerade die Beifahrertür aufstoßen wollte, riss er mich zurück und fasste mir zwischen die Beine, ich drückte seine Hand weg. Doch als ich erneut die Tür aufzumachen versuchte, trat er aufs Gas. Jetzt bekam ich es endgültig mit der Angst zu tun. Zu meiner Erleichterung fuhr er jedoch wieder zurück in die entgegengesetzte Richtung und nicht mit Kurs auf seine angebliche Firma.

Die ganze Zeit versuchte er, mir unter meinen kurzen Rock zu greifen, mir wurde immer mulmiger, bis ich ihn anbrüllte, er solle das bleiben lassen. Erst als auch das nichts nützte, wusste ich mir nicht mehr anders zu helfen, als mein Handy herauszuholen. Dann tippte ich den Notruf 110 in die Tasten und warnte ihn: »Ich drücke auf Grün, wenn du nicht sofort aufhörst.« Worauf er noch dreister wurde.

Wenn eine so wie ich aussehe und dann auch noch freiwillig bei ihm einsteigen würde, sei sie doch ganz allein schuld daran, wenn er mich unbedingt ficken wolle. Das war ja wohl der Gipfel der Unverschämtheit, denn egal wie ich aussah, selbst wenn ich nackt vor ihm sitzen würde, wäre das kein Freifahrtschein für eine Vergewaltigung. Doch gerade als ich auf die grüne Taste drücken wollte, besann er sich und fing an, sich zu entschuldigen.

Also gab ich Ruhe – was soll man sonst in einer solchen Situation machen? Die Polizei wäre auch für mich zum Riesenproblem geworden, denn was hätte ich denen erzählen können? Ich habe mich mit diesem Mann ganz freiwillig in Strapsen getroffen, das war ein Vorstellungsgespräch, oder wie oder was? Deshalb entschied ich mich für die einfachere Variante und glaubte ihm seine Zerknirschtheit. Ein Fehler, wie sich nur kurze Zeit später herausstellte, denn er machte genau so weiter wie zuvor.

Wieder drohte ich ihm mit der Polizei, ich hatte schließlich sein Autokennzeichen. Das endlich half, er schien es mit der Angst zu tun zu bekommen und hörte für den Rest der Strecke auf mit seinen Grapschereien. Zurück in meinem Dorf, hielt er dann an einer unbeleuchteten Stelle und warnte mich, dass ich gefälligst mein Maul halten solle, weil das nur zu meinem Vorteil wäre, schließlich sei ich ja erst 17. Ich tat so, als würde ich klein beigeben: Es sei doch für alle Beteiligten am besten, räumte ich ein, wenn wir im Frieden auseinandergingen und keiner den anderen anschwärzte. Dann stieg ich aus, er brauste davon und ich wählte auf dem Handy die Nummer von Max, nur er konnte mir in dieser Situation helfen.

Er brüllte mich an, ob ich denn von allen guten Geistern verlassen sei, da hätte doch weiß Gott was passieren können. Wir telefonierten einige Minuten, dann war ich an meiner Haustür angekommen, ich legte auf, der gutbürgerliche Alltag hatte mich wieder.

Mike erzählte ich, dass ich den Job nicht bekommen hätte, und verriet ihm auch, dass dieser Typ mich anfassen wollte. Aber dass ich bereit gewesen wäre, mit diesem Mann zu vögeln, wenn er mir tatsächlich einen Arbeitsvertrag hingelegt hätte, verschwieg ich, es war ja auch nichts passiert.

Ein paar Wochen später hatte ich die Stimme von dem Kerl erneut am Telefon, er wollte sich noch mal mit mir treffen. Hatte er tatsächlich geglaubt, dass ich nach dieser Erfahrung ein zweites Mal so dumm sein könnte? Seither habe ich nie wieder etwas von ihm gehört, diesmal war ich wohl unmissverständlich genug für sein notgeiles Gehirn.

DER ZAHNARZT

Einer, der auch auf meine »Suche einen Geliebten«-Anzeige antwortete, war Micha, ein Zahnarzt aus Eschborn bei Frankfurt. Wir haben uns immer mal wieder geschrieben, jedoch dauerte es ewig, bis wir uns endlich getroffen haben. Das erste Mal hatte er angeblich einen Motorradunfall und ein Kumpel von ihm sagte mir per E-Mail ab; mir kam das alles wie eine fadenscheinige Ausrede vor, denn wer erzählt schon einem Kumpel, dass er sich mit einer Prostituierten treffen will und das nach einem schweren Motorradunfall?

Trotz meiner Zweifel meldete er sich jedoch tatsächlich wieder. Doch diesmal war ich es, die absagte, denn ich musste ja nicht gleich Zeit haben, nur weil es ihm gerade in den Kram passte. Beim dritten Anlauf kam er dann tatsächlich zu mir nach Hause. Er sah aus wie ein Mann, der für nichts anderes als seinen Job und seinen Ferrari lebt. Aber dass er auf natürlichem Weg jemals eine Frau finden würde, konnte ich mir nicht vorstellen.

Er war klein, so groß wie ich ohne hochhackige Schuhe, hatte weiße, kurz geschnittene Haare und trug Jeans mit einem blauen Pulli und eine Ferrari-Jacke darüber. Außerdem war er Brillenträger. Es gibt ja Männer, die zwar im landläufigen Sinn nicht gut aussehen, auf die die Frauen aber dennoch fliegen, weil sie einfach tolle Typen sind. Das jedoch schien bei Micha nicht der Fall zu sein. Er gehörte wohl einfach zu der Sorte von Mann, die nur für Geld an eine Frau rankommen, sonst nicht.

Das nächste Problem war, dass bei ihm zwischen seinen hohen Ansprüchen an die käuflichen Frauen und seinem Geiz ein großes Loch klaffte. 5000 Euro, wie ich sie für vier Treffen pro Monat verlangte, waren ihm viel zu viel, er bot mir gerade mal ein Zehntel davon an. Wie ich das liebe, wenn die Typen in E-Mails und am Telefon immer mit allem einverstanden sind und kaum stehen sie vor dir, wollen sie dich herunterhandeln. Ich war doch keine Schleuderware.

Trotzdem ließ ich mich schließlich darauf ein, denn ihn einfach wieder wegzuschicken, ohne einen einzigen Cent gesehen zu haben, wollte ich nun auch wieder nicht, und 500 Euro waren ja gutes Geld. Dass er jedoch dafür die vier Treffen im Monat bekam, wie er sich einbildete, konnte er getrost vergessen. Ich würde ihn ausnehmen wie eine Weihnachtsgans, das schwor ich mir.

Wir quatschten und quatschten, ich hielt ihn so weit wie möglich auf Distanz und nahm vorab schon mal innerlich Maß an ihm, während er mich schon ganz gierig anstarrte. Er war einer jener Männer, die ich mir nicht ums Verrecken beim Sex vorstellen konnte, und nun sollte ich das mit eigenen Augen erleben, weil ich die Muschi besaß, die er bumsen wollte.

Immerhin spendierte er Champagner, es war erst das zweite Mal, dass ich so etwas trank – nach meinem Versuch beim *Na-*

türlich blond-Schauen mit einem Freund. Und damals wie heute konnte ich keinen großen Unterschied zum normalen Sekt feststellen, geschweige denn, dass er mir besser schmeckte. Champagner, da war ich mir jetzt sicher, ist nichts als ein Statussymbol für die Schönen und Reichen. Mir war es auch ehrlich gesagt egal, was ich da gerade Glas für Glas in mich hineinleerte, ich wollte einfach nur so schnell wie möglich betrunken werden, um das alles leichter ertragen zu können.

Dann, ganz am Ende, kurz bevor er gehen wollte, war das Stadium erreicht, wo es mir nicht mehr schwerfiel, ihn zu verführen. Ich setzte mich auf seinen Schoß und flüsterte ihm ins Ohr, wie gut er riechen würde. Plötzlich sah er aus wie ein kleines Kind, das vor all den Geschenken unter dem Weihnachtsbaum sitzt und es kaum erwarten kann, gleich alles auszupacken. Aber ich konnte doch nicht mit einem kleinen Jungen ficken.

Doch, das konnte ich, als ich kurz hinter mich blickte und den lila Schein auf dem 20-Euro-Tisch von Ikea liegen sah. Ich brauchte ihm bloß nicht mehr ins Gesicht zu schauen und schon konnte ich anfangen. Kurz entschlossen öffnete ich ihm die Hose und begann, an seinem kleinen, geradezu zerbrechlich aussehenden Schwanz zu lutschen. Sobald es möglich war, setzte ich mich auf ihn und fickte ihn vielleicht zwei Minuten, dann war es auch schon vorbei, er war gekommen und ich erleichtert.

Danach wollte ich ihn einfach nur noch loswerden; ich erzählte ihm, ich müsse weg, weil ich mit einer Freundin verabredet sei. Er verstand den Wink, zog sich sofort an und ging. Und ich blieb zurück und wünschte mir nur, in vertrauter Gesellschaft zu sein, weil ich es nach so etwas immer nur schwer ertragen konnte, allein zu sein. Schon nach kaum einer halben Stunde war Mike da. Ihm hatte ich erzählt, dass mein Besucher, der gerade gegangen war, ein Freund sei, der mich psychologisch betreute. Wie ich immer auf so einen Scheiß kam, weiß ich nicht, ich weiß nur, dass er es mir abkaufte oder zumindest so tat. Der Fernseher lief, er setzte sich zu mir auf die Couch, ich kuschelte mich an ihn, jetzt fühlte ich mich wieder geborgen.

Die 500 Euro, die auf dem Tisch lagen, erklärte ich ihm so, dass mein guter Freund, der psychologische Berater, einfach nur wollte, dass es mir gut ging. Ich hätte das Geld auch einfach verschwinden lassen können, bevor Mike kam, doch irgendetwas in mir drin wollte, dass er es sieht.

Da wir beide am nächsten Morgen wieder früh rausmussten, legten wir uns ins Bett und schliefen auch gleich ein. Ich hätte mir in dieser Nacht so gewünscht, auch noch seinen Schwanz in mir zu spüren, damit es mir wieder besser ging, doch ich hatte einfach keine Kraft mehr. Den Zahnarzt, wie ich ihn von diesem Tag an nur noch nannte, habe ich noch viele weitere Male getroffen und er zahlte fleißig, so wie ich es mir am ersten Tag schon vorgenommen hatte. Er zahlte für einen Kühlschrank, den ich mir nie kaufte, für Weihnachtsgeschenke, die ich schon lange besaß, und fürs Essen und die Miete, die auch schon alle längst bezahlt waren.

DIRK

Dirk lernte ich durch eine meiner Stellenanzeigen kennen, er schrieb mir, dass er mir einen Job anbieten könne, ich solle Schreibarbeiten und Telefonate übernehmen und ihn ab und zu auf irgendwelche Geschäftsreisen innerhalb Deutschlands begleiten. Ich weiß nicht, warum ich ihm überhaupt antwortete, denn das war es ja genau, was ich überhaupt nicht wollte: mit einem Freier zu verreisen.

Reisen verband ich zwar schon mein Leben lang mit etwas Schönem, aber dann doch bitte mit dem Partner meiner Wahl. Was dagegen schön daran sein sollte, mit so einem unterwegs zu sein, konnte ich mir partout nicht vorstellen. Immerhin vereinbarte ich trotz dieser Bedenken ein Treffen mit ihm.

Schon der Anfang unserer »Geschäftsbeziehung« hätte mich warnen sollen. Bei unserer ersten Begegnung drückte er mir – das war ja okay – nicht nur einen Blumenstrauß in die Hand, sondern auch noch einen Nikolaus aus Schokolade. Hielt er das vielleicht für stilvoll? Jedenfalls entsorgte ich beide Geschenke, kaum dass er weg war. Außerdem musste ich bei ihm spontan an meinen Ersatzvater Martin denken, obwohl Dirk, ein kleiner, dicker Knubbel, äußerlich nicht die entfernteste Ähnlichkeit mit ihm hatte. Doch so wie er sprach und wie er sich gab, hatte ich die ganze Zeit Martin vor Augen und Ohren. Wie hätte ich mit einem solchen Mann Sex haben können?

Hinzu kam, dass sich sein Angebot plötzlich ganz anders anhörte, als es in der E-Mail geklungen hatte. Von der Krankenversicherung, die er ursprünglich hatte übernehmen wollen, war nun ebenso wenig die Rede wie von Telefonaten oder Schreibarbeiten, er wollte nichts anderes von mir, als dass ich ihn auf seinen Geschäftsreisen begleitete. Doch das, da war ich mir sicher, würde ich im Kopf nicht aushalten, das käme für mich auf keinen Fall infrage.

Um aber nicht gleich die Tür zuzuschlagen, redete ich mich erst einmal darauf heraus, dass ich es mir überlegen würde, und wollte ihn dann so schnell wie möglich loswerden. Er legte mir 50 Euro hin und verabschiedete sich mit einem »Bis bald«. Und so sollte es dann auch kommen.

Bei unserer zweiten Begegnung sagte ich ihm dann klipp und klar, dass ich nicht mit ihm auf Reisen gehen würde. Wie hätte ich das meinem Freund klarmachen sollen, begründete ich meine Ablehnung. Damit schien er ebenso einverstanden wie damit, dass ich auch keinen Sex mit ihm wollte. Stattdessen bot er mir 1000 Euro für drei bis vier Treffen pro Monat an, bei denen wir nur zusammen Kaffee trinken und andere unverfängliche Dinge unternehmen würden. Dem stimmte ich natürlich zu, denn leichter kann man wirklich nicht ohne nennenswerte Gegenleistung an Geld kommen.

Die ersten 250 Euro bekam ich, als wir uns wieder bei mir trafen. Wir redeten über Gott und die Welt, er erzählte von seiner Familie, doch bei dem Gedanken, dass einer, der Kinder in meinem Alter hatte, hier saß und mich eigentlich nur ficken wollte, ekelte es mich. Zum Glück besitze ich ja schauspielerisches Talent genug und deshalb konnte er mir meinen Ekel nicht anmerken.

Als ich auf meinen Plan, mich selbstständig zu machen, zu sprechen kam, bot er mir zwar seine finanzielle Hilfe an, doch ich wusste innerlich genau, dass ich das auf keinen Fall annehmen würde. Wenn ich so etwas durchzog, dann ganz alleine – ich wollte mir doch später nicht nachsagen lassen, dass ich es ohne fremde Hilfe nicht geschafft hätte. Schließlich hatte ich Großes vor mit meinem Leben, zwar wusste ich nicht genau, wie und wann und was überhaupt, doch immerhin wusste ich ganz genau, dass ich es schaffen würde. Zumindest glaubte die kleine Träumerin Lisa in mir das zu wissen.

Beim nächsten Mal trafen wir uns im Stuttgarter SI-Centrum, waren schön und edel in einem Schloss essen oder wir gingen wieder zu mir nach Hause. Auch in seiner Firma waren wir zweimal. Und bei jedem Treffen bekam ich wie vereinbart meine 250 Euro. Erst nach ein paar Wochen ließ ich den Kontakt einschlafen, weil Dirk mir einfach zu aufdringlich wurde: Im Grunde wollte er einfach nur Sex, auch wenn er das nie offen aussprach.

Irgendwann machte ich dann allerdings doch noch eine Ausnahme. Ich ließ ihm seinen Willen und ließ ihn machen, worauf er so versessen war. Doch das war dann eines meiner schlimmsten Erlebnisse überhaupt: Ich hatte tatsächlich Sex mit einem Mann, den ich im Grunde meines Herzens vom ersten Augenblick an eklig gefunden hatte. Er war nicht nur klein und dick, sondern trug zu allem Überfluss auch noch einen so schrecklichen Bart, dass er mich fürchterlich damit kratzte, als er mir die Muschi leckte.

Was war nur aus mir geworden? War es nun wirklich so weit gekommen, dass ich für Geld alles tat?

DIE ZWEITE VERGEWALTIGUNG

Vor dem nächsten Freier-Termin auf meiner Jobsuche fühlte ich mich so unbehaglich wie lange nicht mehr. Dabei war es weniger der Mann als seine Neigungen, vor denen ich mich gruselte, weil er mich am Telefon darauf vorbereitet hatte, dass er ein dominanter Typ sei. Ich hatte ja bisher kaum Erfahrungen auf diesem Gebiet gesammelt, höchstens jene mit Björn, der es geil fand, wenn es mir schlecht ging, während er mich in den Hals fickte.

Dieser Freier hier gab mir am Telefon erst einmal die Anweisung, dass ich mein »kleines Schwarzes« anziehen und meine Haare zusammenbinden solle. Da spielte ich ja noch mit, aber auch noch mit verbundenen Augen und mit hoch erhobenen Händen die Tür zu öffnen, das weigerte ich mich. Er gab schließlich nach und das beruhigte mich immerhin ein wenig.

Als es schließlich klopfte, stand ein großer, dicker Mann, vielleicht Mitte 30, vor mir. Auf den ersten Blick sah er recht harmlos aus, doch das sollte sich bald als Trugschluss erweisen. Denn kaum war er in der Wohnung, befahl er mir in barschem Ton, mich mit dem Rücken zu ihm hinzustellen, mein Kleid zu heben und ihm mein Arschloch zu zeigen. Währenddessen stellte er mir pausenlos Fragen, deren Antworten er sofort in seinen Laptop eintippte. Unter anderem wollte er wissen, was ich für pervers halte, und als ich ihm Anscheißen und Anpissen als unannehmbar nannte, reagierte er nur mit einem enttäuschten »Schade«. Dann endlich kamen wir auf mein Gehalt zu sprechen. Er bot mir einen 600-Euro-Job an, den er offiziell anmelden würde; hinzu kämen dann noch 3400 Euro als inoffizielle »Spesen« und viele Reisen mit Übernachtungen in Luxushotels. Insgesamt käme ich auf eine Summe von 4000 Euro. Dafür, dass ich nichts anderes tun musste, als mit einem Mann zu schlafen, schien das eine ganze Menge Geld.

Nachdem also das Finanzielle geklärt war, zog er mich an sich heran, öffnete seine Hose und schob meinen Kopf nach unten. Ich fing an zu lutschen, er drückte ihn so tief in mich hinein, dass ich kaum noch Luft bekam. Spätestens jetzt war mir klar, dass ich zu tun hatte, was er wollte, denn er verstand keinen Spaß.

Danach wollte er ins Schlafzimmer, ich hatte zu große Angst, ihm zu widersprechen, und zeigte ihm den Weg, er warf mich aufs Bett und fickte mich, obwohl ich mich dagegen wehrte. Doch jeder Widerstand war zwecklos, denn er wog etwa das Dreifache von mir. »Wehr dich ruhig«, keuchte er, »das macht mich nur noch geiler.« Und zum Beweis fickte er mich noch härter als zuvor. Aus lauter Angst ließ ich alles über mich ergehen.

Als er mir dann auf die Brüste gespritzt hatte, wollte er wieder zurück ins Wohnzimmer, wortlos folgte ich ihm. Plötzlich klopfte jemand gegen meine Wohnungstür, doch statt das als Chance, mich zu befreien, zu nutzen, flüsterte ich ihm zu, er solle still sein, er hielt sich daran. Erst als die Person draußen wieder verschwunden war, drückte er meinen Kopf so wie beim ersten Mal nach unten zu seinem Schwanz, der ihm schon wieder stand. Ich lutschte und hoffte, dass ich ihn auf diese Weise ganz schnell schaffen würde. So war es dann auch, ich rannte ins Bad, um sein Sperma auszuspucken.

Er ekelte mich so sehr, er stank, eigentlich war es kein Gestank, sondern einfach nur seine Ausdünstung, in diesem Moment verstand ich den Spruch, dass man manche Menschen einfach nicht riechen kann. Ich atmete tief durch und ging zurück, es war eine vollendete Vergewaltigung gewesen, das wurde mir schlagartig klar. Deshalb hätte ich allen Grund gehabt, die Polizei zu rufen. Nur: Damit wäre mein ganzes verdecktes Spiel aufgeflogen, daher beschloss ich, einfach alles wegzustecken, was der Kerl mit mir gemacht hatte – in der stillen Hoffnung, dass damit meine Leiden zu Ende waren. Die Hoffnung trog.

Als ich zurückkam, saß er immer noch da, starrte mich mit seinen verschlagenen, notgeilen Augen an und winkte mich zu sich heran. Es war also immer noch nicht vorbei. Zwar murmelte er etwas von einem Termin und dass er gleich losmüsse, doch hatte ich mich zu früh gefreut. Kaum hatte ich ihm den Rücken zugedreht, spürte ich schon wieder einen harten Schwanz an meinem Arsch, kurz darauf steckte er auch schon in mir.

Er flüsterte mir ins Ohr, er könne mich doch nicht so ungevögelt zurücklassen, für einen Quickie sei immer noch Zeit genug. Dann knallte er mich gegen die Wand und stieß wie ein wild gewordenes Tier in mich hinein, derweil ich immer nur daran dachte, wie es wäre, wenn Mike jetzt hier mit mir auf der Couch säße und wir ganz entspannt vor dem Fernseher kuschelten. Dann endlich spritzte der Typ, zog sich an und verließ meine Wohnung.

Ich zündete mir eine Zigarette an und blickte mich um, keine Spur mehr von ihm, der Albtraum schien vorbei. Erst als ich einen Blick vor meine Wohnungstür warf, schossen mir die Tränen in die Augen, denn vor mir lag ein Adventskranz, den meine Mutter vorbeigebracht hatte, während ich drinnen zum Sex gezwungen wurde. Jetzt war es endgültig um meine Fassung geschehen, ich musste hinaus, musste Luft schnappen und ich wollte auf keinen Fall alleine sein, deshalb klingelte ich an der Tür von Sabrina, erst dort fand ich Ruhe.

Zwar hatte ich nun auch die zweite Vergewaltigung meines Lebens körperlich einigermaßen überstanden. Doch meine Seele war noch tiefer verletzt als vorher. Zurück in meiner Wohnung, musste ich erst einmal kräftig auslüften, obwohl draußen Minustemperaturen herrschten. Immer noch roch es überall nach seiner Ausdünstung. Mit war kotzübel, doch als Mike kurz darauf kam, tat ich so, als sei nichts geschehen. Zwar schwärmte ich ihm von dem tollen Jobangebot des Nachmittags vor, bat ihn jedoch um Verständnis dafür, dass ich es habe absagen müssen. Die vielen Reisen, schmeichelte ich ihm, wären unserer Beziehung sicher nicht förderlich gewesen.

Währenddessen näherte sich meine Zeit im Supermarkt dem Ende, doch so richtig frei würde ich mich erst fühlen, wenn ich gekündigt hätte. Deshalb ging ich am letzten Tag des Jahres nach der Schicht zu meinem Chef und bat ihn um ein Gespräch. Und kaum hatte er sich an seinen Schreibtisch gesetzt, zog ich auch schon die Kündigung aus der Tasche und knallte sie ihm hin. Ich hatte zwar erst ein halbes Jahr Ausbildung hinter mir gehabt, doch ich wollte nur noch raus hier, koste es, was es wolle.

Nachdem er seine erste Verblüffung überwunden hatte – hier kündigen wollte nur ganz selten jemand aus freien Stücken –, unterschrieb er. Jetzt hatte ich erst einmal Urlaub, ich wollte an nichts anderes denken. Nicht daran, wie es jetzt weitergehen sollte oder wie ich die letzten Wochen der Kündigungsfrist hier herumbekommen würde.

Es war Silvester, ein neues Jahr stand bevor, ein Jahr, in dem alles besser werden würde, da war ich mir sicher. Am Abend ging ich mit meiner Mutter zum Chinesen, die restlichen Stunden des Jahres wollte sie alleine verbringen. Meine Schwester war bei unserem gemeinsamen Vater in Stuttgart, mein Bruder bei seinem Vater und ich und Mike wollten, nachdem ich Mum nach Hause begleitet hatte, zu Sabrina und Pascal, auch wenn Mike davon nicht sonderlich begeistert war. Auch ich hätte mir eine schönere Silvester-Party vorstellen können, doch mir war es egal, denn ich hatte nur den einen Gedanken – 2010 wird alles besser.

Kurz vor 24 Uhr ging ich hinüber in die Dorf-Bar, in der sich zum Jahreswechsel immer alle trafen. Während die andern in der Wohnung blieben, wollte ich hier kräftig feiern und auf das neue Jahr anstoßen. Und siehe da: Kaum hatte ich alle meine alten Freunde in der Bar begrüßt, kam auch schon Mike mir nach. Ich bestellte uns was zu trinken und schon stieg der Alkoholpegel. Er stieg und stieg immer höher, ich konnte nicht mehr einfach nur sitzen bleiben, ich wollte tanzen. Ich schnappte mir Johanna und los ging es, sie machte auch mit. Sie tat es zu meiner Verwunderung, denn auch ihre Mutter war hier, doch als ich dann an der Stange tanzen wollte, war sie dann doch nicht mehr ganz so begeistert davon. Also setzten wir uns zu ihrer Mutter und tranken einen Sekt mit ihr. Es wurde später und später und ich besoffener und besoffener.

Irgendwann war ich so hemmungslos, dass ich Mike gegen eine Wand drückte und ihm beim Tanzen seinen Schwanz rieb, ich spürte, wie er schon härter wurde, doch ich wollte nicht aufhören, am liebsten hätte ich ihn gefickt vor all den Leuten, auch ein Lebenstraum von mir.

Um fünf Uhr morgens, als Hans, der Wirt, mir dann nichts mehr ausschenken wollte, sind wir nach Hause gegangen. Beim Aufwachen am nächsten Morgen beschlich mich zum ersten Mal dieses merkwürdige Gefühl, das mir dann später noch oft begegnen sollte: Ich fühlte mich komplett unwohl in meiner Haut. Ich wollte vor mir selbst flüchten, einfach nur raus aus meinem Körper.

Ich konnte nicht mehr in den Spiegel schauen, selbst das Berühren meines Körpers war mir ein fremdes Gefühl, aber am schlimmsten war es, Mike in die Augen blicken zu müssen. Am Abend wurde es dann besser, ich fing wieder an, mich zu spüren, und fühlte mich nicht mehr fremd in mir. Wir bestellten Pizza und ließen es uns gut gehen.

MEIN SKLAVE UND ICH

Immer wieder ging mir die Erinnerung an Kay, den Zahlsklaven, wie er sich selbst genannt hatte, durch den Kopf. Was sprach denn dagegen, dass ich mich mit ihm treffen würde, einfacher konnte ich doch wirklich nicht an Geld kommen. Ich glaube, ich hatte bis dahin einfach nur Angst vor diesem Abenteuer gehabt, schließlich hatte ich das, was er von mir wollte, nie zuvor getan.

Eines Tages aber nahm ich all meinen Mut zusammen und schrieb ihm eine SMS. Es dauerte nicht lange, bis er antwortete, am liebsten wollte er sich noch am selben Tag mit mir treffen. Das war für mich natürlich nicht möglich, erst einmal musste ich mich seelisch auf dieses weite und unbekannte Feld vorbereiten. Deshalb vertröstete ich ihn auf einen Tag in der darauffolgenden Woche.

Erst einmal wollte er zum Beschnuppern zu mir kommen, zu einem Probetreffen, um alles Zukünftige zu besprechen, als Vorschuss von meiner Seite sozusagen. Denn erst beim zweiten Treffen, wenn es so richtig zur Sache gehen sollte, wollte er mich dafür bezahlen, dafür aber gleich 500 Euro, da er ja dann wüsste, dass es mir Spaß machte, was er von mir verlangte.

Zu meiner eigenen Verwunderung zog ich diesmal nicht den Schwanz ein, sondern stand tatsächlich zur vereinbarten Zeit am Bahnsteig, um ihn abzuholen. Bei mir zu Hause angekommen, war alles super, es machte wirklich totalen Spaß, er kniete vor mir, leckte meine Schuhe ab, nachdem ich daraufgerotzt hatte. Ich machte Fotos von ihm, wie er auf dem Boden kroch und eine Maulsperre trug. Und dafür sollte ich Geld bekommen, ich konnte das alles gar nicht glauben.

Nachdem wir alles besprochen hatten und ich einiges gelernt hatte, machten wir uns auf den Weg ins Chapeau. Ich weiß nicht wieso und weshalb, aber ich hatte großes Verlangen danach, mich mit ihm in der Öffentlichkeit zu zeigen. Nachdem ich vier Campari Orange im Schnellverfahren in mich hineingeschüttet hatte, wollte er aufbrechen, um den Zug nach Hause nicht zu verpassen, während ich noch ein paar Minuten bei Hans, dem Wirt, blieb.

Der fragte mich dann gleich ganz neugierig aus, wer denn mein Begleiter gewesen sei. Und unter Alkoholeinfluss erzählte ich ihm die Wahrheit frisch von der Leber weg. Er staunte nicht schlecht, denn er hätte wohl alles erwartet, nur das nicht.

Kurz darauf stand Kay wieder vor uns, sein Zug sei nicht gekommen, war seine Antwort. Irgendwie mochte ich ihn und was sollte ich jetzt anderes mit ihm machen, als ihn mit nach Hause zu nehmen. Dort angekommen, hatte ich die schwierigste Hürde zu überwinden: Ich musste Mike davon erzählen. Er war nicht begeistert, doch was hätte er denn tun sollen, es war ja meine Wohnung.

So kam es also, dass ich meinen ersten Sklaven bei mir auf der Couch übernachten ließ. Erst im Nachhinein ist mir dann aufgegangen, in welche Gefahr ich mich damit begeben habe. Kay hätte ja auch ein Killer sein können und das mit dem verpassten Zug nur ein hinterhältiger Trick. Zum Glück stellte sich in diesem Fall mein Vertrauen in ihn als berechtigt heraus. Allerdings handelte es sich hier um einen vergleichsweise harmlosen Fall und nicht wie später um finanzielle Versprechungen.

Das zweite Treffen war dann noch lustiger als das erste. Denn diesmal fühlte ich mich bereits sicher in meiner Rolle, und die 500 Euro Honorar entschädigten mich hinlänglich für die kostenlose Generalprobe. Nach mehreren weiteren Treffen, die alle bei mir stattgefunden hatten, wollte er, dass ich ihn besuchen kam. Mir war zwar der Gedanke nicht geheuer, ganz allein mit meinem Sklaven in dessen »Verlies« eingesperrt zu sein, trotzdem erfüllte ich ihm diesen Wunsch.

Da er mir nicht wie bei den letzten Treffen ein paar Hundert, sondern diesmal sogar zweieinhalbtausend Euro bot, brauchte ich dafür nicht wirklich viel Bedenkzeit. Ich wollte es auch so schnell wie möglich hinter mich bringen, noch bevor Mike und ich in unseren ersten gemeinsamen Urlaub fahren würden, also nervte ich Kay so lange, bis er sich endlich Zeit für mich nahm.

Dann ergab sich noch das kleine Problem, dass er seinen Geldbeutel in der Firma, die er zusammen mit zwei anderen betrieb, vergessen hatte. Und weil er derzeit keinen Schlüssel zur Firma hatte, wollte er mir die vereinbarten zweieinhalb Riesen nicht in bar auszahlen, sondern überweisen, in meiner Anwesenheit natürlich. Ich gab mich damit zufrieden, was hätte ich denn auch für eine Alternative gehabt?

Dann ging es endlich in die Vollen. Er wurde von mir ausgepeitscht, zuerst mit Klamotten und dann ohne. Als er jedoch seinen Pullover auszog und er mit nacktem Oberkörper vor mir stand, tat er mir einfach nur noch leid. Wohin ich auch schaute, war seine Haut dicht an dicht von Narben überzogen. Wie konnte ein Mensch nur so weit sinken, sich so etwas freiwillig anzutun? Auch ich sollte ihm neue Brandnarben zufügen. Da ich an das viele Geld dachte, tat ich es tatsächlich. Ich trat ihm gegen seine Eier, ich spürte allein schon vom Zuschauen, wie sehr er litt, doch ihm schien das tatsächlich zu gefallen.

Nicht die vereinbarten zweieinhalbtausend Euro hatte ich jedoch beim Gehen auf meinem Überweisungsformular stehen, das ich selbst in den Briefkasten der Bank warf. Er hatte tatsächlich »9999 Euro« darauf geschrieben. Seine Begründung: Bis genau zu diesem Betrag seien Schenkungen steuerfrei, warum sollte der Staat daran verdienen? Ich war überglücklich im ersten Moment, obwohl ich das Geld noch nicht auf meinem Konto sah.

TSCHECHISCHE MILLIONÄRIN

Eine Woche Urlaub mitten im Winter stand nun an, wir wollten mit dem Auto eine Rundreise machen mit der ersten Station in Tschechien. Die Hasen, meine geliebten Haustiere, zu meiner Mutter gebracht, das Reisegepäck in den Kofferraum und los ging es. Ich freute mich tierisch, ich kannte das ja schon von den Fahrten mit Bruno nach Italien, Frankreich und Berlin, schon damals liebte ich das Ungewisse: das Gefühl, dass du zwar weißt, wo du heute Abend schläfst, aber nicht, wo du am nächsten Tag sein wirst.

Spät am Abend sind wir dann im verschneiten Tschechien im kleinen Grenzort Vseruby angekommen, eigentlich wären wir ja noch zu gern in den Whirlpool der Pension, in der wir heute übernachteten, gestiegen, doch dafür war es leider schon zu spät. Also vögelten wir wie die Wilden auf unserem Zimmer und schliefen dann ein. Am nächsten Morgen frühstückten wir noch und checkten dann aus der Pension aus.

Den Tag verbrachten wir auf den berühmten Vietnamesenmärkten, nur wenige Kilometer von unserer Pension entfernt, und kauften ein, ohne nachzudenken. Als das Auto mit all den neuen Sachen vollgepackt war, setzten wir uns in ein Speiserestaurant, der Tag war einfach nur schön. Wir überlegten, wohin wir heute noch fahren wollten, es war 19 Uhr und draußen war es auch schon dunkel. Prag war eigentlich als nächstes Ziel geplant gewesen, aber an diesem Abend definitiv nicht zu schaffen. Wir beschlossen dann, doch einfach noch einmal in der Pension der vorigen Nacht zu bleiben.

Mike meinte, dass er eine Abkürzung zu der Pension kennen würde, da er auch schon die Jahre zuvor hier einige Male gewesen sei, also nahmen wir diese Abkürzung, die über ein Eisenbahngleis führen sollte. Das hätte sicherlich auch geklappt, wenn die Straße nicht spiegelglatt wie eine Eisbahn gewesen wäre und uns zudem nicht ganze Berge von Schnee den Weg versperrt hätten. So kam es, dass wir kurz vor den Schienen, ganz oben auf einem Berg, wieder kehrtmachen mussten.

Da Mike aber erst jetzt bemerkte, wie glatt es wirklich ist, standen wir erst einmal oben auf dem Berg und wussten nicht, wie wir heil wieder herunterkommen sollten. Ich schiss mir vor Angst fast in die Hosen, weil das Auto weder zu steuern noch zu bremsen war. Nach mehreren vergeblichen Versuchen schrie Mike, ich solle hinausspringen, woraufhin ich auf der spiegelglatten Straße landete und dort sitzen blieb, weil ein Stehen oder gar Gehen ausgeschlossen war. Wie sehnte ich mich nach meinem warmen Bett in der Pension zurück.

Dann endlich kamen wir auf mein Gehalt zu sprechen. Er bot mir einen 600-Euro-Job an, den er offiziell anmelden würde; hinzu kämen dann noch 3400 Euro als inoffizielle »Spesen« und viele Reisen mit Übernachtungen in Luxushotels. Insgesamt käme ich auf eine Summe von 4000 Euro. Dafür, dass ich nichts anderes tun musste, als mit einem Mann zu schlafen, schien das eine ganze Menge Geld.

Nachdem also das Finanzielle geklärt war, zog er mich an sich heran, öffnete seine Hose und schob meinen Kopf nach unten. Ich fing an zu lutschen, er drückte ihn so tief in mich hinein, dass ich kaum noch Luft bekam. Spätestens jetzt war mir klar, dass ich zu tun hatte, was er wollte, denn er verstand keinen Spaß.

Schließlich blieb Mike nichts anderes mehr übrig, als das Auto einfach die Straße hinunterrollen zu lassen. Doch kaum waren wir unfallfrei am Fuß des Berges angekommen, wartete die nächste unangenehme Überraschung auf uns: Anders als wir es erhofft hatten, waren die Straßen hier unten nämlich genauso glatt wie oben und jetzt kam uns auch noch auf der schmalen Fahrbahn ein Lkw entgegen. Ich spürte, wie es auch Mike mit der Angst zu tun bekam, selbst wenn er das natürlich nicht zugeben mochte.

Erst gegen 21 Uhr sind wir wieder heil in der Pension angekommen, unser Zimmer war zum Glück noch frei. Doch statt gleich ins Bett zu fallen, verbrachten wir die nächste Stunde im Whirlpool und feierten unsere Rettung mit einer Flasche Champagner, wir kamen uns vor wie ein leibhaftiges Königspaar. Ich spielte an ihm herum, bis er ins Wasser abspritzte; der Gedanke, das würde jemand später saubermachen, ohne zu wissen, dass er gerade Wichse an der Hand kleben hat, machte mich richtig geil.

Am nächsten Morgen nach dem Frühstück haben wir uns endlich auf den Weg nach Prag gemacht. Auf der Fahrt dorthin fragte ich Mike nach dem Umrechnungskurs der tschechischen Krone. Spontan gab ich eine Million in meinen Handy-Taschenrechner ein und staunte über das Ergebnis: In Tschechien wäre ich schon mit etwa 42.000 Euro eine Millionärin.

In Prag steuerte Mike als Erstes das Hilton an. Das Zimmer war der Hammer, von der Aussicht über ganz Prag ganz zu schweigen. Am Abend fuhren wir noch mal los zur Stadtmitte, um uns ein wenig dort umzuschauen, nach dem Abendessen bei einem Chinesen landeten wir wieder im Hilton, wo wir uns noch ein paar Runden Sex und hinterher ein gemeinsames Bad gönnten. Als krönenden Abschluss ließen wir uns den teuersten Bananensplit, den wir je gegessen hatten, aufs Zimmer bringen. Doch allein schon der Geschmack war die 16 Euro wert, es war einfach göttlich.

Am nächsten Morgen checkten wir aus, ohne zu wissen, wohin uns die Reise führen würde. Mike war für Bratislava, doch am Ende setzte ich mich mit Berlin durch, wo wir den Abend in einer zum Eisenbahnabteil umgebauten Cocktailbar verbrachten. Spätestens hier war ich der glücklichste Mensch der Welt, ich fühlte mich einfach nur sauwohl.

Stockbesoffen ließen wir uns spät in der Nacht von einem Taxi abholen, unser Hotel lag zwar in derselben Straße, aber wir wären nicht mehr in der Lage gewesen, auf eigenen Füßen dorthin zu finden. Nach dem Frühstück landeten wir erst bei Dunkin' Donuts, anschließend waren die Läden Berlins nicht mehr sicher vor mir und meiner Shoppinglust.

Hamburg war unser nächstes spontanes Ziel. Ein Hotel direkt an der Reeperbahn sollte es sein, über die bummelten wir natürlich ausgiebig, nachdem wir uns im Maredo Restaurant gestärkt hatten. In einer Bar auf der Reeperbahn las ich eine SMS von Kay, dem Zahlsklaven: dass es Probleme mit der Überweisung gegeben hätte und ich das Geld voraussichtlich erst Mitte Februar bekommen würde. Doch selbst das konnte meiner Stimmung keinen Abbruch tun.

Auch Kolleginnen von mir bekam ich hier zu sehen, allerdings sahen die keineswegs so verführerisch aus, wie ich sie mir vorgestellt hatte. Sie trugen Jogginghosen, Winterboots und Bommelmützen, also alles andere als das typische Bild einer Nutte, wie ich es schon immer mit mir herumtrug. Dennoch bekam ich wahnsinnige Lust, mich zu ihnen zu stellen und auch ein wenig anzuschaffen, doch das behielt ich natürlich für mich.

Am nächsten Abend, zum Abschluss unserer Reise, wollten wir in Köln Station machen – am besten in einem Hotel mit Whirlpool, wo wir es uns noch mal so richtig gut gehen lassen wollten. Und so kam es dann auch: eine Suite mit Whirlpool und Sauna im Zimmer, besser hätten wir es gar nicht treffen können! Noch kurz in die Stadt, etwas essen, uns mit Kölsch für den Abend eindecken und dann das Hotelzimmer nicht mehr verlassen, so sah die weitere Planung aus.

Wir schauten im Bademantel fern, liebten uns, badeten im Whirlpool, Mike probierte die Sauna aus, dann liebten wir uns wieder und fielen tierisch erschöpft vom Nichtstun ins Bett. Das war das Highlight des ganzen Urlaubs, nie zuvor hatte ich in so einem tollen Bett gelegen, die Matratze passte sich genau dem Körper an.

Es fiel uns am nächsten Tag wirklich schwer, das Hotel wieder zu verlassen. In der Kölner City beendeten wir dann unsere tagelange Shoppingtour, bis wir über Frankfurt am Main wieder nach Hause fuhren, zurück in mein beschissenes Leben – ein Leben, dessen Armseligkeit mir während dieser Reise so richtig bewusst geworden war. Doch ich wollte es nicht hergeben – noch nicht!

Erst jetzt begriff ich auch, was das für eine SMS gewesen war, die mir mein »Zahlsklave« da nach Hamburg geschickt hatte. Er hatte mich verarscht und wollte mich immer noch hinhalten. Doch ich würde ihn zur Rede stellen, ich wollte mein Geld, das ich wirklich dringend benötigte. Ich würde auf keinen Fall darauf verzichten.

FÜHRERSCHEIN

Das Problem Führerschein stellte sich mir zum ersten Mal, als ich irgendwann im Januar mit Sabrina, Eileen und Santrina mal wieder im Chapeau saß. Eileen erzählte von ihren Theoriestunden in der Fahrschule und dass sie schon so lange nicht mehr dort gewesen sei, dass sie aber keine Lust hätte, alleine hinzugehen.

Ich versank in Gedanken: Hätte ich meinen Führerschein nicht schon lange einmal in Angriff nehmen sollen? Sollte ich den 2-Wochen-Lehrgang wirklich durchziehen? Ich hatte mir das eigentlich immer vorgenommen, doch innerlich wusste ich die ganze Zeit, dass ich das sowieso nicht machen würde. Eigentlich war das nur eine Ausrede, um mich selbst zu beruhigen, dass es nur noch ein halbes Jahr bis zu meinem 18. Geburtstag war und ich meine Fahrschulstunden für den Führerschein immer noch nicht begonnen hatte.

Doch ich hatte genug davon, mich selbst zu belügen, jetzt war ich wild entschlossen, den Schein mit 18 in der Tasche zu haben. Also ging ich am Montag mit zur Fahrschule, um mich anzumelden, auch Santrina und Sabrina schlossen sich uns an. »Auszubildende« war der Berufsstand, den ich nannte, als mich der Fahrlehrer danach fragte, obwohl ich genau wusste, dass das nicht mehr lange so sein würde.

Eigentlich hatte ich keine Lust, jetzt die nächsten 90 Minuten mit Führerscheindetails vollgepumpt zu werden, doch ich ließ es über mich ergehen. Von nun an quälte ich mich so oft wie möglich zur Fahrschule, schließlich war ich die Einzige unter meinen Freundinnen, die anderen ließen sich nicht mehr hier blicken.

Das Geld für den Theorieunterricht hatte ich gerade noch, es machte mir nichts aus, denn die eigentlichen Fahrstunden, also das, was richtig Asche kosten würde, war ja noch lange hin. Nach der sechsten oder siebten Theoriestunde fragte mich der Fahrlehrer, ob ich denn allmählich anfangen wolle zu fahren. Meine Antwort, dass ich lieber noch eine Weile warten wolle, quittierte er mit einem verständnisvollen Nicken. Ich hätte mir in den Arsch beißen können: Klar hätte ich gerne mit meinen Fahrstunden angefangen, doch ich konnte es mir einfach nicht leisten, weil mir das Geld dazu fehlte.

Um mich darüber hinwegzutrösten, ging ich am Wochenende mit Mike auf den Verkehrsübungsplatz. Es war der Horror. Ursprünglich hatte ich mir das Autofahren als spaßig, toll und einfach vorgestellt, doch es war das Gegenteil. Mike empfahl mir, die Kupplung ganz langsam kommen zu lassen, doch ich dachte nur: Was ist um Himmels willen eine Kupplung? Nach mehreren Versuchen hatte ich dann den Bogen raus, ich fuhr, doch ich hatte panische Angst. Mehr als Vor- und Zurücksetzen konnte ich an diesem Tag nicht lernen.

Beim zweiten Mal ging es dann schon besser, und das dritte Mal fand auf der Straße im Fahrschulauto statt, denn ich hatte mich einfach nicht mehr länger davor drücken können. Also bezahlte ich die ersten zehn Fahrstunden mit meinem letzten 500-Euro-Schein – und hätte heulen können vor Verzweiflung. Meine Miete würde ich eine Woche später gerade noch so zahlen können. Doch wovon sollte ich mich jetzt noch ernähren?

BREMEN

WER SCHENKT MIR 10.000 EURO? So stand es über der Anzeige, die mich aus meinen Geldproblemen herausholen sollte. Zwar bekam ich jede Menge Mails darauf, solche von der Art, in denen mir 200 Euro geboten worden, Kleinvieh mache schließlich auch Mist, doch gab es darauf nur eine Antwort: Ich drückte den »Löschen«-Button. Bis ich ein paar Tage später die erste und einzige wirklich interessante Mail erhielt.

Sie kam aus Bremen von einem Mann Mitte 40, durchschnittlich aussehend, er leite eine sehr gut laufende Firma, schrieb er, und würde mir für einen Drei-Tage-Besuch meine benötigten 10.000 Euro geben. Einerseits freute ich mich, doch andererseits traute ich dem Braten nicht so recht und ließ diese Mail deshalb erst einmal auf sich beruhen.

Als ich Vivien davon erzählte und sie mir anbot, einfach mit nach Bremen zu kommen, überlegte ich dann nicht mehr lange und sagte ihm schließlich doch zu. Nur: Dass eine Freundin mitkommen würde, wollte er nicht, deshalb beschlossen wir, dies heimlich zu tun. Er schickte mir ein Ticket, also meinte er es tatsächlich ernst. Jetzt schienen meine Probleme mit einem Schlag gelöst.

Doch alles kam wieder einmal anders als erwartet. Am Samstagabend wollten Johanna und ich mal wieder richtig Party machen und so fuhren wir am Abend ganz spontan nach Stuttgart. Der Abend war toll, außer dass Johanna und ich uns wie gewohnt nicht im Griff hatten, als wir ein wenig Sekt intus hatten. Wir landeten mit zwei Geschäftsleuten in ihrem Büro in der Stadtmitte, tranken mit denen ein weiteres Glas Sekt oder zwei. Doch Johanna und vor allem ich wollten hier unbedingt wieder ungefickt herauskommen.

Das hielt uns allerdings nicht davon ab, mit den Männern auf der Dachterrasse das Leben zu genießen, ich fühlte mich frei, wohl und einfach lebendig. Doch ich wollte Party feiern und nicht bloß bei irgendwelchen alten Männern meinen Abend verbringen. Deshalb zogen wir weiter in eine Bar, in der einfach gar nichts los war, bis wir schließlich nach mehreren Zwischenstationen in einer Disco in der Nähe des Hauptbahnhofs landeten, die sich dann als Lesben- und Schwulenladen entpuppte. Uns störte das nicht weiter, wir tanzten, lachten und lästerten, alles, was Frauen eben gefällt.

Doch als mir plötzlich schlecht wurde, musste ich raus an die frische Luft. An die Treppen vor dem Ausgang kann ich mich zwar noch erinnern, doch danach riss der Film. Erst als ich am nächsten Morgen die Augen aufschlug und ich Mike sah, der mir sagte, ich sei im Krankenhaus, kam ich wieder zu Bewusstsein. 2,8 Promille lautete die Diagnose, doch bis zum heutigen Tag bin ich davon überzeugt, dass dafür nicht der Alkohol, sondern K.-o.-Tropfen verantwortlich waren.

Die Ärzte glaubten mir natürlich kein Wort, ich hätte es an ihrer Stelle wohl selber nicht geglaubt. Jedenfalls bestanden sie darauf, dass meine Mutter mich abholen müsse, alleine dürfe ich das Krankenhaus nicht verlassen. Nach ein paar Machtspielchen mit dem Arzt und zwei Infusionen später war dann meine Mutter endlich erreichbar, sie kam nach Stuttgart zu mir ins Krankenhaus. Dort hatten dann die Mediziner allerdings überhaupt keine Zeit für sie und wir gingen, ohne dass der Arzt, der sich vorher so aufspielte, mit ihr geredet hatte.

Am liebsten hätte ich mir in den Arsch gebissen, denn die Reise am nächsten Tag nach Bremen konnte ich jetzt vergessen. In diesem Zustand war es unmöglich zu fahren, und auch meinen Schatz, der immer da war, wenn ich ihn brauchte, konnte ich doch nicht schon wieder verletzen – obwohl die 10.000 Euro wahrhaft wichtig für mich gewesen wären.

Da ich aber ein von Grund auf abergläubischer Mensch bin, denke ich, dass es am Ende gut für mich war, so wie es lief. Wer weiß denn, was wirklich in Bremen auf mich gewartet hätte, vielleicht ein Serienkiller, ein Sexualstraftäter, ein Mädchenhändler oder was es sonst noch alles gibt. Denn mal ganz nüchtern betrachtet, war es doch merkwürdig, dass ein durchschnittlich aussehender Mann, der angeblich Asche zum Scheißen hat, sich eine 17-Jährige, zwar hübsch, aber kein Topmodel, von Baden-Württemberg nach Bremen holen muss.

Es gab doch sicher genügend Bremerinnen, die für ein Leben im Luxus alles machen würden. Und da hätte er ein wenig länger etwas davon gehabt als von mir, ich wäre ja nur zwei oder drei Tage geblieben. Nicht mal der teuerste Escortservice hat solche Preise. So war auch das Thema Bremen und der Traum von den schnellen 10.000 Euro erst mal wieder vorbei.

Auch die 9.999 Euro des Zahlsklaven konnte ich mir wohl in die Haare schmieren. Irgendwann nämlich begann ich zu zweifeln, ob er tatsächlich so viel Geld hatte, wie er behauptete. Dennoch hatte es mir bei ihm so gut gefallen, dass ich ihn eines Tages wohl trotzdem wieder besuchen würde.

HAMBURG

Weg aus dieser kleinen Wohnung, weg von Baden-Württemberg, weg von allem Bekannten, hinaus in die Welt – das war mein jüngster Plan für die Zukunft, und es war auch nicht schwer, Mike davon zu überzeugen. Hamburg und Köln standen zur Auswahl, beide Städte fand ich schön und hatten mich schon immer gereizt. Auch Berlin wäre für mich infrage gekommen, aber eben nur als Single, denn da würde Mike nicht mitziehen. Für sein bodenständiges Temperament liefen dort zu viele verrückte, flippige Typen herum, das kam für ihn nicht infrage.

Mein, oder offiziell unser, Gefühl entschied schließlich für Hamburg. Jedenfalls wollte ich nun dort durchstarten, dort meine Selbstständigkeit, mein neues Leben beginnen. Ich war voller Elan, wollte lieber gestern als heute nach Hamburg, doch so schnell ging das natürlich alles nicht.

Zuerst müsste Mike seinen Job und ich meine Wohnung kündigen, dann galt es, eine neue Wohnung in Hamburg zu finden. Und schließlich stand auch noch die Frage zur Debatte, ob wir tatsächlich direkt dorthin ziehen sollten oder zuvor erst noch ein wenig durch die Gegend touren. Wie so oft war auch dieser Plan nicht ausgegoren, nur dass wir weg wollten, wussten wir.

Mike war davon überzeugt, dass ich genug Geld für unser Vorhaben auf der hohen Kante hatte, doch dem war keineswegs so, eigentlich sah es sogar ausgesprochen schlecht damit aus. Aber wie hätte ich ihm beichten können, dass das, was er sicher und gut verzinst auf meinem Konto liegen sah, erst noch angeschafft werden musste? Ich stand also unter einem gewaltigen Druck.

Jeder Tag, an dem ich nicht mit Männern für Geld fickte, war ein verlorener Tag. Doch wie hätte ich die Zeit sinnvoll nutzen können, wo ich doch hier in der Gegend kaum noch genug Männer fand, die bereit waren, so viel Geld für so wenig Spaß zu bezahlen. Schließlich gab es im Internet immer mehr Frauen, die ihre Dienste für deutlich weniger Geld anboten, und viele sogar noch tabuloser als ich. Anal oder auch Zungenküsse gab es bei mir nicht, auch Sex ohne Gummi lehnte ich ab.

Das größte Problem, schnell viel Geld zu verdienen, war allerdings die Tatsache, dass die Internetseite, auf der ich immer die bestbezahlenden Kunden aufgegriffen hatte, von ebay gekauft worden war und nun die Erotikseite nicht mehr existierte. Also musste ich mich mit anderen Seiten zufriedengeben, nämlich jenen, die früher nur zweite oder dritte Wahl für meine Anzeigen gewesen waren.

Hinzu kam, dass ich nicht mehr so recht mit diesem Job klarkam. Mittlerweile war es mir am liebsten, abends einfach in Mikes Armen auf dem Sofa zu liegen, ohne von einem schlechten Gewissen geplagt zu werden. Und so verstrichen die Wochen. Ich war am Verzweifeln, denn der Tag, an dem wir unseren Traum von Hamburg verwirklichen wollten, rückte immer näher.

Geld hatte ich allerdings immer noch keins, denn das wenige, das ich mit der Handvoll Freier verdiente, ging komplett für mein tägliches Leben drauf, ich konnte nichts auf die Seite legen. Sparsam leben war auch nicht drin, denn dann hätte Mike Verdacht geschöpft. Das Schlimmste an allem war, dass ich mit niemandem darüber reden konnte.

Da ich aber weder aufgeben wollte noch konnte, verfiel ich auf eine neue Idee: auf eine Escortagentur. Dann brauchte ich mich nicht mehr um Termine zu kümmern und müsste nicht mehr prüfen, ob die Freier seriös waren, ich müsste mich einfach nur noch auf das Wesentliche konzentrieren. Ein verlockend klingendes Angebot in der Szene hatte ich auch schnell gefunden.

Am Telefon machte Felix, der Agenturchef, einen recht vielversprechenden Eindruck. Doch ein Mann, der einer 17-Jährigen anbot, in seiner Escortagentur zu arbeiten, konnte schwerlich vertrauenswürdig sein. Deshalb wollte ich ihn erst einmal kennenlernen. Er holte mich mit seinem Straßenkreuzer in einer Nebenstraße des Stuttgarter Hauptbahnhofs ab, dann fuhr er mich aus der Stadt hinaus und hielt an einer Tankstelle.

Wir gingen zusammen hinein und kauften etwas zu trinken, er ein Mischbier und ich ein Jacky in der Dose, dazu eine Schachtel Zigaretten für mich, er zahlte alles und kam sich offensichtlich ganz toll dabei vor.

Als er mich von dort aus in ein abgelegenes Waldstück fuhr, bekam ich es wieder einmal mit der Angst zu tun, ich wollte einfach nur weg. Was hätte ich denn tun sollen, wenn er plötzlich Verstärkung durch andere Männer bekommen hätte, die hätten alles mit mir anstellen können, ich wäre einfach wehrlos gewesen. Obwohl er durchaus nicht den Eindruck machte, als ob er mir Gewalt antun würde, bat ich ihn deshalb, mich anderswohin zu fahren. So landeten wir vor einem Schwimmbad.

Dort unterhielten wir uns über meine Vorlieben und Fähigkeiten und über Dinge, die ich auf keinen Fall machen würde – Anal, GV ohne und alles, was in die Toilette gehört. Er meinte, das ließe sich vereinbaren; da ich ja so jung und so hübsch sei, wäre es sowieso keine Kunst, schnell sehr viele und sehr gut bezahlende Kunden zu finden. Aber ich war mir ganz sicher, dass ich ihn erst noch von meinen Fähigkeiten überzeugen müsste, bevor wir handelseinig wurden.

Kaum war mir dieser Gedanke durch den Kopf geschossen, sprach er das Thema auch schon an. Er könnte ja niemanden einstellen, ohne selbst von dessen Qualität überzeugt zu sein. Und weil ich inzwischen das Ganze einfach nur zu Ende bringen wollte, stimmte ich zu. Wir fuhren an einen gut abgeschirmten Platz, dort öffnete ich ihm die Hose und fing an, ihn zu lutschen. Er hatte einen schönen Schwanz, schöner, als ich es erwartet hatte, irgendwie machte es mir nicht so viel aus, als ob ich einem Freier einen geblasen hätte. Warum? Das war die Frage, die ich mir stellte, während ich ihn im Mund hatte. Eigentlich hätte es ja anders herum sein müssen, denn von einem Freier bekam ich Geld dafür, von ihm nichts. Doch viel Zeit zum Nachdenken blieb mir nicht, nach nur wenigen Minuten ergoss er sich auch schon. Ich hatte von meinen hinlänglich antrainierten Fähigkeiten also offensichtlich noch nichts verlernt. Felix war begeistert und wollte sofort wissen, wann ich denn beginnen könne.

Ob er überhaupt so schnell Kunden finden würde, war meine Gegenfrage. Er nickte, dann meinte er, er müsse mich ja sowieso erst einmal so richtig in einem Hotel testen. Doch weil ich für heute genug hatte und an diesem Abend auch gar nicht mehr mit ihm ficken wollte, ließ ich mich von ihm zum Bahnhof zurückbringen.

Während der ganzen Heimfahrt grübelte ich, was ich da eigentlich gerade gemacht hatte. Ich hatte einem völlig Unbekannten, von dem ich weder eine Visitenkarte gesehen hatte, noch den Namen seiner Escortagentur kannte, einen geblasen. Was, wenn das alles nur gelogen war und er sich jetzt einfach nicht mehr meldete? Wenn er einfach nur ein stinknormaler Freier war, der sich auf diese Weise seine Blowjobs erschwindelte, ohne dafür bezahlen zu müssen? Aber was geschehen war, war geschehen, ich konnte es jetzt ja nicht mehr ändern.

Schon am nächsten Abend erwiesen sich diese Ängste als unbegründet, denn auf meinem Handydisplay stand der Name Felix. Als ich abnahm, begrüßte er mich in geradezu familiär-freundlichem Ton. So schnell hätte ich wirklich nicht mit einem Anruf gerechnet. Er wollte nur mal fragen, wie es mir heute denn so gehe und ob ich gut nach Hause gekommen sei. »Mir geht's gut«, kam es aus meinem Mund, bevor ich überhaupt nachdenken konnte. Und ja, nach Hause sei ich auch gut gekommen.

Er rückte dann damit heraus, dass er schon den ersten Kunden für mich hätte, ob ich denn immer noch Interesse hätte, was ich bestätigte. Woraufhin er mir noch einen schönen Tag wünschte; sobald alles Weitere abgeklärt sei, würde er sich wieder melden.

Schon ein paar Tage später rief er wieder an, doch wie so oft war meine Stimmung von einem Tag auf den anderen umgeschlagen.

Deshalb redete ich mich auf eine imaginäre Magen-Darm-Grippe heraus, doch er zeigte sich überraschend verständnisvoll. Wo gab es denn so etwas – einen Escortchef, der nicht nur darauf aus war, möglichst viel Geld zu machen? Hatte ich etwa einen Glücksgriff gelandet oder war das einfach nur Taktik?

Weil ich das spontan nicht beurteilen konnte, beendete ich das Telefonat schnell, mit dem Versprechen, mich zu melden, wenn es mir besser ging. Ob ich es je tun würde, stand für mich in diesem Augenblick noch in den Sternen. Tatsächlich war es dann so, dass es bei meinem Nein blieb und sich nicht mehr änderte. Ich wollte nicht für Felix arbeiten, auch wenn mir bewusst war, dass es nicht viele solcher Chefs im Escortbereich geben konnte.

Doch weil dieser Felix so nett und zuvorkommend gewesen war, wollte ich ihm auch gleich meine Entscheidung, sobald ich mich dazu durchgerungen hatte, mitteilen, allerdings per Mail und nicht etwa am Telefon, denn das hätte ich mich nicht getraut. Als Grund nannte ich ihm, dass ich nach Berlin ziehen würde, da ich keine Lust mehr auf das langweilige Dorfleben hätte und auch Stuttgart mir zu klein wäre. Ich wolle endlich etwas erleben.

Die E-Mail beantwortete er schnell, doch es kamen nicht die befürchteten Vorwürfe, nein, er hielt meine erfundene Geschichte für einen super Plan und schien total begeistert. Er wünschte mir viel Glück, ich könnte mich ja, wenn ich Lust hätte, ab und zu bei ihm melden und ihm erzählen, was ich so erlebte. Damit waren die Kapitel Felix und Escort für mich beendet.

IN DIE LÜGE VERRANNT

Natürlich wurde es nichts mit Berlin, aber mit Hamburg wurde es ebenso wenig etwas. Vor allem aber blieben meine Finanzen im Keller. Jeder Tag war ein Albtraum für mich, jeder Morgen, an dem ich aufwachte, eine reine Katastrophe. Am liebsten wäre ich ausgewandert, nach Australien oder Südafrika, irgendwohin, wo mich garantiert keiner kannte.

Ich hatte jeden angelogen, den ich kannte; was war nur los mit mir, wieso gab ich auf einmal etwas darauf, was ich anderen erzählte? Doch das war noch nicht einmal das Schlimmste: Dass ich nicht einfach abhauen konnte, war das, was mir am schwersten auf der Seele lag. Wie hätte ich es auch können ohne Geld, ich wusste ja noch nicht einmal, wie ich meine Miete bezahlen sollte. Und jedes Mal, wenn irgendwas bevorstand, was Geld kostete, wurden die Probleme größer, denn ich konnte gerade noch das Allernötigste kaufen.

Eigentlich wäre alles so leicht gewesen, wenn ich einfach Mike erzählt hätte, wie es um mich stand. Er hätte mir bestimmt geholfen, auch damals schon, doch ich war viel zu stolz dazu, ihn um Hilfe zu bitten. Nie hätte ich zu ihm sagen können, dass ich kein Geld mehr habe, das hätte ich nicht übers Herz gebracht.

Doch das Schlimmste an allem war: Weil ich es ihm nicht anvertrauen konnte, dass ich kein Geld hatte, sah ich auch keine gemeinsame Zukunft für uns; ein Leben mit ihm, davon war ich überzeugt, musste ich mir aus dem Kopf schlagen. Nichts hatte mehr für mich einen Sinn, ich war fertig, nahm immer mehr zu, ich aß und aß, das war das Einzige, was mir noch Freude bereitete. Zwar war ich nicht fett, sondern einfach nur fünf bis sechs Kilo schwerer als sonst. Doch ich hatte Pickel im ganzen Gesicht, man sah mir an, dass es mir beschissen ging.

Mein ganzes Leben bestand aus Lügen, war überhaupt noch irgendetwas wahr? Ich stellte mir diese Frage immer und immer wieder, doch ich kam auf keine sinnvolle Antwort. Wie auch, ich wusste ja nur, dass es nicht mehr lange so weitergehen konnte; es musste sich etwas ändern, denn aufgeben wollte ich auf keinen Fall.

Ich konnte nicht mehr ohne Lügen leben, jeder Satz, den ich aussprach, war mit einer Lüge verbunden; mittlerweile weiß ich, dass es einfach nur eine Flucht war, eine Flucht in eine bessere Welt, denn in den Lügen hörte sich mein Leben ja wirklich interessant an und nicht einfach nur abstoßend.

Nach außen hin wirkte ich stark, ich schien immer zu wissen, was ich zu tun hatte. Doch innerlich war ich ein kleines Mädchen, das einfach nur geliebt werden wollte, von wem, war mir eigentlich egal.

Mittlerweile tat ich mir einfach nur noch selbst leid. Ich hätte mit jedem getauscht, aber das auch nur in den Augenblicken, in denen ich mir selbst eingestand, dass ich mir alles nur ausgedacht hatte. Es gab nämlich auch Situationen, in denen ich selbst an meine Märchen glaubte und davon überzeugt war, dass alles gut wird. Den Gedanken, dass doch alles nur erfunden war, erlaubte ich mir fast nie, weil er mir das Gefühl vermittelt hätte, versagt zu haben.

In diesen Momenten war ich nur noch verzweifelt. Warum bloß verbreitete ich lieber Lügen, als die wahre Geschichte meines Lebens zu erzählen, das ja gewiss nie langweilig gewesen war, sondern einfach nur den Fehler hatte, dass es mir bisher nicht so viel Gewinn eingebracht hatte, wie ich es mir gewünscht hätte?

ICH GEHE FREMD

Santrina klopfte an mein Küchenfenster. Doch vor der Tür standen nicht nur sie und ihr kleiner Hund, sondern auch Jörg, ihr Ex-Lover. Kaum hatte ich die beiden hereingelassen, war Santrinas erster Satz: »Erzähl bloß nichts meinem Freund davon, dass ich mit Jörg zusammen hier war.« Natürlich würde ich das nicht tun, das hatte ich ja noch nie getan, doch es war wieder einmal aufschlussreich zu hören, was die Leute, und in diesem Fall sogar meine beste Freundin, mir so alles zutrauten.

Wir saßen da und plauderten, erzählten uns die lustigsten News und lästerten einfach nur so herum. Lästern, das war unser liebstes Hobby, auch wenn ich genau wusste, dass sie bei anderen genauso über mich herzog. Der entscheidende Unterschied zwischen uns beiden war: Ich lästerte immer nur über Leute, die ohnehin genau wussten, dass ich so und nicht anders über sie denke. Bei Santrina war das anders, sie spottete über alles und jeden und wenn es einmal herauskam, stritt sie einfach alles ab. Doch ich mochte sie, egal wie sie manchmal war, und das allein zählte für mich.

Kurz bevor Santrina mit Jörg weiterzog, gab sie mir den Tipp, im Internet die Homepage unseres alten Bekannten Jael anzuklicken, er hätte ein paar neue Musikstücke produziert. Erst als ich zwei Tage später aus heiterem Himmel eine SMS von Jael bekam, ging mir ein Licht auf, denn schließlich hatte ich zu ihm seit über einem Jahr keinen Kontakt mehr gehabt. Hinter diesem »Zufall« konnte nur Santrina stecken.

Als ich sie darauf ansprach, gab sie zu, dass sie ihm eine SMS geschrieben hatte, und weil er sowieso mal wieder in unsere Ecke kommen wollte, hatte sie sich mit ihm bei mir verabredet, ganz einfach so. Mir machte das nichts aus, doch als Santrina plötzlich damit herausrückte, dass sie angeblich erst am späten Abend dazustoßen könne, lud ich auch Vivien ein, um nicht mit Jael allein hier zu sitzen.

Jael hatte ich zum ersten Mal auf der Bühne bei einem großen Festival in Stuttgart gesehen. Dort war er mit seiner Band ein Hauptact, neben Superstar Elli und ähnlich bekannten Stars. Durch KWICK! hatte sich dann ein privater Kontakt zu ihm entwickelt.

Mit Jael also hatte ich für heute ausgemacht, dass er und sein Kumpel Robert so gegen 22 Uhr bei mir eintreffen würden. Vivien kam schon zwei Stunden früher, wir rauchten, tranken Bier und redeten, denn wenn uns eins nie ausging, dann war es der Gesprächsstoff. Jael und Robert verspäteten sich dann noch um eine weitere Stunde, ehe sie schließlich zur Tür hereinkamen.

Es war schon komisch, einen »Star« neben mir auf der Couch sitzen zu haben. Klar kannte ich Jael schon, und hatte ja auch schon Sex mit ihm. Doch es war jedes Mal aufs Neue ein Erlebnis mit ihm. Wir lachten, unterhielten uns über Musik und Reisen, aßen Pizza und tranken wie die Alkoholiker, ich glaube, keiner von uns hatte unter 2,5 Promille, außer Robert vielleicht, weil er der Fahrer war.

Irgendwann spürte ich in mir das Verlangen, Mike zu betrügen, nicht aus Geilheit oder weil Jael beim letzten Mal so gut im Bett gewesen war, nein, ich wollte Mike einfach nur vorbeugend wehtun, bevor er mir wehtun konnte. Ich hätte es nicht ertragen können, wenn er mich irgendwann betrogen hätte, und deshalb juckte es mich, ihm zuvorzukommen.

Doch leider lief wieder einmal alles anders als geplant, denn als ich und Jael gerade anfingen, miteinander zu vögeln, ging auf einmal die Schlafzimmertür auf und Mike stand vor uns. Er schrie herum, ich wollte einfach nur weg und hätte in dieser Situation alles gegeben, um irgendwo anders zu sein, nur nicht hier im Bett mit Jael. Keine zwei Minuten später waren Vivien, Jael und auch Robert aus der Wohnung gejagt. Und ich war meinem Schicksal alleine ausgeliefert.

Doch Mike haute mir keine rein, er machte mir auch erst einmal keine Vorwürfe, stattdessen redete er ganz in Ruhe mit mir: ob denn unser Sex wirklich so scheiße gewesen sei und solche Sachen. Er tat mir so leid, ich hätte es so gerne rückgängig gemacht, doch ich musste nun zu meinem Fehler stehen, ich konnte nicht mehr zurück. Ich versuchte, es ihm zu erklären, doch es ging nicht, jedenfalls nicht so, als dass er es hätte verstehen können.

Trotzdem – oder vielleicht gerade deswegen – schliefen wir miteinander, es war so intensiv, ich wollte ihn gar nicht mehr loslassen; erst jetzt bemerkte ich, wie sehr er mir wirklich ans Herz gewachsen war, ich liebte ihn. Und gleichzeitig hasste ich mich dafür, dass ich so etwas immer erst bemerkte, wenn es zu spät war. Denn ich war mir sicher, dass er mich verlassen würde, auch wenn er das in keiner Sekunde vorhatte.

Wir redeten und redeten, bis früh in den Morgen hinein. Bevor wir uns zum Schlafen hinlegten, wollten wir noch einmal duschen, und schon waren wir wieder mittendrin und liebten uns noch einmal.

Am nächsten Morgen jedoch wünschte ich mir nichts sehnlicher, als dass ich nie mehr aufgewacht wäre, ich wollte einfach nur tot sein. Doch natürlich musste es weitergehen und zwar mit einem Kater, der sich gewaschen hatte, ich glaube, so ein Schädelbrummen hatte ich bisher noch nie gehabt.

Am schlimmsten jedoch war die Vorstellung, dass neben mir eine zutiefst verletzte Seele lag, die ich abgöttisch liebte, und dass ich dafür verantwortlich war, dass es ihr schlecht ging. Mir war bewusst, dass ich am vergangenen Abend etwas getan hatte, was einen Menschen sein Leben lang prägen würde, wie konnte ich mir das je wieder verzeihen?

Ich schaute ihn an und fragte ihn: »Warum bist du noch da?« Doch er blickte mich mit feuchten Augen an und antwortete schlicht: »Weil ich dich liebe.« Ich hätte alles dafür gegeben, wenn er einfach aufgestanden und gegangen wäre. Doch er blieb und ich wusste nicht, wie ich mich verhalten sollte, wie ich ihn anschauen sollte, was ich sagen sollte – ich wusste einfach gar nichts.

Was hatte ich getan? Schon in der vergangenen Nacht hatte ich mich das gefragt, doch jetzt, als ich wieder nüchtern war, kam ich mir noch viel dreckiger, hinterlistiger und schlimmer vor.

Einen Spaziergang im Schnee wollte er machen, freiwillig wäre ich da nie mitgegangen, doch heute tat ich es; am liebsten hätte ich alles, wozu er je Lust hatte, an einem einzigen Tag nachgeholt, um wenigstens ein kleines Lächeln auf seine Lippen zu zaubern. Dann stapften wir durch die Weinberge, viel gelaufen sind wir nicht und geredet haben wir auch nicht miteinander; ich wusste nicht, was ich sagen sollte, und ich glaube, er wusste es auch nicht.

Wenige Minuten, nachdem wir aufgebrochen waren, fanden wir uns an einem steilen Abhang wieder. Er legte seinen Arm um mich, ich hätte so gern gewusst, was er in diesem Moment dachte und fühlte. Vielleicht hätte er mich am liebsten den Berg hinuntergestoßen oder mich im tiefen Schnee vergraben, vielleicht wollte er mich auch einfach nur festhalten und mich nicht mehr loslassen, um nicht noch einmal von mir verletzt zu werden.

Viel haben wir in den nächsten Tagen nicht mehr geredet über das alles, von Tag zu Tag wurde es wieder besser zwischen uns. Ich wusste jedoch jetzt schon, dass es nicht einen Tag in seinem Leben geben würde, an dem er nicht an das, was passiert war, denken würde. Doch ich wollte nicht mehr darüber reden, nicht mehr darüber nachdenken, wollte einfach wieder normal mit ihm leben. Ich war einfach nur froh, dass ich ihn hatte, dass er geblieben war. So tief von Herzen liebte ich ihn, dass ich mir überhaupt nicht mehr vorstellen konnte, ohne ihn zu leben.

MEIN VERSUCH, MIKE ZU ÜBERZEUGEN

Jetzt ging es erst einmal darum, Mike davon zu überzeugen, dass es gar nicht so schlimm sei, wenn ich weiterhin als Nutte arbeiten würde – ihm klarzumachen, dass ich, während ich mit einem Freier zusammen bin, nicht ich selbst bin. Doch versuch das mal, einem Mann beizubringen, der noch nie bei einer Nutte war.

Ich glaube, Männer können sich sowieso nicht vorstellen, dass Frauen auch mit einem Mann richtig verdreckt ficken können, ohne in Wirklichkeit geil zu sein. Nicht einmal der beteiligte Freier selbst glaubt das. Ich hatte mir deshalb überlegt, einfach mal Nutte für Mike zu sein. Ich wollte ihn schocken und ihm zeigen, dass Xenia eine andere Person ist als die Lisa, die er kennt und liebt.

Also pimpte ich mich auf zur Nutte, ein bisschen übertrieben natürlich, ich schmiss mich in Strapse, Korsage und String, in meinem ganzen Leben hatte ich noch nie einen Freier so empfangen, doch ich wollte es ihm ja so krass vor Augen führen, dass er es auch tatsächlich begriff, was ich ihm damit sagen wollte.

So stand ich dann vor ihm, als er auf der Couch im Wohnzimmer saß. Er machte große Augen, denn so hatte er mich noch nie zuvor gesehen, außer auf Bildern vielleicht. Ich wusste, dass es klappen musste, denn ich brauchte dringend Geld, alles war weg, ich hatte keines mehr. Also zog ich ihn ins Schlafzimmer, warf ihn aufs Bett und verführte ihn.

Sogar auf den Mund küsste ich ihn. Allerdings hatte ich ihm vorher versichert, dass ich das bei Freiern niemals tun würde. Hatte ich ja auch nicht, außer bei Holger, ihn hatte ich zwar als Freier kennengelernt, aber nie in diesem Zusammenhang etwas mit ihm gehabt. Wir haben uns gemocht und deshalb auch geküsst.

Da lag er also, mein Freund, in der Rolle eines ekligen Freiers. Klar hätte ich ihn ja nicht so sehen müssen, doch wenn ich das nicht getan hätte, wie hätte ich ihn dann wie einen solchen behandeln können? Nachdem wir dann gevögelt hatten, murmelte er, dass es ihm jetzt auch nicht besser ginge, wenn ich mich noch weiterhin mit Freiern treffen würde. Aber ich solle doch machen, was ich wollte, das würde ich doch sowieso tun.

Einerseits hatte er ja recht, aber auf der anderen Seite war dann wohl alles umsonst gewesen. Ich konnte doch nicht zulassen, dass der ganze Aufwand und die Mühe, die ich mir gegeben hatte, dass das Vertrauen, das ich ihm geschenkt hatte, indem ich ihm meine ganz geheime Welt offenbarte, umsonst gewesen sein sollte.

Aber was sollte ich tun. Ich musste es hinnehmen und das Beste daraus machen. Dass sowieso alles anders kommen würde, konnte damals ja noch keiner wissen. Ich habe mich nach diesem Tag, bis heute, nie wieder mit einem Freier zum Sex getroffen.

DIE LÜGE HAT EIN ENDE

Die nächsten Tage waren der Horror für mich, ich konnte nicht mehr, ich wollte nicht mehr, ich wusste nicht mehr weiter, was sollte ich denn jetzt mit meinem Leben anfangen? Ich hatte den einzigen Menschen, der mich wirklich liebte, tief verletzt und trotzdem war er noch bei mir.

Ich hatte kein Geld mehr, ich sah nicht, wie ich meine Miete für den nächsten Monat zahlen sollte, ich wusste nur, dass ich mir etwas anderes einfallen lassen musste, als anschaffen zu gehen. Denn wenn ich weitermachte, würde ich Mike eines Tages mit der geballten Faust in die Fresse hauen, das aber wollte ich zuallerletzt.

Weil nach meiner Überzeugung alles im Leben einen Sinn hat, glaubte ich auch fest daran, es sei gut gewesen, dass Mike mich mit Jael erwischt hatte. Doch ich war nicht mehr in der Lage, irgendetwas zu unternehmen, ich war psychisch am Ende, denn erst jetzt wurde mir bewusst, wie schrecklich mein Leben war, das ich in dieser Zeit führte. Doch Wochen später, als sich die Situation zwischen mir und Mike wieder normalisiert hatte, kam alles noch viel schlimmer.

Ich hätte es mir nie auch nur träumen lassen, dass Max' Prophezeiungen irgendwann wahr werden würden. Er hatte immer gesagt: »Lisa, die Prostitution lässt dich nicht so kalt, wie du es im Moment glaubst, ich schwöre dir, du wirst dich irgendwann derartig unter Heulkrämpfen am Boden winden, dass du dir nur noch wünschst, tot zu sein.«

Er sollte recht behalten. Ich fühlte mich schlechter als je zuvor, hatte andauernd Albträume von irgendwelchen ekelhaften fetten kleinen Schwänzen und war schlicht und ergreifend fertig mit der Welt. Doch es wurde nicht besser, im Gegenteil. Ich litt unter Ausfallerscheinungen, manche Stunden meines Lebens fehlten mir plötzlich und ich fühlte mich, als wäre ich gerade aufgestanden, obwohl es bereits Abend war.

Tagelang lag ich wie erstarrt auf der Couch, zwischendurch heulte ich ohne aktuellen Anlass einfach los, ohne mich dagegen wehren zu können. Ich war nichts als eine leere Hülle mit schwerkranker Seele. Sobald ich es wagte, die Wohnung zu verlassen, hätte ich kotzen können, da mich jeder Geruch, jeder Zentimeter des Weges, jede Stelle, die ich sah, an Dinge erinnerte, an die ich mich nicht erinnern wollte. Ich wollte endlich wieder ein ganz alltägliches Leben führen, doch das war im Moment einfach nicht möglich, weil ich ein Wrack war. Und das alles nur, weil ich für Sex Geld genommen hatte.

Ein ganz normales Leben, frei von Zwischenfällen, in denen ich in die Rolle der Hure schlüpfen musste – das war es, was ich wollte, doch bis dahin war es noch ein weiter Weg. Immerhin fühlte ich mich stark genug, ihn zu gehen. Wenn ich in diesen Tagen die Augen schloss, träumte ich davon, morgens aufzuwachen, mich erst einmal auszustrecken, mich anschließend an meinen Schatz zu kuscheln, mit ihm zu frühstücken, sich dabei über den neusten Klatsch zu unterhalten, abends gemeinsam vor dem Fernseher zu sitzen und einfach das Beisammensein still zu genießen. Dann wurde mir ganz warm ums Herz.

Was hätte ich dafür gegeben, solch ein Leben zu führen. Jetzt bereute ich es, dass ich bei meiner Mutter ausgezogen war, denn dann hätte ich dieses ganze Theater, das ich jetzt am Arsch kleben hatte, nicht. Doch davon konnte ich noch so lange träumen, es half mir nicht weiter. Wie hätte ich mit solchen Träumen meine nächste Miete bezahlen können? Ich wusste es nicht, sosehr ich mir auch das Hirn zermarterte.

Einen Job hätte ich mir suchen können, doch was hätte es mir gebracht, ich brauchte jetzt sofort Geld. Außerdem: Wie hätte ich diesen Job ohne abgeschlossene Ausbildung und Berufserfahrung bekommen? Und dann hätte ich auch erst einmal einen Monat lang arbeiten müssen, um mein erstes Gehalt zu kassieren, wie sollte ich bis dahin überleben?

Außerdem wollte ich mit Mike zusammenbleiben, doch wie sollte ich ihm erklären, warum ich einen Job suchte, womöglich für sieben Euro die Stunde, wo ich doch angeblich so viel Geld auf der hohen Kante hatte? Ich musste ihm alles beichten, doch wie? Ich fühlte mich wie ein Versager, wie ein Loser, ich konnte es ihm nicht sagen, lieber wäre ich auf der Stelle tot umgefallen.

Aber prostituieren konnte und wollte ich mich auch nicht mehr. Zwar sah es in dieser trostlosen Situation so aus, als würde es für mich keinen anderen Weg geben, dass ich keine andere Chance hätte, als meinen Körper für eklige Schwänze freizugeben, doch dagegen wollte ich mich mit allen Mitteln wehren. Immer wieder betete ich zu Gott, dass er mir die Kraft schenken solle, Mike endlich die Wahrheit zu sagen, um diese Entscheidung gleich am nächsten Tag wieder hinauszuschieben.

Doch eines Abends, als ich die Hoffnung schon fast aufgegeben hatte, schaffte ich es tatsächlich: Ich schickte Mike eine SMS. Ich glaube, es war die ehrlichste SMS, die ich je an irgendjemanden geschrieben habe. Die Antwort folgte auf dem Fuß, schon wenige Minuten später stand Mike vor meiner Wohnungstür. Nur: Herein zu mir kam er nicht, weil ich vorsorglich abgeschlossen hatte.

Er klopfte, doch ich konnte nicht aufmachen und ich wollte es auch nicht. Bevor er schließlich wieder ging, schrieb er mir noch eine SMS, er habe Verständnis für meine Situation. Zwar kam das glaubhaft bei mir rüber, doch was sollte ich jetzt tun? Ich würde ihm nie mehr offen in die Augen blicken können, daran hatte ich keinen Zweifel. Am liebsten wäre ich in den Erdboden versunken vor Scham, doch tief in meinem Inneren spürte ich, dass ich mich der Situation stellen musste.

Also nahm ich allen Mut zusammen, setzte mir eine dunkle Sonnenbrille auf und öffnete mit abgewandtem Blick die Tür, als er gerade gehen wollte. Er umarmte mich und flüsterte mir ins Ohr: »Meine arme kleine tschechische Millionärin.« Ich hätte heulen können, oder besser gesagt: Ich tat es.

Wie sollte das je wieder gut werden? Wie sollten wir je das Leben, von dem ich träumte, führen können? Wie sollte ich es schaffen, ihn jemals wieder ohne Sonnenbrille anzuschauen?

Alles regelte sich schließlich von selbst, spät am Abend schliefen wir eng aneinandergekuschelt ein, es war das erste schöne Gefühl seit Wochen für mich, ich hätte mir kein schöneres Ende dieses Tages wünschen können. Die nächste Miete übernahm Mike und ich konnte mich endlich wieder auf Trab bringen. Doch das war leichter gedacht als getan, wie sich bald herausstellen sollte.

INTI

Inti war der Chat-Name des Mannes, mit dem ich schon seit längerer Zeit im Internet korrespondierte. Obwohl ich ihn im wirklichen Leben nie kennengelernt habe, mochte ich ihn von Beginn an. Er vermittelte mir das Gefühl, dass ich ihn schon ewig kennen würde, obwohl er eigentlich nichts Besonderes tat, zumindest am Anfang.

Auch sah er nicht besonders gut aus, eher wie ein etwas altmodischer Student. Tatsächlich machte er in jener Zeit auch gerade seinen Doktor, den in Volkswirtschaft. Und obwohl er vom Äußeren her überhaupt nicht mein Typ war und ich ihn, bevor wir zu chatten begannen, überhaupt nicht gekannt hatte, nahm ich seinen Freundschaftsantrag gleich an, das war in dieser Zeit nicht üblich bei mir.

Wir schrieben uns seither fast täglich und plauderten über Gott und die Welt. Manchmal erzählte er von seinen Frauenaffären, ich revanchierte mich in der Anfangszeit mit Geschichten von Max und später dann von Mike. Ich habe mich oft gefragt, warum es gerade er war, den ich an mich heranließ; es versuchten so viele, mit mir in Kontakt zu kommen, doch ich antwortete entweder nie oder nur auf die ersten zwei bis drei Messages, danach konnten sie schreiben, was sie wollten – ich schenkte ihnen keine Sekunde mehr von meiner kostbaren Zeit.

Es war wohl Schicksal, dass ich Inti kennengelernt habe, anders kann ich es mir nicht erklären. Denn jetzt war er sozusagen der Einzige, dem ich vertraute, dem ich ohne Angst von allem erzählen konnte, er war für mich da, er hat mich immer wieder zurück in mein Leben geholt, das in dieser Zeit einfach nur schrecklich war, und mir Mut gegeben. Er brachte mich zum Lachen und öffnete mir die Augen für die möglichen Gründe, warum ich so am Boden zerstört war und mich so leer und wertlos fühlte.

Fast täglich haben wir mehrere Stunden im Internet miteinander verbracht, ich fühlte mich wohl, sicher und beschützt. Und das Wichtigste war, dass ich mich endlich von jemandem verstanden glaubte. Doch ich brauchte noch einen Zweiten, der da war, wenn Inti keine Zeit hatte oder nicht weiterwusste. Da kam mir Max in den Sinn.

Max kannte mich doch gut, und er hatte jene lange Zeit hautnah miterlebt, die ja einer der wichtigsten Gründe dafür war, dass es mir heute so schlecht ging. Er war meine Rettung, das ahnte ich, also rief ich ihn an. Anfangs fiel er zwar aus allen Wolken, doch als ich merkte, dass er sich über meinen Anruf zu freuen schien, sprach ich ganz offen von dem Dilemma, in dem ich steckte. Zwar fühlte er sich erst einmal bestätigt, weil er mir ja alles vorausgesagt hatte, doch dann war er sofort bereit, mir zu helfen.

Fast jeden Tag telefonierten wir seitdem miteinander, immer wenn es mir schlecht ging, rief ich ihn an und er war immer, wirklich immer, für mich da. Ich war ihm so dankbar, auch wenn er natürlich ein großes Stück mit an meinem Schicksal schuld war, doch das verdrängte ich jetzt einfach. Ich weiß nicht, was heute mit mir wäre, wenn er mir damals nicht geholfen hätte.

Eigentlich machte er nicht viel, er hörte mir nur zu und gab dann Kommentare, wenn er meinte, dass es angebracht war. Nach wenigen Wochen ging es mir schon viel besser, ich konnte wieder atmen, ich konnte auch mal wieder ehrlich und sorglos lachen, ich war sogar manchmal wieder glücklich. Aber dass es mir dann wieder besser ging, war nicht allein Max' Leistung, nein, den größeren Anteil an meiner Heilung hatte Mike durch seine bedingungslose Liebe. Er war der erste Mensch, der mir zeigte, was Liebe bedeutet, ich danke ihm aus ganzem Herzen dafür.

Die Wochen vergingen, allmählich wurde ich psychisch immer belastbarer und wirkte auch nach außen hin wieder gefestigt. Ich war keine Nutte mehr, ich hatte den Ausstieg geschafft. Mit diesem Gedanken wachte ich jetzt täglich auf und schlief auch wieder mit ihm ein. Inti war der Einzige, der nicht von meiner Besserung erfuhr, denn ich konnte ihm nicht mehr schreiben. Er wusste zu viel von mir und hätte mich deshalb mit einem unbedachten Wort ganz schnell wieder in ein Loch reißen können. Ich weiß, dass er es nur gut mit mir meinte, doch ich glaube, mir war es jetzt, als ich wieder bei klarem Verstand war, peinlich, dass er mein komplettes Leben kannte.

Deshalb schrieb ich ihm nur noch sporadisch zurück, doch er wollte nicht aufgeben. Fast täglich meldete er sich über ein Fenster der vielen Chatrooms, in denen wir zuvor korrespondiert hatten. Aber entweder schrieb ich ihm nur Belanglosigkeiten zurück oder ich antwortete gar nicht. Immerhin war er so ausdauernd, dass er es erst nach Monaten aufgab.

FEIGWARZEN

Es war alles vorbei. Die Tage vergingen und ich wusste nichts mehr mit meiner vielen Zeit anzufangen. Ich brauchte nun keine Anzeigen mehr ins Internet zu setzen, um Freier auf mich aufmerksam zu machen; ich musste mich nicht mehr stylen, wozu denn auch, ich ging ja eh kaum noch aus dem Haus.

Aus war es mit dem Traum vom großen Geld, seit ich mich entschlossen hatte, nicht mehr anschaffen zu gehen. Doch von wem bekam ich nun die Aufmerksamkeit und die Bestätigung, ohne die zu leben ich mir nicht vorstellen konnte? Viele Tage verbrachte ich bei Vivien, immer schon vormittags war ich da, aber ich kann mich an keinen Morgen erinnern, an dem wir wirklich gefrühstückt hätten. Alles, was wir taten, war, auf ihrem Bett zu sitzen und Kaffee zu trinken, mehr nicht, denn Kalorien waren unser Feind, Abnehmen war wie auch schon vor ein paar Jahren in der Kindheit eines unserer Hauptthemen.

Auch Freunde hatte ich nicht mehr allzu viele, eigentlich überhaupt keine außer Vivien. Sogar Santrina, meine beste Freundin seit dem Kindergarten, gehörte inzwischen der Vergangenheit an. Plötzlich fand sie alles, was ich getan hatte, nur noch abgrundtief schlecht und erzählte das auch jedem, der ihr über den Weg lief. Mit solch einer besten Freundin brauchte ich keine Feinde mehr.

Die Zeit, in der Mike arbeiten war und ich nicht bei Vivien saß, verbrachte ich allein zu Hause, ich konnte einfach nicht mehr nach draußen. Meine Welt, die ich mir so schön aufgebaut hatte, und die ebenso schön ausgemalte Zukunft lagen in Trümmern. Nun saß ich da, in meiner eiskalten Wohnung, auf einer Couch, auf der ich vor wenigen Wochen noch Freier bedient hatte, und hatte kein Ziel mehr vor Augen, was sollte nur aus mir werden? Und weil ich mich zu nichts aufraffen konnte, versank ich in Selbstmitleid.

Oft spielte ich mit dem Gedanken, wieder anzufangen, ein paar Freier, nur eine Handvoll, zu treffen und das alles einfach heimlich weiterzutreiben. Doch das traute ich mich denn nun auch wieder nicht – was, wenn Mike doch davon Wind bekam? Dann stünde ich völlig alleine da, und das war das Letzte, was ich wollte.

Irgendwie fühlte ich mich ja auch gut so, wie es war, ich konnte schlafen, fernsehen und das machen, worauf ich gerade Lust hatte, ohne auch nur eine Sekunde den Druck im Hinterkopf zu spüren, dass in zwei Stunden wieder ein Freier an die Tür klopfte. Ziellos

Es war alles vorbei. Die Tage vergingen und ich wusste nichts mehr mit meiner vielen Zeit anzufangen. Ich brauchte nun keine Anzeigen mehr ins Internet zu setzen, um Freier auf mich aufmerksam zu machen; ich musste mich nicht mehr stylen, wozu denn auch, ich ging ja eh kaum noch aus dem Haus.

Aus war es mit dem Traum vom großen Geld, seit ich mich entschlossen hatte, nicht mehr anschaffen zu gehen. Doch von wem bekam ich nun die Aufmerksamkeit und die Bestätigung, ohne die zu leben ich mir nicht vorstellen konnte?

lebte ich von einem Tag zum anderen, ich wusste morgens nicht, was ich zu tun hatte, vor die Tür ging ich allenfalls noch für unseren täglichen Einkauf.

Manchmal raffte ich mich auf, um mit meiner Mutter in Bietigheim ein Café zu besuchen oder mit ihr ins Einkaufszentrum zu fahren. Doch es war alles nicht mehr so schön, wie es früher gewesen war. Ich hatte kein oder nur noch ganz wenig Geld und es war nicht so einfach, das vor meiner Mutter zu verbergen.

Früher hatte ich wie wild geshoppt, wenn wir zusammen unterwegs gewesen waren, jetzt kaufte ich nichts oder nur das Billigste vom Billigen. Im Café bestellte ich nicht mehr den Riesen-Eisbecher wie früher, sondern einen Milchshake oder zwei schlichte Kugeln Eis, die ich mir gerade noch hätte leisten können.

Meine Mutter bezahlte zwar immer, wenn wir irgendwo einkehrten, doch die Blamage, wenn es einmal nicht so gewesen wäre und ich nicht genügend Geld dabeigehabt hätte, wollte ich mir erst gar nicht vorstellen. Ich versuchte eben immer noch, die Fassade, hinter der es mir gut ging, aufrechtzuerhalten – bis diese Scheinwelt unverhofft über mir zusammenbrach.

Denn eines Nachmittags, als Mike und ich im Bett lagen und er mit dem Vibrator an meiner Muschi herumspielte, fragte er mich, was das denn für Pickel da unten seien. Ich wusste zuerst nicht, wovon er sprach, und schaute selbst nach. Erst einmal versuchte ich, ihn zu beruhigen: Das seien ganz bestimmt Pickel vom Rasieren, wie ich sie ja schon öfters gehabt hätte. Das wäre auch nicht weiter verwunderlich gewesen, denn auch im Gesicht hatte ich zuletzt immer mehr Pickel bekommen. So wie ich mit meinem Körper in den vergangenen Monaten und Jahren umgesprungen war, konnte das schließlich nicht spurlos an ihm vorbeigehen.

Doch die Pickel verschwanden nicht, weder nach Tagen, noch nach ein paar Wochen, wie es bei einem harmlosen Ausschlag zu erwarten gewesen wäre. Zum Frauenarzt wollte ich dennoch nicht, weil ich so eine Art Vorahnung hatte: Feigwarzen. Das sind Warzen, die durch HPV-Viren ausgelöst werden, diese Viren kann man sich, genau wie alle anderen Geschlechtskrankheiten auch, beim Sex mit einem Infizierten einfangen. Ich hatte schon oft etwas darüber gelesen, mich aber nie wirklich damit befasst. Also machte ich mich im Internet schlau und ich wurde mir dabei immer sicherer, dass mein Verdacht begründet war.

Erst einmal musste ich mich Mike anvertrauen, aber der kannte nicht einmal den Begriff »Feigwarzen« und so forschte auch er im Internet. Spätestens jetzt war auch er alarmiert und redete Tag für Tag auf mich ein, endlich zum Frauenarzt zu gehen. Doch ich hatte immer eine Ausrede auf Lager, außerdem hatten wir im Moment auch wirklich noch andere Probleme, denn wir mussten so schnell wie möglich heraus aus dieser verschimmelten, kalten Drecksbude, mit der ich nur schlechte Erinnerungen verband.

Wir hatten zwar einige Wohnungen zur Auswahl, doch schon die erste war es, in die wir uns verliebten. Am gleichen Tag schauten wir immerhin noch eine zweite an, die aber längst nicht so schön und komfortabel war wie die erste, denn sie lag in einem winzigen Bauerndorf und wir hätten im gleichen Haus wie die Vermieter wohnen müssen und das auch noch ganz oben unter dem Dach.

Den dritten Besichtigungstermin nahmen wir schon gar nicht mehr wahr, denn wir waren uns einig, die erste sollte es sein, und zwar so schnell wie möglich. Nun mussten wir nur noch meinen alten Vermietern klarmachen, dass wir innerhalb der nächsten zwei Wochen ausziehen würden.

DER UMZUG

Nachdem wir mit meinem derzeitigen Vermieter geklärt hatten, dass wir problemlos und ohne zusätzliche Forderungen ausziehen durften, stand uns jetzt nur noch ein Hindernis im Weg: Wovon sollten wir die Kaution für die neue Wohnung zahlen? Da wir in dieser Zeit chronisch pleite waren, war die Summe von mehr als 700 Euro utopisch für uns. Also bat ich Max um Hilfe, auch wenn ich wirklich Angst vor einem Treffen mit ihm hatte.

Am nächsten Morgen machte ich mich auf den Weg. Er öffnete mir die Tür im Bademantel mit den Worten: »Wenn du wegen dem Geld gekommen bist, kannst du gleich wieder gehen.« Ich schob ihn einfach zur Seite, betrat entschlossen seine Wohnung und nahm Platz auf der Couch. Nach einigen Minuten kam er mit von ihm selbst gekochten Kaffee aus der Küche; dass ich das noch einmal erleben durfte, dachte ich und schmunzelte innerlich.

Doch kaum hatte er mir eingeschenkt, fiel er auch schon wieder in sein gewohntes Rollenverständnis zurück – obwohl ihm das heute nichts nützen würde. Um keinen Preis der Welt wollte ich zu ihm zurück, auch wenn er mir das gleich anbieten würde. Und schon saß er splitternackt vor mir und präsentierte sich und ihn. Doch ich würdigte weder ihn noch sein »Herrchen« eines Blickes: Falls er wirklich glaubte, dass ich jetzt noch Lust hätte, ihm einen zu blasen, täuschte er sich gewaltig.

Trotzdem versuchte er es weiter, bettelte, flehte mich an und heulte mir vor, dass es ihm ohne mich so schlecht ginge und dass er niemand mehr zum Kuscheln hätte. Damit biss er bei mir auf Granit. Zwar freute ich mich, ihn mal wieder zu sehen, doch wollte ich nicht meinen kompletten Tag hier auf der Couch verbringen. Also kam ich zur Sache und schwärmte ihm von unserer neuen Wohnung vor und wie glücklich wir seien, endlich aus dem jetzigen Loch herauszukommen.

Das schien ihm gleichgültig zu sein. Stattdessen bedrängte er mich weiter, dass ich doch bei ihm einziehen solle, ob ich Mike denn wirklich mehr lieben würde als ihn. Jetzt tat er mir schon fast leid, trotzdem ging ich nicht auf seine unmissverständlichen Angebote ein. Hätte ich denn mein ganzes Leben hinschmeißen sollen, bloß damit es ihm besser ging? Allein schon bei dem Gedanken daran, wie es früher gewesen war, kam mir der Kaffee hoch, mir wurde übel. Das Einzige, was ich wollte, war das Geld für die Kaution und dann nichts wie weg.

Doch urplötzlich schien er es sich anders überlegt zu haben. Er verschwand in seinem Büro und knallte mir gleich darauf 500 Euro auf den Tisch, den Rest würde er mir dann morgen vorbeibringen. Meinen fragenden Blick beantwortete er nur mit einem ironischen »Du hast mich schon richtig verstanden«. Was blieb mir anderes übrig, als das Spielchen mitzuspielen, auch wenn ich genau wusste, dass er Mike wehtun wollte und sonst nichts.

Mike holte mich am Bahnhof ab, ihm stand die Sorge ins Gesicht geschrieben. Wie gerne hätte ich ihn beruhigt, doch ich schaffte es nicht, ihm zu sagen, dass ich schon einen Teil des Geldes bekommen hatte. Stattdessen musste ich ihm schonend beibringen, dass ich für morgen noch ein weiteres Treffen mit Max vereinbart hatte. Er war fix und fertig, doch versuchte er, seinen Kummer vor mir zu verbergen, mir tat das im Herzen weh.

Doch am nächsten Morgen lief alles ganz anders ab, als ich es befürchtet hatte. Max kam, trank einen schnellen Kaffee, legte das Geld auf den Tisch und verschwand sofort wieder. Nun hatten wir zwar das Geld, doch noch waren viele Posten offen, die wir decken mussten.

Mike hatte sich von seiner Chefin 200 Euro geliehen, weil ich meinem Fahrlehrer endlich mal wieder Geld geben musste, und dringend einkaufen mussten wir auch, von Max' Starthilfe blieb kaum etwas übrig. Deshalb sprang Mike über seinen eigenen Schatten und lieh sich das noch zur Kaution fehlende Geld von seinem Vater. Ich wusste, was ihn das an Überwindung kostete, doch wir hatten keine andere Wahl.

Nun konnte der Umzug beginnen, wir packten Kisten wie die Verrückten und hatten nichts anderes mehr im Kopf, auch die Sorgen waren für einen kurzen Augenblick vergessen. Die Wohnung war ein Traum und es war Sommer.

Mit Max hatte ich ausgemacht, dass ich ihm das Geld nicht zurückzahlen, sondern bei ihm abarbeiten würde, als Detektiv-Assistentin sozusagen. Er installierte mir ein Programm auf meinem Laptop, meine Aufgabe bestand darin, ein Möbelzentrum für ihn zu überwachen. Besser gesagt: Ich durfte den Kassiererinnen per Videokamera beim Zeitunglesen oder Nägelfeilen auf die Finger schauen.

WM 2010

Inzwischen hatte die Fußball-Weltmeisterschaft 2010 in Südafrika begonnen. Nachdem ich die drei Vorrundenspiele zu Hause verfolgt hatte, wollte ich mir das Achtelfinale gegen England zusammen mit anderen Fußballverrückten im Freien anschauen. In einem Park in Pforzheim hatten sie Riesenfernseher aufgestellt, das war heute das Ziel von Vivien, ihrer Freundin Nina und mir.

Kaum waren wir dort angekommen, füllten sich auch schon die Tische. Endlich einmal wieder unter Leuten, dachte ich und fühlte mich super dabei. Und als das Spiel vorbei war und Deutschland 4:1 gewonnen hatte, hatte jede von uns drei Radler intus. Ein Mann um die 20 kam an unseren Tisch, ob wir denn nicht Lust hätten, zu ihnen rüberzukommen; er deutete auf einen Tisch, an dem ein älterer Herr mit einem Pärchen mittleren Alters saß, und da wir ja schon ein wenig Promille intus hatten, stimmten wir zu.

Einen Radler habe ich noch getrunken, dann wollte ich gehen, um Mike zu treffen, wir wollten noch Schuhe kaufen gehen. Die Stimmung war gut, an unseren Tisch kamen immer mehr Leute, und wie immer hatte ich das Pech, dass meine Ausstrahlung mal wieder einen Typen angezogen hatte, der mir dann die restliche halbe Stunde die Ohren vollquatschte, bis sie rauchten. Vivien und Nina waren total besoffen, weil sie auch noch ein paar Kurze gekippt hatten. Sie schwankten zum Bahnhof, ich stieg zu Mike ins Auto, mir konnte nichts mehr passieren.

Die nächste Runde, das Viertelfinale gegen Argentinien, wollten wir auf alle Fälle wieder in dem Pforzheimer Park anschauen. Das Spiel war der Hammer und der Abend auch. Klar war, dass ich natürlich nicht gleich nach dem Spiel nach Hause fahren, sondern genau wie alle anderen den Sieg auch noch feiern wollte. Mike hatte das wohl nicht so ganz begriffen und beabsichtigte, mich direkt nach dem Spiel abzuholen. Doch ich wollte noch ein Weilchen bei den anderen bleiben und ignorierte deshalb seine Anrufe. Spontane Feiern sind immer die besten, und diese hier konnte ich mir auf keinen Fall entgehen lassen.

Nie vorher hatte ich Pforzheim so voll erlebt, überall feierten Menschen, alle freuten sich, lachten, brüllten und sangen. Von überallher ertönten die WM-Hymnen, kein Hass, kein Neid, alles war harmonisch. Mitten auf der Straße sind wir auf einen Pick-up aufgesprungen, die Stimmung war gigantisch. Mike rief und rief an, doch ich ließ das Handy klingeln, ich wollte einfach nur das Leben genießen. Um halb zwei nachts dann haben wir noch einen Absacker in einer Bar in der Nähe des Hauptbahnhofs getrunken und uns dort von Mike auflesen lassen. Klar tat er mir leid, als er mir erzählte, dass er durch jede Kneipe in Pforzheim gerannt sei und mich gesucht habe. Aber andererseits war er selbst schuld, denn er hätte ja nicht gleich nach dem Abpfiff in Pforzheim sein müssen, um mich abzuholen, er hätte ja einfach vorher fragen können, ob ich noch ein bisschen feiern wolle.

DEPRESSIONEN

Doch dann setzte jene trostlose Phase ein, die mich förmlich in den Strudel hinabzog, ohne dass ich mich wehren konnte. Tagein, tagaus saß ich nun in unserer schönen neuen Wohnung, schaute fern, trieb allenfalls halbherzig ein wenig Sport und grübelte ansonsten vor mich hin. Den Fernseher hätte ich abstellen, den Sport unterbrechen können, doch die Grübeleien ließen sich nicht unterdrücken, auch wenn ich mir nichts sehnlicher gewünscht hätte. Ich war am Durchdrehen und das jeden verfluchten Tag, der vor dem Fenster aufstieg.

Ich hatte Angst vor der Zukunft, keinen Cent in der Tasche, keinen höheren Schulabschluss und keine abgeschlossene Berufsausbildung, geschweige denn seriöse Berufserfahrungen. Außerdem war ich die letzten Jahre Prostituierte gewesen und hatte so auch keinen richtigen oder zumindest gesunden Bezug zu meinem Körper. Ich litt fast täglich unter Heulkrämpfen und reagierte geradezu hysterisch darauf, wenn mir Bilder durch den Kopf schossen, wie mich irgendein Freier durchfickte. Und wie ich jetzt, in diesem Augenblick, nicht einmal mehr das Geld hatte, mit dem ich mich früher hatte trösten können.

Kotzen hätte ich können, wenn ich immer wieder die Gesichter der Freier vor meinen Augen sah, wie sie es vor Geilheit kaum noch aushielten. Ich hatte den Glauben an die Menschheit verloren. Die ganze Welt kam mir falsch und verlogen vor, ich konnte niemanden mehr ansehen, ohne seine Schwächen und Neigungen vor mir zu sehen. Egal welcher Mann mir begegnete – ich musste ihn mir beim Abspritzen vorstellen, ich konnte einfach nicht anders.

Ständig fragte ich mich, ob das je wieder aufhören würde, ob ich jemals wieder ein normales Leben führen könnte. Im Moment war ich davon Lichtjahre entfernt, am liebsten wäre ich gestorben, ich sah keinen Sinn mehr im Leben. Es besserte sich nichts, ich wollte einfach von meinem Leiden erlöst werden.

Wenn ich mir vorstellte, dass ich hier mein Leben verbringen sollte, so wie es jetzt war, konnte ich kaum noch atmen, doch auch die Wunschvorstellungen von schönen Orten oder schönen Dingen beruhigten mich nicht oder bereiteten mir Freude, sondern machten mir eher noch mehr Angst. Alles war einfach nur eine Belastung; wenn ich mir zum Beispiel vorstellte, wie es jetzt am Meer sein könnte, empfand ich nicht die Schönheit und Weite der See, sondern ich dachte nur daran, wie strapaziös wohl der Weg vom Hotelzimmer zum Meer sein würde.

Ich hatte meine Lebenslust verloren und war stattdessen in tiefe Depressionen versunken. Gab es überhaupt noch einen Sinn in meinem Leben? Ich vegetierte nur noch vor mich hin, weder widerfuhr mir etwas Gutes, noch vollbrachte ich etwas, was anderen Menschen helfen konnte. Meine Träume hatte ich aufgegeben, denn selbst das war mir zu anstrengend und sinnlos.

NEUER LEBENSMUT

Und plötzlich, wie aus heiterem Himmel, spürte ich neuen Elan in mir. Psychisch ging es mir besser und ich fing auch wieder konsequenter an, Sport zu treiben, um die paar Kilos, die ich mir in den letzten Monaten zu Hause angefuttert hatte, wieder loszuwerden. Bei alledem half mir ein täglicher Stundenplan, den ich mir selbst verordnet hatte.

Morgens stand ich um 8.15 Uhr auf, um rechtzeitig bei Beginn von *GZSZ* eine Viertelstunde später auf meinem Heimtrainer-Fahrrad zu sitzen. Danach frühstückte ich und machte den Haushalt, zumindest so, dass ich mich wieder wohlfühlen konnte – und nicht etwa so zwanghaft wie in meinen schlechtesten Zeiten. Komischerweise hatte ich, je schlechter es mir psychisch ging, umso mehr den fast manischen Drang, alles andere um mich herum sauber zu

Doch dann setzte jene trostlose Phase ein, die mich förmlich in den Strudel hinabzog, ohne dass ich mich wehren konnte. Tagein, tagaus saß ich nun in unserer schönen neuen Wohnung, schaute fern, trieb allenfalls halbherzig ein wenig Sport und grübelte ansonsten vor mich hin.

Den Fernseher hätte ich abstellen, den Sport unterbrechen können, doch die Grübeleien ließen sich nicht unterdrücken, auch wenn ich mir nichts sehnlicher gewünscht hätte. Ich war am Durchdrehen und das jeden verfluchten Tag, der vor dem Fenster aufstieg.

Ich hatte Angst vor der Zukunft, keinen Cent in der Tasche, keinen höheren Schulabschluss und keine abgeschlossene Berufsausbildung, geschweige denn seriöse Berufserfahrungen. Außerdem war ich die letzten Jahre Prostituierte gewesen und hatte so auch keinen richtigen oder zumindest gesunden Bezug zu meinem Körper.

Ich litt fast täglich unter Heulkrämpfen und reagierte geradezu hysterisch darauf, wenn mir Bilder durch den Kopf schossen, wie mich irgendein Freier durchfickte. Und wie ich jetzt, in diesem Augenblick, nicht einmal mehr das Geld hatte, mit dem ich mich früher hatte trösten können.

halten. Und mittags setzte ich mich dann an das Manuskript dieses Buchs hier und das erwies sich ebenfalls als wertvolle Hilfe, denn durch das Schreiben konnte ich schwarz auf weiß festhalten und erkennen, wie es mir von Tag zu Tag immer besser ging.

Das Hochgefühl steigerte sich noch, nachdem Mike und ich uns zu einem zweiwöchigen Urlaub auf Fuerteventura entschlossen hatten – unsere erste gemeinsame Flugreise. Mitten in der Nacht ging es los, unsere Koffer waren gepackt, dann standen noch Waschen, Schminken, Haaremachen auf meinem frühen Morgenprogramm. Und schon ging es los in Richtung Flughafen Nürnberg.

Doch kaum hielten wir dort nach einer schier endlosen Autofahrt die Bordkarten in der Hand, begann ich, unter einem Anfall von Flugangst zu leiden. Ich, die ich doch schon zuvor geflogen war, hätte plötzlich alles dafür gegeben, wieder draußen auf sicherem Boden zu stehen.

Umso größer war meine Erleichterung, als wir nach einem Flug von viereinhalb Stunden, der mir wie ein ganzer Tag vorgekommen war, wohlbehalten auf den Kanaren landeten. Jetzt gab es für mich nur noch eines: Ich wollte so schnell wie möglich ans Meer. Doch leider hatten die Tourismus-Götter vor unser erstes Bad im Atlantik noch eine einstündige Busreise zu unserem Hotel gesetzt. Und kaum waren wir dort angekommen, ging es sofort weiter zum nächsten Hotel, weil das ursprünglich gebuchte Haus vollbesetzt war.

Immerhin hat sich der unvorhergesehene Wechsel in ein Hotel, das mit einem Stern mehr als das alte dekoriert war, gelohnt, es war einfach der Hammer: alles super, das Zimmer, der Jacuzzi im unteren Stockwerk, der Strand, ein zwar kleiner, aber immer für uns freier Pool und auch das Essen war gut. Nichts konnte unser Urlaubsglück stören.

Strand, Pool, Bar und Restaurant, so sah unser Tag aus. Einen dieser Tage hatten wir allerdings für eine Reise über die Insel im Mietwagen reserviert, es war Mikes Geschenk zu meinem 18. Geburtstag, endlich war ich volljährig. Da ich mir aber eine Augenentzündung zugezogen hatte, wurde wieder einmal alles anders als geplant. Wir landeten zwar in der Hauptstadt Puerto del Rosario und bummelten noch durch ein Einkaufszentrum, doch zu mehr als einem kurzen Ausflug zum Strand reichte es dann nicht mehr, weil mir der Sand in den Augen brannte.

Den Abend des Geburtstags ließen wir in einem mexikanischen Restaurant bei Tortillas und Cocktails ausklingen. In der Nacht lag ich wach und stellte mir vor, wie ich jeden ausgelacht hätte, der mir vor einem Jahr prophezeit hätte, dass ich meinen Achtzehnten auf diese Weise feiern würde. Was doch zwölf Monate in diesem Alter an Reifungsprozess ausmachen. Nun also war ich volljährig und musste ab sofort vor dem Gesetz für alles geradestehen, was ich verbrach.

Die nächsten Tage waren einfach nur ein entspannter, unaufgeregter Urlaub, wirklich schön, doch manchmal fehlte mir der Kick von früher. Wo waren er und meine Lebenslust hin? Ich wollte wieder verrückt sein, etwas komplett Verrücktes tun. Also haben wir uns jeden Abend betrunken, einmal sogar derartig, dass ich auf dem Zimmer sämtliche Hemmungen verlor.

Ja klar, ich als ehemalige Prostituierte hätte eigentlich sowieso keine Hemmungen haben dürfen, doch bisher hatte ich welche gehabt, und zwar nicht zu knapp. Ich hätte mir zum Beispiel nie vorstellen können, mir vor den Augen meines Freunds an der eigenen Muschi herumzuspielen, selbst im besoffenen Zustand nicht, doch heute tat ich genau das.

In dieser Nacht auf den Kanaren war mir alles egal, ich wollte leben, wollte mich amüsieren. Deshalb schlug ich Mike vor, dass wir uns doch beim Sex filmen könnten. Zuerst war er ein wenig irritiert, doch unter meinem Drängen und dem Einfluss des Alkohols stimmte er schließlich zu, denn auch er war einfach nur besoffen, nicht so stark wie ich, aber doch auch ganz gehörig. Der Film wurde nicht mal schlecht, unser erster gemeinsamer Sexfilm war gedreht und ich schlief glücklich ein.

Am letzten Abend des Urlaubs, als die Hotelbar schließen wollte, gingen wir noch einmal hinüber in das mexikanische Restaurant, in dem wir schon meinen Geburtstag gefeiert hatten. Alles war schön und stimmungsvoll, doch der Gedanke, dass wir am nächsten Abend schon wieder in Deutschland sitzen würden, stimmte uns traurig. Der Heimflug tags darauf war okay, die Flugangst hielt sich in Grenzen, aber die Ankunft war schrecklich, es war kalt in Süddeutschland.

Weil ich ja nun 18 war, konnte ich endlich ohne die Begleitung meiner Mutter Auto fahren. Das wollte ich auch zu gern machen, doch gleichzeitig hatte ich Angst davor. Da wir vor zwei Wochen auf dem Hinweg zum Flughafen einen Verkehrsübungsplatz gesehen hatten, wollten wir heute einen Abstecher dorthin machen, doch ausgerechnet heute hatte er Ruhetag. Ich hätte heulen können, denn allein auf der Straße zu fahren, ohne zuvor wenigstens noch einmal geübt zu haben, traute ich mich denn doch nicht.

Nun standen uns erst einmal zwei Stunden Autobahn bevor und dann noch ein ganzes Stück Landstraße auf dem Weg zu meiner Mutter, bei der wir zum Abendessen eingeladen waren. Irgendwo auf halber Strecke fuhr Mike auf einen Feldweg und ließ mich ans Steuer. Es war wie ein Schock: Ich kam mir vor wie in der ersten Fahrstunde, am liebsten hätte ich sofort wieder aufgegeben.

Als ich mich nach langem Hin und Her endlich auf die Straße wagte, endete die Fahrt schneller, als ich sie begonnen hatte. Denn ich hatte Angst, eine wahre Panik schüttelte mich, es war einfach nur schrecklich und nicht zum Aushalten. Das Gefühl, dass ich als Fahrer ganz allein für mein Leben und das eines anderen verantwortlich war, machte mich fertig, ich wollte und konnte diese Verantwortung nicht tragen. Also setzte sich Mike für den Rest der Strecke bis zu meiner Mutter wieder ans Steuer.

DIE HOFFNUNG STIRBT ZULETZT!

Jetzt, wo ich volljährig war, hätte ich endlich meinen Plan von der selbstständigen Treuetesterin in die Tat umsetzen können. Doch inzwischen musste ich mir eingestehen, dass es eine schlechte Idee gewesen war. Nein, nicht das Projekt an sich war scheiße, sondern lediglich die Idee, sich selbstständig zu machen, ohne auch nur einen Cent auf der Naht zu haben. Und auch Mike, der extra einen – für seine Verhältnisse – Riesenkredit in Höhe von 10.000 Euro aufgenommen hatte, weil er mich bei meiner Selbstständigkeit unterstützen wollte, schien sich plötzlich an nichts mehr erinnern zu können.

Es war klar, dass ich es so nicht durchziehen konnte, denn ohne Moos war selbst für die ausgebuffteste Treuetesterin nichts los – wie immer und überall im Leben. Da war der Urlaub so schön gewesen, und ich fühlte mich so erholt. Doch kaum zu Hause angekommen, ging es mir schlechter als je zuvor – so schlecht, dass ich zwischendurch immer mal wieder überzeugt davon war, mein Tod stünde unmittelbar bevor. Wenn nicht in Stunden oder Tagen, so doch spätestens in wenigen Wochen.

Vielleicht lag es daran, dass mir endlich bewusst geworden war, wie ich meinem Körper permanent geschadet hatte, seit ich denken konnte. Als Kind war ich dick gewesen und hatte fast ein Jahr lang kaum Nahrung zu mir genommen, als 13-Jährige hatte ich den ersten Sex und trank das erste Mal Alkohol, mit 14 begann ich zu rauchen und erlebte meinen ersten Vollrausch mit Kotzen und allem, was dazugehört.

Ab da verkaufte ich meinen Körper, kiffte, zog mir Chemie durch die Nase und ballerte mich fast täglich weg. Dann wehrte ich mich grundsätzlich gegen alles und jeden, was viele Nerven kostete und meine Psyche zerstörte, ganz zu schweigen von dem Jahr, in dem ich mit Max zusammen war. Eigentlich hätte ich heute aussehen müssen wie Mitte 30, es war nicht normal, dass ein Körper in so jungen Jahren, mit gerade mal 18, so viel durchgemacht hatte. Und schließlich hatte ich Feigwarzen – und nach dem Urlaub, durch das viele Wasser, in dem ich mich beim Baden getummelt hatte, noch viel mehr als zuvor.

Das waren die Dinge, die mir bekannt waren, doch was wirklich in meinem Körper vor sich ging, wollte ich erst gar nicht wissen. Denn seit ich denken konnte, hatte ich – ganz die Tochter meiner Mutter – keine Urinprobe mehr beim Arzt nehmen, geschweige denn eine Blutabnahme machen lassen. Maximal ein paar Wochen gab ich mir also jetzt noch, doch auf keinen Fall länger, denn mittlerweile spürte ich schon ein Ziehen im Gebärmutterbereich, ich war sicher, dass es die Endstation war. Ich hatte wirklich abgeschlossen mit dem Leben und machte mir keine Gedanken mehr über die Zukunft, ich wollte einfach von Tag zu Tag leben, ohne darüber nachdenken zu müssen, was morgen sei.

Kurz hatte ich auch mal mit dem Gedanken gespielt, dass ich noch eine Ausbildung machen könnte, um mich aus meiner Perspektivlosigkeit zu befreien, doch diesen Gedanken verwarf ich schnell wieder. Wieso sollte ich mich anstrengen, wenn ich sowieso nichts mehr davon haben würde?

PAPA STIRBT

An einem der letzten warmen Sommertage des Jahres 2010 wollten Vivien und ich noch einmal unter die Leute gehen, endlich mal wieder zusammen ein Eis essen. Mike, der als Beifahrer danebensaß, ließ mich mit seinem Wagen zum Bahnhof fahren, wo wir Vivien abholten. Es war schon ein tolles Gefühl von Freiheit, so am Steuer zu sitzen, jetzt fehlte mir nur noch das eigene Auto.

Mike fuhr dann ab dem Marktplatz wieder zurück nach Hause, wir machten uns zu Fuß auf den Weg zur Eisdiele, die mit dem

Auto ohnehin nicht zu erreichen gewesen wäre. Ich bestellte einen Eisbecher, der zwar massenweise Kalorien hatte, jedoch auch der beste von allen war. So saßen wir da, genossen das Eis und freuten uns über den herrlichen Sommertag. Weil es schließlich doch irgendwann zu kühl wurde, wollten wir drinnen noch einen Kaffee trinken, doch so weit sollte es nicht kommen.

Mein Handy klingelte, ich erkannte Petes Namen auf dem Display, nahm ab und fürchtete instinktiv, er würde mir mitteilen, dass sein krebskranker Vater, mein Ersatz-Opa Heinz, tot sei. Doch es sollte noch viel schlimmer für mich kommen, denn mein eigener Vater war in der Nacht gestorben.

Zuerst glaubte ich, Pete hätte einen schlechten Scherz mit mir gemacht, doch es sollte sich schnell als die bittere Wahrheit herausstellen. Woran war mein Vater gestorben? Unterzuckerung, war die Diagnose. Und warum? Weil er seinen Alkoholkonsum nie in den Griff bekommen hatte. Das Schlimmste jedoch war, dass wir uns vor seinem Tod nicht mehr hatten versöhnen können, dass wir uns, nachdem wir im Streit auseinandergegangen waren, monatelang nicht mehr gesehen hatten. Ich war wie gelähmt vor Schmerz.

Doch wie musste es erst meiner Schwester Lina gehen? Sie hatte die letzten Wochen so einen guten Draht zu unserem Vater gehabt. Sobald ich wieder einen halbwegs klaren Gedanken fassen konnte, ließ ich mich von Pete zu ihr bringen, um sie in die Arme zu schließen. Ich aber fühlte mich leer und beraubt, ich wollte einfach nur noch weinen, die Zeit zurückdrehen bis zu jenem Tag, als ich ihn das letzte Mal gesehen hatte.

Die Beerdigung hätte eigentlich gleich ein paar Tage später stattfinden sollen, doch Lina und ich wollten, dass Silva, die kubanische zweite Frau meines Vaters, entscheiden solle, wo er begraben würde. Also rief ich den Leichenbestatter an und bat ihn um einen Aufschub. Silva stimmte zwar der Mutter meines Vaters zu, dass er in Mühlacker, seiner Geburtsstadt und ihrem Wohnort, beerdigt werden sollte, doch wollte sie ihn wenigstens ein letztes Mal sehen können. Nach einem schier endlosen Hin und Her, mit dem meine auf die »Fremde aus Kuba« eifersüchtige Oma die Leichenschau zu hintertreiben versuchte, nahm ich die Sache in die Hand. So konnte sich Silva schließlich doch noch von ihrem Mann in Würde verabschieden. Ursprünglich hatte ich nicht dabei sein wollen, doch plötzlich stand auch ich vor dem offenen Sarg meines Vaters, er lag da, ganz friedlich, ich hätte ihn so gerne noch einmal umarmt, nur ein einziges Mal.

Inzwischen bin ich überzeugt, es war gut für mich, dass ich mich von ihm verabschiedet habe, denn seither geht es mir besser. Ich bin mit ihm im Reinen, ich habe als letzte Erinnerung an ihn nicht mehr den Streit, in dem wir uns trennten, vor Augen, sondern wie er friedlich und erlöst vor mir lag.

Wenige Tage später beerdigten wir ihn. Etwas Krasseres, als beim Begräbnis des eigenen Vaters zu sein, habe ich nie erlebt. 44, das ist doch kein Alter, dachte ich. Und ausgerechnet er, der sonst immer für die Stimmung gesorgt hatte, war tot. Es fehlte etwas.

JEDER BRAUCHT EIN ZIEL

War mein Leben wirklich normal und durchschnittlich geworden? Und wenn ja – wie konnte ich damit leben? Ich hatte mir so etwas nie vorstellen können, ich wusste gar nicht, was »normal« bedeutet. Viele Fragen, und wie so oft keine Antworten.

Immer wenn eine Etappe gemeistert war, hätte ich eine Pause gebraucht, doch sofort kam die nächste, nie kam ich zur Ruhe. Was wollte ich machen, mit was wollte ich mein Geld verdienen? Was waren meine Ziele? Mit Schule hatte ich es schon versucht, das schien damals meine Welt, es hatte mir gefallen – bis ich sie wegen Max aufgegeben hatte. Und mir die Blöße geben, noch mal die Schulbank drücken und dabei immer die verlorenen Jahre im

Hinterkopf haben, kam natürlich nicht infrage. Geld verdienen, ja, das war ja der Sinn der Anschafferei gewesen, die ich gerade aufgegeben hatte, das also fiel als Ziel auch schon mal weg. Doch was blieb dann noch übrig? Arbeiten gehen – ich? Nach langem Überlegen und Herumstöbern wählte ich mal wieder die leichte Methode: Ich wollte mein Abitur nachholen, wie ich es schon vor Max' Zeiten vorgehabt hatte.

Doch weil ich es nicht einmal bis zur mittleren Reife geschafft hatte, schien mir der Fernunterricht der leichteste Weg, denn damit war das Abi schon innerhalb von dreieinhalb Jahren möglich, damit könnte ich die verlorene Zeit wieder aufholen. Fernunterricht aber kostete Geld und deshalb musste ich mir einen Job suchen. Also setzte ich mich auf meinen Arsch und schrieb Bewerbungen, ich hatte tatsächlich noch den Ehrgeiz, etwas für meine Zukunft zu tun, obwohl ich zwischendurch schon geglaubt hatte, ich hätte ihn und diese ganze Zukunft verloren.

Meine Feigwarzen hatten sich derweil wie von selbst erledigt, sie waren einfach weg, obwohl ich nichts gegen sie unternommen hatte. Ob es an den nun endlich beendeten Impfungen gegen Gebärmutterhalskrebs lag, weiß ich nicht, alles, was zählte, war, dass sie verschwunden waren. Ich hatte ganz offensichtlich eine Glückssträhne zu fassen bekommen. Nach dem schwarzen Loch sah ich endlich wieder Licht, ich war optimistisch gestimmt wie lange nicht mehr. Und auch meine Bewerbungen blieben nicht unbeantwortet, schon nach einer Woche hatte ich ein Vorstellungsgespräch in einer Bäckerei, auch das verlief super, ich wurde für zwei Tage zur Probe eingestellt.

Danach würden sie mir Bescheid geben, ob sie mich übernehmen wollten – auf jeden Fall noch vor unserem Urlaub, den wir für Mallorca gebucht hatten. Wie versprochen klingelte zwei Tage später mein Handy, und ja, ich hatte den Job. Ich würde sofort am Montag nach meiner Rückkehr von Mallorca anfangen können – der Urlaub und die Zukunft waren gerettet!

BALLERMANN

Der Wecker klingelte um zwei Uhr nachts. Normalerweise könnte ich kotzen, wenn ich um diese Zeit geweckt werde, doch heute war nichts normal – es war der Tag, an dem wir in unseren Mallorca-Urlaub fliegen würden, nach El Arenal auf den Ballermann. Mit diesem Gedanken im Kopf verschwand ich ins Bad. Ich schminkte mich und richtete mir die Haare, ach, wie ich es liebte, wenn ich neue Extensions drin hatte, da brauchte ich nicht lange und viel zu glätten.

Erst dann stand Mike auf, ich glaube, auch er hat sich gefreut, obwohl es auf den Ballermann ging. Mike war einfach nicht der Typ, der gerne Party feierte, deshalb konnte ich ihn auch nur dazu überreden, im November, also in der Nebensaison, nach El Arenal zu fliegen, weil dann dort sowieso nicht viel los sein würde. Mir war das egal, eines meiner Lebensziele war es schon immer gewesen, den Ballermann mal live zu erleben, um mir ein eigenes Bild machen zu können.

Und schon ging es los, mit Ballermann-Musik auf die Autobahn, besser konnte man sich ja wirklich nicht einstimmen. Am Flughafen waren wir trotz der langen Schlange schnell eingecheckt, jetzt musste ich nur noch für zwei Stunden meine Flugangst in den Griff bekommen. Doch im wahrsten Sinn des Wortes verging auch das wie im Flug.

Kaum im Hotel angekommen, erfuhren wir, dass unser Zimmer noch nicht frei war. Also vertrieben wir uns die Zeit bis dahin mit einem dritten Frühstück und zwei Drinks an der Hotelbar. Das Zimmer erwies sich dann als wesentlich gepflegter und gemütlicher, als man es nach der Hektik in der Lobby hätte erwarten können.

Draußen regnete es, ich betete, dass das nur heute so sei, weil ich keine Lust hatte, endlich mal auf Mallorca zu sein und dann eine Woche lang im strömenden Regen zu stehen. Erst einmal aber zogen wir uns wetterfest an und gingen hinaus, um das Naturschauspiel mit Sturm und Regen hautnah am Strand zu erleben und das Meer in seiner vollen Wut toben zu sehen. Dann aber wollte ich endlich den Ballermann erkunden, das »Oberbayern« hatte ich schon erkannt, doch es sah derart geschlossen aus, dass es nicht nur an der Tageszeit liegen konnte.

Auch die typischen Ballermann-Häuschen, wo ich doch unbedingt eine Sangria trinken wollte, hatte ich mir ganz anders vorgestellt, alle waren sie geschlossen; nur der Gedanke, dass wir sieben Tage Zeit hatten und es nicht jeden Tag regnen könne, machte mir Mut. Und siehe da: Als wir am nächsten Morgen aus dem Hotelfenster sahen, schien tatsächlich die Sonne, meine Gebete waren erhört worden.

Erst zum Frühstücksbuffet, dann ab zum Strand – das war der Plan für die nächsten paar Stunden. Das Meer hatte sich beruhigt, doch es war immer noch nicht so still, wie ich es bisher vom Süden kannte. Nachdem wir es durch den strammen Wind bis zum Ballermann drei geschafft hatten und der zu meiner Verwunderung sogar geöffnet war, tranken wir dort endlich unsere erste Sangria, ich war einfach nur glücklich.

Auf dem Weg zurück wollte uns ein kleiner Hund nicht mehr von der Seite weichen. Er folgte uns, wohin wir auch gingen. Spätestens beim Hotel mussten wir uns etwas einfallen lassen, wir konnten ihn ja nicht mit aufs Zimmer nehmen.

Also machten wir ganz schnell das Eingangstor hinter uns zu und hielten das für eine super Idee. Doch der Hund überlistete uns, schlüpfte durch irgendwelche Gitterstäbe, und schon war er mit uns drin im Hotel, sprang auch sofort mit uns in den Aufzug und folgte uns, oben angekommen, ins Zimmer.

Weil ich seinen kleinen treuen Augen nicht widerstehen konnte, holte ich ihm aus dem Restaurant etwas zu essen, er fraß die Wurst mit Stumpf und Stiel und machte danach einen so selig zufriedenen Eindruck, dass ich ihn einfach mit nach Deutschland würde nehmen müssen. Mike in seiner Verzweiflung widersprach energisch, heute weiß ich, dass er recht hatte. Denn spätestens, wenn in Deutschland der erste Schnee gefallen wäre, hätte ich die Lust an dem Hund verloren.

Erst einmal versuchte Mike, das Problem zu lösen, indem er ihn vor die Tür sperrte, und verschwand in der Dusche. Der Kleine jaulte und bellte und kratzte mit seinen Pfötchen gegen die Hotelzimmertür. Was sollte ich machen – ich musste ihn wieder hereinlassen. Als Mike wieder aus dem Bad zurückkam, wollte er seinen Augen nicht trauen: Der Strolch war schon wieder da und ließ uns nicht mehr aus den Augen. Erst als wir ihn irgendwann einmal unten vor dem Speisesaal absetzten, sahen wir ihn nicht wieder.

Am dritten Abend wollten wir uns endlich einmal so richtig unters Volk mischen. Ich war schon betrunken, als wir loszogen, und auch Mike war nicht mehr ganz nüchtern. Doch die zwei Whisky Cola auf dem Weg hinunter zur Promenade gaben mir den Rest. Auf offener Straße grölte ich Ballermann-Hits und tanzte dazu. Mike war das sichtlich peinlich, doch mir war es egal, so wie mir immer alles egal ist, wenn ich besoffen bin.

Nirgendwo war jedoch etwas zu erkennen, was auch nur annähernd nach Party aussah. Schließlich fragte ich den Türsteher vor einem Table-Dance-Club um Rat, und schon stellte sich heraus, dass er ganz aus der Nähe von uns stammte, also auch ein Schwabe. Mike fand das alles nicht so lustig, denn er wollte einfach nur einen Cocktail trinken gehen. Doch zu spät, denn ich hatte den »Bierkönig« gesichtet und jetzt gab es für mich kein Halten mehr.

Drinnen angekommen, konnte Mike zwar aufatmen, es schien auf den ersten Blick, als ob sich kein Mensch hierher verirrt hatte. Doch zum Glück gab es noch einen Raucherbereich, und dort ging die Party so richtig ab, ich hatte es doch gewusst. Einen Drink weiter hatte ich nur noch Augen für die Bühne vor mir, auf der ein paar Leute tanzten, ich wollte so gern auch da oben stehen und die Bombenstimmung mit anderen teilen und kurze Zeit später tat

*Geld verdienen, ja, das
war ja der Sinn der An-
schafferei gewesen, die ich
gerade aufgegeben hatte,
das also fiel als Ziel auch
schon mal weg. Doch was
blieb dann noch übrig?
Arbeiten gehen – ich?*

*Nach langem Überlegen
und Herumstöbern wählte
ich mal wieder die leichte
Methode: Ich wollte mein
Abitur nachholen, wie ich
es schon vor Max' Zeiten
vorgehabt hatte.*

ich das auch. Ich fühlte mich frei, mir war es egal, was andere über mich dachten, ich wollte einfach nur tanzen und meiner Lebensfreude freien Lauf lassen, was ich dann auch tat.

Am nächsten Morgen wachte ich mit einem Kater auf, der alles andere als schön war. Und mit Erinnerungen, die ich wirklich nicht haben wollte; doch sie blieben da, und Mikes Erinnerungen an den vergangenen Abend offensichtlich auch, denn er sprach kaum ein Wort. Immerhin gingen wir nach dem Frühstück wieder zum Strand, sammelten Muscheln und tranken eine Riesensangria am Ballermann sechs.

Da wir am nächsten Tag nach Palma wollten, verließen wir an diesem Abend das Hotel nicht mehr. Nach dem Essen verzogen wir uns mit ein paar Whisky Cola aufs Zimmer vor den Fernseher, wir schliefen zweimal miteinander. Doch während Mike hinterher einschlummerte, schossen mir die wildesten Gedanken durch den Kopf.

Ich konnte kaum noch atmen, ich hatte das Gefühl zu sterben, als wenn meine Seele sich von mir verabschieden würde. Eine große Leere überkam mich, ich fühlte mich allein in einer weiten verlassenen Welt, mit keinem Ziel vor Augen, ohne zu wissen, wer ich bin und was ich will.

Einerseits wollte ich immer nur still neben Mike liegen, mit ihm einschlafen und mit ihm aufwachen, mit ihm frühstücken, mit ihm zu Mittag und zu Abend essen und andererseits wollte ich am liebsten nur hier mit Wildfremden tanzen, Spaß haben und keine Gedanken an morgen verschwenden. Mit diesen Gedanken schlief ich tief in der Nacht ein.

Am nächsten Morgen war alles wieder normal, ich liebte ihn, das wusste ich, und das ließ ich einfach mal so stehen, so begann der Tag, doch er endete genau wieder so, wie es vor zwei Tagen gewesen war. Denn nach unserem Ausflug nach Palma landeten wir wieder, dank viel Alkohol und Überredungskünsten meinerseits, im »Bierkönig«. Und wieder stand ich auf der Bühne, doch diesmal war es zu viel für Mike. Einer der Typen bat mich um meine Nummer, ich gab ihm natürlich die falsche, doch Mike konnte das ja nicht wissen, schrie mich von unten her an und verschwand dann.

Nachdem ich kurz durchgeatmet hatte, lief ich ihm hinterher und versuchte, das Missverständnis aufzuklären, doch er ließ nicht mit sich reden, er wollte zurück zum Hotel. Mich jedoch ritt wieder einmal der Teufel, ich wollte um jeden Preis meinen Kopf durchsetzen, deshalb bestand ich darauf, noch eine Weile hierzubleiben und später nachzukommen.

Jetzt war es so weit, wir hatten unseren ersten richtigen Streit. Wir brüllten auf der Straße herum, als gebe es keine anderen Menschen auf der Welt, doch dann beruhigten wir uns wieder und gingen zurück in den »Bierkönig«, ich wieder rauf auf das Podest und Mike alleine unten an einem Tisch. Ach wie ich mir wünschte, dass er mit mir hier oben wäre und auch einmal so richtig aus sich herausgehen würde, aber darauf hätte ich lange warten können. Ich hatte es aufgegeben, ihn zu überreden, und akzeptierte es eben.

Nach fünf weiteren Songs bin ich zurück zu ihm, raus aus der Disco, rein ins Taxi und ab ins Hotelzimmer. Er vögelte mich, als wenn es kein Morgen geben würde, es gefiel mir, dann schliefen wir ein. Die restlichen Urlaubstage gönnten wir uns etwas Ruhe, waren öfter am Strand und kippten noch ein paar Ballermann-Sangria in uns hinein.

Am letzten Abend landeten wir auf ein paar Cocktails in einer Rocker-Bar, tags darauf ging es zum Flughafen und direkt nach Hause. Den Abend verbrachten wir bei meiner Mutter, wie schon bei der Rückkehr aus dem letzten Urlaub.

DER ABEND, DER ALLES ÄNDERT

Ein paar Wochen nach unserer Rückkehr von Mallorca drehte sich mein Leben wieder in die entgegengesetzte Richtung. Ich hatte einfach nur normal sein wollen, doch es ist wie ein zweites Ich, das sich dagegen wehrt; ich kann das nicht steuern, es ist, wie wenn sich Teufel und Engel streiten.

Ein einziger Abend war daran schuld, dass ich mein ganzes bis dahin aufgebautes Leben infrage stellte. Ich bekam Lust zu feiern. Da Mike aber mal wieder kein Geld ausgeben wollte und ich auch nicht mehr viel bis zum Monatsende übrig hatte, beschlossen wir, Mikes Kumpel Andy und Vivien einzuladen.

Wir grillten, unterhielten uns und tranken. Doch wie es eben manchmal so bei mir ist, übertrieb ich es mit dem Alkohol ein wenig. Ich war schon früh in der Nacht komplett besoffen und wollte immer nur feiern, doch plötzlich hatte ich keine Kraft mehr, ich fühlte mich energielos und schlief ein.

Ich habe dann noch mitbekommen, wie Mike mich ins Bett getragen hat, er dann aber kurze Zeit später mit einem Eimer noch einmal wiederkam. Das war auch bitter nötig, denn ich schaffte es gerade noch so, meinen Kopf zu heben und hineinzukotzen. Dann schlief ich ein.

Ab dem nächsten Morgen war alles anders. Ich wollte nicht chillen wie an jedem anderen Sonntag, ich wollte am liebsten sofort dort weitermachen, wo ich am Abend zuvor aufgehört hatte. Ich wollte auch nicht, dass wir Andy nach Hause fuhren, wollte nicht mit Mike allein sein, sondern wieder Action in meinem Leben haben. Der Alkohol hatte alles auf einen Schlag geändert, ich wollte wieder leben und nicht mehr nur existieren.

Die nächsten Tage hatte ich nur noch andere Männer im Kopf, ich konnte nicht mehr klar denken. Bei jedem Mann, der mir über den Weg lief, stellte ich mir vor, wie er mich im Doggy Style durchrammelt oder wie ich als einzige Frau unter einer Horde von

Männern als Sexsklavin herhalten muss. Ich war besessen von Sex. Ständig wollte ich mit Mike ficken, wollte, dass er mich ins Gesicht, auf den Rücken, auf den Arsch schlägt und mich so hart durchfickt, dass mir danach alles wehtut. Und er tat es, er wollte, dass es mir gut ging.

Bei alledem erkannte ich mich selbst nicht wieder. Ich hatte so einen Drang, immer und überall durchgeknallt zu werden! Doch ich wollte es lieber von fremden Schwänzen besorgt bekommen als dem von Mike, ich wollte jeden, nur nicht seinen. Ich musste ihm das sagen, ich hatte mich nicht mehr im Griff, konnte nicht mehr kontrollieren, was passieren sollte und was nicht ... Dann schrieb ich alles auf und schickte es ihm per E-Mail.

E-MAIL AN MIKE

Alles ist Scheiße, ich kann nicht mehr klar denken, meine Welt ist mal wieder komplett durcheinander. Nach so vielen Monaten hatte ich endlich einmal alles im Griff und das letzte Wochenende hat alles zerstört ... der scheiß Alkohol! Alles war perfekt und jetzt ist wieder alles kurz davor kaputtzugehen. Ich kann nichts denken, nichts fühlen. Fühl mich wie ein kleines Mädchen, das nicht weiß, wer es ist, wo es ist oder was es hier überhaupt verloren hat.

Alles, was ich in den letzten Monaten getan habe, um meine Psyche endlich auf einen halbwegs normalen Stand zu bekommen, hat sich plötzlich in Luft aufgelöst. Was soll ich denn jetzt machen? Fühl mich alleine, niemand da, der mich wirklich versteht. Endlich hatte ich mein Leben so, wie ich es wollte. Ich hatte endlich ein halbwegs normales Leben, ich ging arbeiten, du und ich führten eine glückliche Beziehung, auch wenn du mich nicht mehr so anfasst, wie du es früher mal getan hat. Ich hatte keine Freunde mehr und das war auch gut so ...

Ich konnte mir mein Leben endlich so gestalten, wie ICH es wollte, ohne immer auf alle Rücksicht nehmen zu müssen. Doch jetzt stelle ich wieder alles infrage, was mir bis vor ein paar Tagen wichtig war, warum? Ich weiß es selbst nicht. Ich fühl mich leer und am liebsten würde ich mich erst mal ein paar Tage ganz allein in ein Zimmer einschließen, um wieder klar im Kopf zu werden.

Es ist, als wenn jemand anderes mein Leben bestimmen würde und ich nichts zum Mitbequatschen habe. Jemand, der Harmonie nicht mag, weil sie ihr oder ihm zu langweilig ist. Ich kann keinen klaren Gedanken fassen, weiß nicht mehr, was ich will. Wieso kann ich nicht endlich glücklich sein? Ich will plötzlich unter Menschen, will wieder etwas erleben, obwohl ich genau weiß, dass mir das nichts bringt, doch ich kann gegen den Drang nichts tun, ich bin machtlos, obwohl ich es mir so sehr wünsche.

Ich bin hin- und hergerissen, ich kann mich selbst nicht verstehen. Ich bin zwei, drei, vier oder sogar fünf Personen in einem Körper. Dass das physisch nicht möglich ist, weiß ich, doch so fühlt es sich an! Ich stelle vor:

Lisa 1 (das Kind Lisa) – Sie will einfach nur liebgehabt werden, will Dinge aussprechen, die ihr in den Kopf kommen, und will ihren Gedanken freien Lauf lassen, sie ist das ungeliebte Kind in mir, die einfach nur spielen will, die sich keine Gedanken machen will und nicht will, dass es irgendjemandem um sie herum schlecht geht.

Das ist die Lisa, die sich vor den Hasenstall stellt und die Tiere darin anzwitschert, wie süß sie doch sind, oder die sich abends in das Kissen auf dem Schoß ihres Freundes kuschelt und alles um sich herum vergisst, die einfach geliebt werden will, weil es sie gibt. Sie will sich nicht unterdrücken lassen, doch sie ist einfach zu jung, um immer die Macht über den gemeinsamen Körper zu haben.

Jetzt, wo ich über sie schreibe, fange ich an zu weinen, weil sie sich enttarnt fühlt und weiß, dass sie nicht die Königin der Persönlichkeiten ist, sie ist die Schwächste und nur ganz wenige Menschen sind ihr schon mal begegnet. Sie kommt nur dann raus, wenn sie sich sicher fühlt, wenn sie keine Angst vor Verletzungen durch Worte oder vor Dingen hat, die um sie herum passieren.

Lisa 2 (die nachdenkliche Lisa – auch »die Vernünftige«) – Sie ist die, die immer alle anderen, die im gleichen Körper wie sie wohnen, beruhigt, sie ist die, die alles im Griff zu haben scheint, und es ist die, die von allen anderen am meisten gehasst wird, weil sie ihnen mit klarem Kopf ihre Illusionen zerstört.

Leider schafft sie das viel zu selten, denn sie ist allein, und alle anderen, egal wie sie sich untereinander anfeinden, hassen sie am meisten und kämpfen gemeinsam gegen sie. Sie ist die Stärkste von allen, weil sie es immer wieder schafft, sich ganz allein gegen alle anderen zusammen durchzusetzen.

Sie ist die, die mich zum Nachdenken bringt. Die, die Pro und Kontra auflistet und dann erst eine Entscheidung trifft. Die, die immer mal wieder Stopp sagt, um nicht etwas schwerwiegend Falsches zu tun oder zu sagen. Ich glaube, wenn sie mehr zu sagen hätte, wäre meine Psyche längst nicht so schlimm, wie sie jetzt ist.

Lisa 3 (die soziale Lisa) – Sie ist die, die gerne Menschen um sich herum hat, die, die gerne träumt, die, die Freundschaften pflegt, die, die dich, ihren Schatz, nach Lisa 1 am meisten liebt. Es ist die, die hinter der Bäckertheke steht und die Kunden anlächelt, die, die auch einer Santrina nicht böse sein kann, auch wenn sie hinterfotzig ist, oder die, die sich auch mit Menschen abgibt, für die sich eine andere Lisa (außer vielleicht Nummer 1) viel zu schade wäre.

Die, die es liebt, mit Menschen wie Mama oder Martin zusammenzusitzen. Die, die von einem geregelten Leben träumt, die, die weiß, was am Tag passieren wird, wenn sie morgens aufsteht. Die, die laut singend im Auto durch die Gegend fährt, die, die es liebt, am Strand zu liegen oder in einer Cocktailbar zu sitzen.

Lisa 4 (Alkohol-Lisa) – Sie ist die, der alles egal ist, die immer zum Vorschein kommt, wenn Alkohol im Spiel ist. Sie ist die, die nicht an morgen denkt, sie ist die, die am vitalsten ist von allen, keiner der anderen hat eine Chance gegen sie, wenn sie mal loslegt. Sie ist die, die

keine Probleme hat, mit Menschen, die sie nicht kennt, Freundschaf-
ten zu schließen, die auf der Tanzfläche steht, egal was um sie herum
passiert, sie bewegt sich, sie will leben, sie will nach vorne, egal was
alle anderen Menschen, die sie in diesen Situationen sehen, von ihr
halten und ihr ist auch egal, was die anderen Lisas über sie denken.

Sie ist der Boss; wenn sie die Regie führt, hat kein anderer was
zu sagen. Sie liebt es zu leben, jede Sekunde, in der sie da sein kann,
zu genießen. Sie kennt kein Gehtnicht, es geht alles in ihrer Welt.
Sie versucht die anderen zu manipulieren, sie will der Chef sein,
auch wenn kein Alkohol im Spiel ist. Sie ist die Einzige, die in der
Öffentlichkeit singt, auch wenn sie keine Stimme hat, die Einzige, der
wirklich nichts peinlich ist. Und früher war sie ein toller Motor für
Lisas Prostitution, mit ihr als Zugpferd hatte ich keine Angst, keine
Hemmungen. Diese Lisa ist jedoch auch im nüchternen Zustand
fähig zu starken Gefühlen, zum Beispiel für meinen Schatz, sie weiß
immer, dass es ihn gibt und dass sie sich die Feindschaft aller drei
anderen Lisas zuziehen würde, sollte sie das vergessen! Und da Lisa
4 die anderen drei mag, auch wenn sie besoffen ist, wird sie das nie
riskieren.

Doch dann gibt es noch Lisa 5 (die nüchterne Lisa, die von der
Alkohol-Lisa zur Verstärkung geschaffen worden ist, die Abenteuer-
lustige und Mutige). – Sie besitzt viele gute Eigenschaften, leider aber
auch eine ganz ganz schlechte: Sie ist extrem egoistisch. Sie will im-
mer nur ihren Vorteil aus allem ziehen, sie ist die Einzige, die dich
hasst, die dich als Feind und als Problem sieht, das aus dem Weg
geschafft werden muss. Sie liebt die Freiheit, das Leben, sie hat sich
schon oft vorgestellt, wie es wäre, wieder allein zu wohnen, Sex mit
anderen Typen zu haben, wieder anschaffen zu gehen und die das
Geld vermisst. Sie ist die, die alles nach ihren Vorstellungen machen
will und manchmal, wie zum Beispiel genau in diesem Moment,
damit auch durchkommt.

Warum jetzt? Weil sie jetzt am Wochenende durch Lisa 4 beein-
flusst wurde. Sie hat es mal wieder geschafft, nach vorn zu kommen.

Sie ist nämlich die, die sich an die Spitze drängt, wenn die anderen nicht mehr weiterwissen, wenn sie aufgeben, weil ihnen der Mut fehlt, weil sie zu schüchtern sind.

So, jetzt kennst du meine fünf Hauptpersönlichkeiten. Nein, eine sechste muss ich noch erwähnen, die Beobachterin Lisa, das ist die, die gerade schreibt. Sie ist die Einzige, die wirklich erkennt, was los ist, und meistens auch weiß, wie sie mit jeder Einzelnen umgehen muss.

Im Moment würde ich am liebsten meine Sachen packen, mich wieder durch die Weltgeschichte bumsen und so leben, wie ich es will, ohne darüber nachzudenken, doch jetzt, wo ich den Satz geschrieben hab und weiß, dass das jemand anderes liest, kommt die kleine Lisa und sagt: »Nein, das willst du nicht.« Doch da sie viel schwächer ist als Lisa 5, weiß ich auch, dass sie keine Chance hat, die Ältere zu bremsen, wenn so eine Situation mal auftreten sollte.

So eine Situation wird nur dann gefährlich, wenn Lisa 5 gerade das Sagen hat, es ist ein Spiel mit dem Feuer. Alles war okay, meistens zumindest, doch jetzt rauch ich wieder, obwohl ich nicht will, ich hab Alkohol getrunken, bis ich gekotzt hab, und ich will mit anderen Männern bumsen, obwohl ich dich, Schatz, bis vor ein paar Tagen über alles geliebt habe und dich nie verlieren wollte.

Ich träum von Sex mit anderen Männern, will das unbedingt auch in die Tat umsetzen und habe gleichzeitig Angst davor, dass ich dieses Verlangen nicht sofort wieder verdrängen kann. Ich hab wieder alle Fäden verloren, sehe wieder in nichts mehr einen Sinn, will mich wegbeamen durch Ficken, durch Saufen, will einfach raus aus dieser Welt. Ich glaube, ich liebe dich, und ich will auch, dass es aufhört, aber ich weiß nicht wie!

Ich fühlte mich nach dieser Mail wie befreit, endlich konnte ich wieder ehrlich zu mir selbst sein, musste meine innere Unruhe, meine Bedürfnisse nicht mehr für mich behalten, am liebsten hätte ich sie laut aus mir herausgeschrien, ohne ein schlechtes Gewissen zu haben, weil ich nicht ehrlich gewesen war. Ich war endlich wieder ich, ich war frei, frei, frei.

MIKE GESTEHT MIR ALLES

Als Mike am Abend heimkam, entwickelte sich alles ganz anders, als ich es mir gewünscht hatte. Er hatte die E-Mail nämlich nicht wie versprochen erst zu Hause geöffnet (ich hatte Spätschicht), sondern sie noch bei der Arbeit im Büro gelesen. Danach sei er, behauptete er, ins Materiallager gerannt und dort zusammengeklappt.

Ich wusste nicht wie reagieren: Sollte ich wieder Mitleid mit ihm bekommen und ihn trösten und alles wieder infrage stellen, was ich geschrieben hatte, war das richtig und vor allem: Wollte ich das überhaupt? Mitten in meine Gedanken hinein murmelte er: Er müsse mir etwas erzählen, denn jetzt wäre ja sowieso alles egal. Ich setzte mich mit ihm in die Badewanne, wie wir es immer tun, wenn wir etwas zu besprechen haben. Doch es dauerte drei, wenn nicht vier Zigaretten, bis er endlich mit der Sprache herausrückte.

Er war, beichtete er schließlich, wieder in seine frühere Spielsucht zurückgefallen. Aber dieses Mal waren es nicht nur ein paar Tausend Euro, die er verzockt hatte, sondern sage und schreibe 40.000 an Schulden hatten sich in nur vier Monaten angehäuft. Er hatte wieder neue Kredite aufgenommen, hatte schon bestehende erhöhen lassen, sich mehrere Kreditkarten zugelegt und diese alle vollkommen ausgeschöpft, sich bei Privatpersonen, bei Freunden Geld geliehen.

Aber dabei war es in den letzten Monaten nicht geblieben, er hatte sogar seinem Arbeitgeber Geld unterschlagen und Silberbarren, die er nicht besaß, über ebay verkauft. Das alles erzählte er mir in nur fünf Minuten – eine Handvoll Minuten, die alles, was wir in den vergangenen Monaten aufgebaut hatten, infrage stellten.

Hatte ich Schuld daran? Wieso hatte er nicht so viel Vertrauen zu mir gehabt, zu mir zu kommen, als er bemerkte, dass er einen Rückfall erlitt? Hätte ich es verhindern können, dass er sich sein komplettes Leben versaute? Hätte ich oder hätte ich nicht – das waren die Gedanken, die mir durch den Kopf schossen. Ich sagte nichts, nahm mein Handtuch, stieg aus der Wanne und setzte mich auf das Sofa im Wohnzimmer.

Wenige Minuten später kam er mir nach und fragte, was jetzt sei. Ich nahm ihn von hinten in den Arm und versicherte ihm, dass ich ihn nicht allein lassen würde. Warum ich das gesagt habe, weiß ich nicht, ich weiß nur, dass ich es in diesem Augenblick für richtig hielt. Ich wette, es war Mitleid und das Gefühl, dass ich mit daran schuld war.

In diesem Moment wusste ich jedoch auch, dass ich gehen musste, dass es so nicht weitergehen konnte. Ich hatte mich so in ihm getäuscht, hatte wirklich gedacht, dass ich in ihm den Partner fürs Leben gefunden hatte, einen, auf den man sich verlassen konnte. Doch was war stattdessen? Er war mir in den Rücken gefallen und hatte nicht nur seine, sondern genauso auch unsere gemeinsame Zukunft kaputt gemacht.

Klar war Mike mir schon lange viel zu langweilig, doch ich hätte ihn nie verlassen, weil ich ihn brauchte, ihn, der immer einen Rat wusste, ihn, der mich auf den richtigen Weg gebracht hatte. Und außerdem hatten wir gemeinsame Träume, auswandern wollten wir in ein paar Jahren und uns dort ein Leben und eine richtige kleine Familie aufbauen. Jetzt war diese Option weg, für viele Jahre dahin, denn mit Schulden auswandern ist das Schlimmste, was man machen kann.

Was hätte uns also noch verbunden, wenn wir zusammengeblieben wären? Das Einzige, was mich doch immer bei ihm gehalten hatte, waren genau diese Punkte, die sich soeben ganz von selbst erledigt hatten. Jetzt wusste ich, dass es an der Zeit war zu gehen, endlich zu gehen.

»Ich träum von Sex mit anderen Männern, will das unbedingt auch in die Tat umsetzen und habe gleichzeitig Angst davor, dass ich dieses Verlangen nicht sofort wieder verdrängen kann.

Ich hab wieder alle Fäden verloren, sehe wieder in nichts mehr einen Sinn, will mich wegbeamen durch Ficken, durch Saufen, will einfach raus aus dieser Welt.

Ich glaube, ich liebe dich, und ich will auch, dass es aufhört, aber ich weiß nicht wie!«

DAS ENDE VON MIKE UND MIR

Die nächsten Tage verliefen recht ruhig, ich war viel bei Santrina, meiner Mutter oder bei Martin. Mike brachte mein Verhalten fast zum Platzen, doch mir war es egal, was hatte er mir schließlich angetan? Nur zwei Tage nach seinem Geständnis hatte ich die Beziehung zu ihm beendet, wir schliefen zwar noch im selben Bett, hielten aber auf Distanz. Es war vorbei.

Manchmal fehlte er mir, wenn ich seine Nähe und die Wärme nicht mehr spürte. Ich schlief nicht mehr mit ihm, also fehlte mir auch der Sex. Deshalb beschloss ich, meine wiedergewonnene Freiheit auszunutzen, ich wollte endlich das, was ich schon so lange vorhatte, in die Tat umsetzen. Ich wollte fremde Schwänze in mir spüren, endlich wieder spüren, dass ich lebe.

Santrina und ich waren in Pforzheim mit Samuel, den ich seit bestimmt zwei Jahren nicht mehr gesehen hatte, und einem anderen alten Bekannten, Kevo, in Andreas' Wohnung. Was wir am Abend machen wollten, stand noch nicht fest. Als dann auch noch Andreas mit seiner Freundin und zwei weiteren alten Kumpels, Kevin und Flo, dazustießen, wollten wir Alkohol-Nachschub besorgen, obwohl wir schon besoffen genug waren.

Nachdem wir wieder nachgetankt hatten, wechselten wir hinüber in Samuels Wohnung, weil wir Andreas und seine Freundin nicht mehr stören wollten. Samuel wohnte über der Gaststätte, in der er auch arbeitete. Da er dort weit und breit der einzige Mieter war, konnten wir die Musik laut drehen, ohne dass es jemanden störte.

Samuel, den ich schon ewig kannte, war eigentlich nicht mein Typ. Er war schon 23, doch weil er als einziger von den Jungs um mich herum gut aussah, beschloss ich, dass er mein Opfer für die Nacht sein sollte. Es gab da nur ein Problem: Samuel war der Sexfreund von Santrina und sie hätte das nie zugelassen. Deshalb beschloss ich, die beiden nun zu einem Dreier zu überreden.

Es klappte. Kurze Zeit später lagen wir zu dritt bei Samuel im Bett und hatten Sex. Santrina und ich lutschten gleichzeitig an seinem Schwanz herum, dann saß ich auf Samuels Kopf, er leckte mich. Santrina setzte sich auf Samuel und fickte ihn, dann wollte Samuel mich ficken. Ich fingerte nun Santrina, während Samuel mich im Doggy Style stieß. Ja, dachte ich mir, das ist mein Leben.

Erst als ich merkte, wie es Santrina hinzudrehen versuchte, dass er in sie und nicht in mich spritzte, schlich ich von Samuel weg und begann, mich wieder anzuziehen. Santrina ergriff ihre Chance und ritt ihn wie eine Wilde, einige Minuten später waren wir drei auch schon wieder bei den anderen im Wohnzimmer. Die wussten natürlich genau, was abgelaufen war, und ließen uns das mit blöden Kommentaren spüren. Doch sie waren ja nur neidisch.

Am nächsten Wochenende waren Santrina und ich mit Marcel, einem anderen Freund von früher, und dessen zwei Kumpels unterwegs. Wir versorgten uns mit genügend Alkohol und fuhren an einen ruhigen Platz, damit wir, ohne jemanden zu stören, so richtig feiern konnten. Alles lief ganz normal, bis ich mal wieder zu viel Alkohol im Blut hatte und auf die Idee kam, dass wir doch Flaschendrehen spielen könnten.

Irgendwann hüpften wir dann alle nur noch in der Unterwäsche herum und genossen unser Leben. Lapdance musste ich bei allen drei machen, als ich das nächste Mal an der Reihe war, ich fühlte mich in meinem Element. Auch die anderen blieben natürlich nicht verschont. Ich glaube, es gab keinen in dieser Nacht, der nicht mit jedem rumgemacht hat. Als ich dann wieder dran war, wollten sie, dass ich einem der beiden Kumpels von Marcel einen lutsche, und ich kniff keineswegs, obwohl sie das wohl geglaubt hatten. Ich hasse es, unterschätzt zu werden. Außerdem kannte ich keine Gewissensbisse, seit ich Michael verlassen hatte. Ich bereute nichts, außer das mit dem Blowjob.

Lauter kranke Ideen schossen mir durch den Kopf, ich wollte einen Mann vögeln, den ich nicht kannte, also einen wildfremden

Typen. Deshalb stellte ich mal wieder eine Anzeige ins Internet, es ging dann auch ganz schnell, bis sich die Ersten meldeten. Da ich meine Anzeige auf einer Seite geschaltet hatte, auf der ich früher auch meine Freier gesucht hatte, waren natürlich viele dabei, die dachten, dass ich Geld dafür wollte, doch ich wollte einfach nur vögeln.

Deshalb löschte ich alle Mails sofort wieder, die irgendetwas mit Geld zu tun hatten. Trotzdem blieben noch genug übrig; von Minute zu Minute wurden es mehr, mein Posteingang füllte sich mit E-Mails von sexgeilen Männern, die schon bei dem Gedanken an eine junge, hübsche naturgeile Frau fast abspritzten. Ich wollte einfach nur einen fremden Schwanz in meiner Muschi stecken haben, sonst nichts.

Am nächsten Tag fuhr ich auf eine Autobahnraststätte, um mich dort mit Sven, dem auserwählten Schwanz, zu treffen. Er sah zu meiner Verwunderung gut aus, doch das war mir auch eigentlich egal, denn fremder Schwanz ist fremder Schwanz. Irgendwann landeten wir in einem kleinen Waldstück, sahen einen alten Hochsitz und entschieden uns für ihn als unseren Fickplatz.

Oben stellte er sich vor mich hin, ich saß auf einer Art Bank. Als ich ihm unmissverständlich andeutete, was ich wollte, öffnete er seine Hose, nahm meinen Kopf und drückte ihn zwischen seine Beine. Er hatte einen großen, wohlgeformten Schwanz, ich wollte, dass er mich fickt. Während ich ihn lutschte, fummelte ich so lange und so tollpatschig an meinem Slip herum, dass er mir endlich half und ihn mir auszog.

Ich stellte mich nach vorne gebeugt vor ihn und wartete, bis er mir seinen Schwanz endlich reinsteckte. Sekunden später war er in mir drin, er fickte gut, schlug mir auf den Arsch, wie ich es in diesem Augenblick brauchte. Ich fühlte mich gut, so gut, er fickte und fickte … ein paar Minuten später spritzte er mir seinen Saft auf den Arsch und setzte sich erschöpft auf die Bank. Ich wischte das Zeug weg und setzte mich neben ihn.

Er fragte, wann wir das wiederholen, doch ich wusste natürlich schon in diesem Moment genau, dass wir uns nie mehr sehen würden, ich wollte schließlich nur Sex mit einem Fremden und keine Affäre. Auf dem Rückweg schwärmte er von mir, ich sei ein wahres Naturtalent, hätte alles, was es zum Pornostar braucht: naturgeil, hemmungslos, hübsch und jung – und alles davon geradezu im Übermaß. Und das sagte ein Mann, von dem ich nichts kannte als seinen Vornamen.

Als ich wieder in meinem Auto saß, ging es mir so gut wie lange nicht mehr, ich fühlte mich frei, glücklich, toll, einfach zufrieden. Erst nach mehreren Minuten auf der Straße wurde mir bewusst, was ich gerade getan hatte. Und plötzlich war ich wieder wie leer, ich wollte alles rückgängig machen, doch nun blieb mir nichts anderes mehr übrig, als damit zu leben.

Erst einmal aber fuhr ich zu Santrina, um ihr alles zu erzählen. Danach fühlte ich mich wieder besser, jetzt bereute ich keine Sekunde mehr, was ich getan hatte, denn warum sollte ich etwas bereuen, was mir so viel Spaß gemacht hatte?

Auch die alten Partys, bei denen wir dank Alkohol, Gras und Schnee erst nach 48 Stunden schlafen gingen, feierten wir nun wieder. Doch irgendwie war es alles nicht das, was ich wirklich wollte. Tief im Inneren spürte und wusste ich das ganz genau, selbst wenn ich ständig versuchte, mir das Gegenteil einzureden.

TIM

Eins war klar: Ich musste aus der gemeinsamen Wohnung mit Mike ausziehen, doch ich hatte vorerst einfach keine Lust zu handeln, deshalb vergingen die Tage und sogar die Wochen, ohne dass sich irgendetwas Erkennbares änderte. Dann hatte ich ein Date mit Tim, einem Stammkunden der Bäckerei, in der ich arbeitete.

Er hatte mich schon beim ersten Mal beeindruckt, weil er etwas unbeschreiblich Umwerfendes an sich hatte. Sein Alter war schwer einzuschätzen, auf »so Mitte 30« hatten Silke, die Filialleiterin der Bäckerei, und ich uns geeinigt. Tim dagegen war, als er mich bei unserem ersten Date nach meinem Alter fragte, geradezu geschockt, doch konnte ich ihn schnell beruhigen: Mir mache der Unterschied nichts aus.

Auf meine Frage jedoch, wie alt er denn sei, wich er zunächst einmal aus. Erst als wir an einer Ampel hielten, sagte er: »Also pass auf, ich sag dir jetzt mein Alter und dann sagst du entweder ›links‹, dann bringe ich dich zu deinem Auto. Oder du sagst ›rechts‹ und wir fahren in die Stadt und trinken noch etwas gemeinsam.« Als er mir dann gestand, dass er bereits 45 sei, also zehn Jahre älter, als von mir erwartet, fuhren wir trotzdem nach rechts. Wenige Minuten später saßen wir in einer Bar und ließen den Abend gemeinsam ausklingen.

Beim Abschied legte Tim den Arm um mich und flüsterte mir ins Ohr, dass das doch alles gut zueinanderpasse. Ich musste ihm recht geben, auch wenn 27 Jahre Altersunterschied zwischen uns lagen. Zu Hause im Bett neben Mike ließ ich den Abend innerlich noch einmal Revue passieren. Tims Alter war mir nach wie vor gleichgültig, das Einzige, was mir Kopfzerbrechen bereitete, war seine fast 13-jährige Tochter.

Wie sollte ich mich denn gegenüber einem Mädchen verhalten, mit dessen Vater ich zusammen war und das gerade einmal sechs Jahre jünger war als ich? Ich stellte mir vor, wie ich reagiert hätte, wenn mein Vater mit einer 18-Jährigen angekommen wäre; ich glaube, ich hätte ihn für verrückt erklärt. Doch wenn ich Tim haben wollte, musste ich mich mit der Tatsache wohl anfreunden. Und ich wollte ihn auf jeden Fall haben; Gott, hatte ich Schmetterlinge im Bauch.

Am nächsten Tag waren wir schon wieder verabredet, dieses Mal fuhren wir gleich zum Essen in die Stadt. Ich brauchte ihn nur anzusehen und schon wurde mir ganz warm. Zwar wusste ich nicht, was ich reden sollte, doch wozu reden, wo ich mich einfach nur rundum wohlfühlte in seiner Gegenwart.

Als ich Silke am nächsten Morgen bei der Arbeit begegnete, fragte sie mich als Erstes, wie es denn war. Ich war verunsichert, weil ich mich nicht daran erinnern konnte, dass ich ihr etwas von einem Date mit Tim erzählt hatte, sagte aber trotzdem, dass es super gewesen sei. »Zeig mal«, setzte sie lachend nach. Erst jetzt begriff ich, das sie nicht die Verabredung gemeint hatte, sondern das Tattoo, dass ich mir am Tag davor hatte stechen lassen. Um keine schlafenden Hunde zu wecken, präsentierte ich ihr ganz schnell das fertige Werk, eine Lotusblüte mit dem Schriftzug »Real Freedom«.

Silke war begeistert; doch dann schaute sie mich zweifelnd an: Was denn so »super« gewesen sei, das Tattoo hätte ich ja wohl nicht damit gemeint? Deshalb erzählte ich ihr freudestrahlend von meinen Dates, und als sie prompt noch Tims wahres Alter wissen wollte, verriet ich ihr auch das. »Na gut, wenn es passt, warum nicht?«, war ihre fröhliche und unbekümmerte Reaktion.

Am Abend des nächsten Tages waren wir schon wieder verabredet. Nach ein paar Cocktails in einer Bar gestand mir Tim, dass er sich während seiner Ehe in eine andere verliebt und deshalb seine Frau verlassen habe. Jetzt wollte auch ich reinen Tisch machen. Deshalb bestellte ich mir einen weiteren Cocktail, nahm all meinen Mut zusammen und gestand ihm, dass ich Prostituierte gewesen sei.

Natürlich stellte ich es wieder einmal so dar, dass ich das alles nicht gewollt hätte und auch nicht durch eigene Schuld da hineingeschlittert sei. Dabei schäme ich mich doch eigentlich gar nicht für das, was ich getan habe, schließlich war alles mein eigener Wille, meine eigene Entscheidung gewesen.

Der eigentliche Grund für meine Beichte war jedoch, dass ich vorbeugen wollte, falls Mike aus Rachsucht irgendetwas herumerzählte. Ich wollte, dass Tim die Geschichte von mir erfuhr und nicht von einer dritten Person, die das ja eigentlich überhaupt nichts anging. Zu meiner Erleichterung nahm er das alles ziemlich gelassen hin, ich musste ihm nur versprechen, dass ich so etwas nie wieder machte.

Falls er tatsächlich geschockt war, dann war es darüber, dass ich überhaupt auf die Idee gekommen war, anschaffen zu gehen – er hätte mich nicht so eingeschätzt, dass ich einfach mit jedem Sex haben könnte. Das tat gut. Er hatte keine Vorurteile mir gegenüber, war auch nicht durch Gerüchte beeinflusst, sondern er war ganz frei, sich eine eigene Meinung über mich zu bilden. Ich war so glücklich, ich wollte am liebsten keine Minute mehr ohne Tim sein.

Am nächsten Abend war ich zur Geburtstagsfeier meiner Mutter eingeladen. Nach ein paar Stunden ließ ich mich dort von Santrina und Marcel abholen, wir wollten einfach noch ein bisschen was gemeinsam trinken und die Seele baumeln lassen. Der Alkohol steigerte meine gute Laune und aus dieser Laune heraus schrieb ich Tim eine SMS, dass ich eine Riesenlust auf Sex mit ihm hätte.

Ich hatte mir gedacht, dass er sofort kommt, um mich zu ficken, so wie es wahrscheinlich 99 Prozent aller Männer gemacht hätten, doch zu meiner Verwunderung ging er auf mein Angebot überhaupt nicht ein. Hatte ich wirklich einen gefunden, der kein Arschloch war? Einen, der nicht nur das Vögeln im Kopf hatte? Obwohl oder gerade weil ich angenehm überrascht war, wurde ich in diesem Augenblick noch geiler auf ihn.

Irgendwie kamen wir dann in dem ganzen SMS-Wechsel auf meinen geplanten Umzug zu sprechen, bis ich ihm – dem Alkohol sei Dank – vorschlug, dass wir doch gleich zusammenziehen könnten. Zu meiner Verwunderung nahm er dieses Angebot an.

Die Nacht haben wir, also Santrina, Marcel und ich, noch voll durchgemacht, am nächsten Morgen und ausgenüchtert fuhr ich dann in meine alte Wohnung, wo ein wieder mal tief verärgerter Mike saß und wissen wollte, wo ich die letzte Nacht verbracht hatte. Auch wenn ich ihm keine Details verriet, musste ich ihm doch immerhin reindrücken, wie glücklich ich mit Tim war. Ich weiß, es war nicht fair, ihn so zu behandeln, aber er war auch nicht fair zu mir gewesen.

Den Nachmittag verbrachten Tim und ich im Karlsruher Schlosspark, erst gingen wir spazieren, dann blieben wir in einem Café hängen. Vernünftig sei es ja nicht, dass wir jetzt schon zusammenziehen wollten, sagte er, doch er habe ein gutes Gefühl dabei. Genauso empfand auch ich es. Wir kannten uns noch nicht einmal eine Woche, doch ich war mir in meinem Leben nie sicherer gewesen.

Die nächsten Tage haben wir uns jeden Tag gesehen, derweil wurde Mike immer unerträglicher. Da ich nicht mehr mit ihm in einem Bett schlief, hatte nun auch er verstanden, dass es mit uns endgültig vorbei war. Max saß ständig bei uns, Mike und er hatten sich angefreundet und so kam es, dass wir eines Abends auf unserer Terrasse gemeinsam grillten, das wäre ein paar Wochen zuvor noch undenkbar gewesen.

Als mir Mike plötzlich in einem Wutanfall ins Gesicht schlug, wusste ich, dass nun die Zeit gekommen war zu gehen. Marcel hatte mir schon angeboten, dass ich vorübergehend bei ihm wohnen könnte, Martin, mein Ersatzvater, hatte mir den gleichen Vorschlag gemacht, doch beides hatte ich bisher abgelehnt.

Doch das Problem löste sich ganz schnell, denn da es Tim alles andere als recht war, dass ich bei Marcel unterschlüpfen könnte, zog ich für die nächsten Tage kurzerhand zu ihm. Eine Wohnung hatten wir auch schnell gefunden und eine Woche später zogen wir ein. Nach nicht mal zwei Wochen wohnte ich also mit einem Mann zusammen, der mehr als doppelt so alt war wie ich, doch ich war glücklich wie nie.

EINMAL NUTTE, IMMER NUTTE,
IST DA WIRKLICH ETWAS DRAN?

Die nächsten Wochen war ich einfach nur wunschlos glücklich, doch dann packte es mich wieder. Jedes Mal, wenn ich einen Blick in meinen Geldbeutel oder auf meine Kontoauszüge warf, wurde mir ganz übel, von meiner Kreditkarte ganz zu schweigen. Ich arbeitete, doch Geld hatte ich keins, es musste sich etwas ändern, das war der Gedanke, der mich tagelang beschäftigte.

Eigentlich hätte ich mich glücklich schätzen müssen, dass ich einen festen Job hatte, schließlich hatte ich nur einen Hauptschulabschluss und eine abgebrochene Berufsausbildung vorzuweisen, also nicht gerade die idealen Voraussetzungen für eine strahlende Karriere. Doch ich wollte und konnte mich nicht damit abfinden, und als ich in der Zeitung dann die Anzeige *Attraktive Damen zwischen 18 und 30 für Erotisches Massagestudio gesucht – kein Sex* las, wusste ich, dass ich dort anrufen würde, ob nun gleich heute oder erst in der nächsten Woche.

Da ich aber das Zusammensein mit Tim nicht aufs Spiel setzen wollte, sprach ich vorher mit ihm darüber, er war damit einverstanden. Am nächsten Morgen nahm ich meinen ganzen Mut zusammen und wählte die angegebene Handynummer. Die freundliche männliche Stimme am anderen Ende der Leitung erklärte mir, um was es genau ging. »Kein Sex« bedeutete, dass im Studio nur massiert wurde und der Kunde am Ende bestenfalls eine Handentspannung bekam, aber keinen Blowjob und auch keinen »richtigen« Sex. Das hörte sich so gut an, dass ich gleich einen Termin für das persönliche Kennenlernen vereinbarte.

Da dieser Termin mit seiner Frau und nicht mit ihm, Peter, stattfand, konnte ich davon ausgehen, dass es sich tatsächlich um einen halbwegs seriösen Job handelte. Als er mir dann auch noch zusicherte, dass ich pro halbe Stunde 40 Euro verdienen würde, war klar: Das wollte ich machen. Auch Tim hatte keine ernsthaften

Einwände. Natürlich machte er keine Freudensprünge, dass ich nun bald fremden Männern am Schwanz rumspielen würde, doch er wollte mir meine Freiheiten lassen.

Drei Tage später öffnete mir eine knapp 30-jährige hübsche blonde Frau namens Yvonne die Tür zum »Erotischen Massagestudio«. Sie führte mich in einen Raum, der mit einer Massageliege, einem Stuhl und unzähligen Lichterketten ausgestattet war. Ich fühlte mich auf Anhieb wohl in dem Studio, in dem ich in Zukunft Männern helfen sollte, sich zu »entspannen«. Dass nicht nur die Kundschaft, sondern auch ich nackt sein sollte bei diesen Massagen, störte mich nicht weiter, damit hatte ich ohnehin gerechnet. Deshalb bat ich mir auch gar nicht erst eine Bedenkzeit aus.

Schließlich stellte mir Yvonne noch ihren Mann vor, mit dem ich telefoniert hatte. Er war klein und dick, wahrhaft kein schöner Mann, doch immerhin war auch er sehr sympathisch. Morgen sollte mein erster Arbeitstag sein. Doch als Tim davon erfuhr, dass ich bei den Massagen nackt sein sollte, war er plötzlich nicht mehr so begeistert von meinem Plan. Und weil ich meine junge Beziehung nicht so früh aufs Spiel setzen wollte, entschied ich mich schweren Herzens und sagte Yvonne per SMS ab.

Zwei Stunden später hatte ich dann eine Nachricht von Peter auf meiner Mailbox. Er sei ein wenig enttäuscht, dass ich es mir nun doch anders überlegt hätte, ich solle ihn doch noch einmal anrufen. Bei diesem Gespräch schwärmte er mir vor, welch großes Potenzial ich hätte und wie natürlich ich rüberkommen würde. Und das alles gepaart mit meinem tollen Aussehen und meinem Alter – das würde bei den Männern super ankommen, ich könnte eine Menge Geld machen.

Jetzt bereute ich es bereits, dass ich Tim das mit dem »nackt« erzählt hatte. Heimlich machte ich deshalb einen neuen Termin für meinen ersten Arbeitstag im Studio aus, der kommende Samstag sollte es sein, wenn Tim sowieso keine Zeit für mich hatte, weil an diesem Wochenende seine Tochter Janina bei uns sein sollte. Doch

Lauter kranke Ideen schossen mir durch den Kopf, ich wollte einen Mann vögeln, den ich nicht kannte, also einen wildfremden Typen. Deshalb stellte ich mal wieder eine Anzeige ins Internet, es ging dann auch ganz schnell, bis sich die Ersten meldeten.

Da ich meine Anzeige auf einer Seite geschaltet hatte, auf der ich früher auch meine Freier gesucht hatte, waren natürlich viele dabei, die dachten, dass ich Geld dafür wollte, doch ich wollte einfach nur vögeln.

Deshalb löschte ich alle Mails sofort wieder, die irgendetwas mit Geld zu tun hatten. Trotzdem blieben noch genug übrig; von Minute zu Minute wurden es mehr, mein Posteingang füllte sich mit E-Mails von sexgeilen Männern, die schon bei dem Gedanken an eine junge, hübsche naturgeile Frau fast abspritzten.

Ich wollte einfach nur einen fremden Schwanz in meiner Muschi stecken haben, sonst nichts.

das Schicksal war gegen meine Pläne, denn Janina konnte völlig überraschend nur von Freitagabend bis Samstagmorgen bei uns bleiben und damit war der Termin bei Peter gestorben.

Doch ich wollte so nicht mehr weitermachen, ich konnte den Trott nicht mehr ertragen und einfach nicht die nächsten Jahre nur so vor mich hin existieren. Da ich jetzt auch noch einen Neben-job bei Martin, meinem Ersatzvater, angenommen hatte, war ich nicht selten mehrere Tage in der Woche mindestens zwölf Stunden unterwegs. Und dennoch kam am Ende des Monats nicht mehr als ein Tausender für mich dabei heraus. Sollte so mein Leben ver-laufen? Wollte ich womöglich mein Leben lang für so wenig Geld so viel arbeiten?

Ich erinnerte mich wieder an meine Träume, meine Ziele, was war aus ihnen geworden? Eine große Stadt in Deutschland oder einfach ab ins Ausland, hatte ich das schon jetzt, mit nicht einmal 19 Jahren, alles aufgegeben? Nein, ich wollte etwas ändern.

Aber nackt durfte ich nicht sein bei der Massage, von Fremden durfte ich mich nicht ficken lassen und Blowjobs waren ebenfalls ausgeschlossen – also was blieb mir übrig? In einem SM-Studio arbeiten, das wäre es. Und weil ich bei dem Begriff »SM« immer an meinen »Zahlsklaven« Kay denken musste, schickte ich ihm eine SMS und saß auch schon bald darauf bei ihm im Büro. Dass er mir immer noch 10.000 Euro schuldete oder mich um diese betrogen hatte, blendete ich einfach aus.

350 Euro lagen auf dem Tisch, ja, so hatte ich das gern, viel Geld für wenig Arbeit. Ich drückte und rieb ihm seine Brustwarzen wund, schlug ihm mehrere Male mit voller Wucht ins Gesicht und rotzte auch darauf, und er bedankte sich mit den Worten »Danke, Herrin« bei mir. Das war es, was ich machen wollte. Ein eigenes Studio war inzwischen mein Traum, so könnte ich Geld machen ohne Ende und müsste nichts tun, wozu ich keine Lust hatte.

In meiner derzeitigen finanziellen Situation kam mir Kays un-erwartetes Angebot gerade recht: Er wollte mir ein komplettes Studio einrichten, mit allem Drum und Dran, und auch die Kunden konnte er mir besorgen, weil die ja alle auf der gleichen Wellenlänge funkten wie er und ebenso wie er misshandelt werden wollten. Und dafür sei ich genau die Richtige.

Nach den anderthalb Stunden SM-Behandlung fuhr ich Kay nach Hause. Unterwegs hielt ich an einer Tankstelle, weil ich auf die Toilette musste, und Kay nutzte die Zeit und tankte mir untertänigst mein Auto voll. Das Geschäft lief gut an.

Auch Peter, der Typ aus dem Massagesalon, meldet sich immer wieder, und ich halte ihn dann jedes Mal hin, denn dass sich diese Tür ganz für mich schließt, möchte ich verhindern, ich will mir immer eine Hand frei halten für attraktive Jobs.

Ob ich nun bald Besitzerin eines SM-Studios in Heidelberg bin oder Massagelady in Karlsruhe, weiß ich nicht, die Zeit wird es zeigen. Doch eins ist klar: Wer einmal in dieser Branche gearbeitet hat, wird es immer wieder tun, ob es nun nur mit der Hand, mit dem Kopf oder mit vollem Körpereinsatz ist.

Und wenn schon: Ich jedenfalls lasse den Kopf nicht hängen und scheiß auf die Meinung anderer. Denn auf meinem Grabstein soll nicht irgendwann stehen:

Alle anderen fanden mein Leben schön,
nur ich nicht!

DANKSAGUNGEN

Es war leicht, mit der Prostitution aufzuhören, schwer dagegen, diesem Entschluss treu zu bleiben. Denn jedes Mal, wenn ich nicht genug Geld hatte, um eine Rechnung zu bezahlen, war mein erster Gedanke: Ach, warum willst du nicht einfach wieder … Oder wenn man sich in ein Paar Schuhe in irgendeinem Schaufenster verliebt hat und sie sich nicht leisten kann, oder …

Auch im normalen Arbeitsalltag wieder Fuß zu fassen ist schwer. Immer wenn mir etwas nicht passt, stelle ich mir die Frage: Wieso eigentlich, das Geld, für das du hier einen Monat lang arbeitest, könntest du auch in ein paar Stunden verdienen, wieso denn nicht? Morgens klingelt um fünf Uhr der Wecker, warum nicht einfach liegen bleiben und erst um zwölf aufstehen?

Das alles sind freie Entscheidungen, die jedem selbst überlassen sind, doch ich wäge dann immer ab, erinnere mich an die Nächte, in denen ich nicht einschlafen konnte, weil ich mich selbst so gehasst habe für das, was ich tagsüber getan hatte. Und ich stelle mir die Frage: Bist du dir wirklich nur eine neue Waschmaschine wert oder irgendein Paar Schuhe, das nach dem zehnten Mal im Schrank verschwindet?

Ist es dir das wert, deinen Körper zu vermieten, dich von irgendwelchen alten Schwänzen durchvögeln zu lassen, das Gesabber der Männer anschauen zu müssen oder dir von einem Mann, der dein Opa sein könnte, in den Mund spritzen zu lassen? Dann verschwindet der Gedanke an das tolle Paar Schuhe aus dem Schaufenster ganz schnell wieder und ich gehe gern arbeiten.

Ich werde meinen Weg gehen, da bin ich mir sicher; ob dieser Weg komplett ohne Prostitution verlaufen wird, ist eine gute Frage; ich hoffe es, aber versprechen kann ich es leider nicht! Jedenfalls danke ich den Menschen, die immer für mich da waren, auch wenn davon nicht viele übrig geblieben sind.

Dir, Papa im Himmel, danke ich, denn du hast immer nachgebohrt, hast nicht einfach alles geglaubt, was ich dir erzählt habe; ich weiß, du siehst mich von oben im Himmel, und ich hoffe, ich werde dich irgendwann noch stolz auf mich machen können, ich vermisse dich!

Dir, Mama, weil du einfach nichts dafür kannst, wenn du mir geglaubt hast, denn ich weiß, meine Lügen waren gut. Jedoch hast du es dir einfach gemacht und hast es einfach bei meinen Geschichten belassen, ohne weiter darauf einzugehen oder nachzuhaken, was aber verständlich ist, denn ich denke, du wolltest es einfach nicht wahrhaben. Trotzdem hätte ich mir nie eine andere Mutter gewünscht – ich liebe dich, Mum!

Meiner kleinen Schwester Lina, da du einfach ein toller Mensch bist und mir sehr ähnlich bist, auch wenn du an deiner Menschenkenntnis noch stark arbeiten und lernen musst, deine eigenen Ansichten auch dann zu vertreten, wenn andere nicht deiner Meinung sind; aber du bist auf dem besten Weg dorthin. Auch meinem kleinen Bruder Till, weil du eines der ehrlichsten und reinsten Herzen der Welt besitzt.

Inti, mein Chatfreund, danke. Pete, weil du einfach immer für mich da warst, mir alles ehrlich ins Gesicht gesagt hast und du nichts von Verschönerungen bei der Wahrheit hältst. Martin, weil du mir immer wieder Hoffnung gegeben hast, dass auch ein normaler bürgerlicher Weg Befriedigung und Geld bringen kann, und weil du einfach wie ein Vater für mich bist!

Auch Vivien möchte ich danken, die einzige Freundschaft, die wahrscheinlich ewig halten wird, weil wir uns in vielen Dingen einfach sehr ähnlich sind und du es mir nicht übel nimmst, wenn wir uns mal wieder eine Weile aus den Augen verlieren, das ist wahre Freundschaft.

Max möchte ich dafür danken, dass er mir wieder herausgeholfen hat, für mich da war, und er der Einzige war, der wusste, was ich meine, ohne dass ich es aussprechen musste, danke, Soulmate.

Auch Santrina möchte ich danken, danken dafür, dass du mich so kennst, wie mich wahrscheinlich niemand auf dieser Welt kennt, dich zähle ich nicht als Freundin, nein, Sandy, du bist meine zweite Schwester! Ich danke dir für deine Art, einfach zu leben und jeden Tag so zu nehmen, wie er kommt!

Silke, meiner Bäckerchefin, möchte ich danken, weil sie mir gezeigt hat, dass auch normale Arbeit Spaß machen kann, und danke für die tolle Zeit.

Auch Mike danke ich, möchte ihm sagen, dass er einer der tollsten Menschen auf der ganzen Welt ist, ich ihn mehr liebte als jeden Menschen zuvor, er hat mir gezeigt, dass man vertrauen kann, denn ich weiß, er wollte mir nie wehtun, er wollte von Anfang an nur das Beste für mich und ich habe mich mit Händen und Füßen dagegen gewehrt. Ich möchte dir dafür danken, dass du nicht aufgegeben hast, ohne dich hätte ich das alles nicht geschafft, denn du hast die Mauer durchbrochen. DANKE.

Ich möchte Tim dafür danken, dass er einfach immer für mich da ist, ich hoffe, ich habe dir mit diesem Buch nicht allzu sehr geschadet, und will dir hiermit sagen, dass ich dich nie mehr missen möchte, ich liebe dich.

Außerdem danke ich Oliver Schwarzkopf und dem Team, die dieses »Mein erstes Buch« erst möglich gemacht haben, von ganzem Herzen. Danke für die tolle Zusammenarbeit.

*

Und mein letztes »DANKE« geht an die Freierschweine, danke, dass ich euch kennengelernt habe, danke, dass ihr es mir richtig besorgt habt, und danke, dass ich noch lebe! Wacht endlich auf, Arschlöcher, denkt nach, bevor ihr etwas tut! Ihr habt meine Jugend zerstört, habt meine Seele auf Jahre krank gemacht. Nein, Ausreden wie »Wenn du es nicht angeboten hättest, hätten wir es doch nicht getan« zählen nicht, denn ich war viel zu jung, um so etwas entscheiden zu können.

Und außerdem: Nur solange es solche Schweine wie euch gibt, wird es Nutten geben, und ich schwöre euch eins, es gibt keine Nutte, die Spaß daran hat, dir deinen Schwanz zu reiten oder zu lutschen, auch wenn wir das alle so spielen. Nur ein Gedanke gibt mir Hoffnung und Kraft, mein Glaube an den lieben Gott, der alles, was hier auf Erden geschieht, irgendwann gerecht bestraft. Fickt euch selbst!!!

Es war leicht, mit der Prostitution aufzuhören, schwer dagegen, diesem Entschluss treu zu bleiben. Denn jedes Mal, wenn ich nicht genug Geld hatte, um eine Rechnung zu bezahlen, war mein erster Gedanke: Ach, warum willst du nicht einfach wieder ... Oder wenn man sich in ein Paar Schuhe in irgendeinem Schaufenster verliebt hat und sie sich nicht leisten kann, oder ...

Auch im normalen Arbeitsalltag wieder Fuß zu fassen ist schwer. Immer wenn mir etwas nicht passt, stelle ich mir die Frage: Wieso eigentlich, das Geld, für das du hier einen Monat lang arbeitest, könntest du auch in ein paar Stunden verdienen, wieso denn nicht? Morgens klingelt um fünf Uhr der Wecker, warum nicht einfach liegen bleiben und erst um zwölf aufstehen?

Das alles sind freie Entscheidungen, die jedem selbst überlassen sind, doch ich wäge dann immer ab, erinnere mich an die Nächte, in denen ich nicht einschlafen konnte, weil ich mich selbst so gehasst habe für das, was ich tagsüber getan hatte. Und ich stelle mir die Frage: Bist du dir wirklich nur eine neue Waschmaschine wert oder irgendein Paar Schuhe, das nach dem zehnten Mal im Schrank verschwindet?

Ist es dir das wert, deinen Körper zu vermieten, dich von irgendwelchen alten Schwänzen durchvögeln zu lassen, das Gesabber der Männer anschauen zu müssen oder dir von einem Mann, der dein Opa sein könnte, in den Mund spritzen zu lassen? Dann verschwindet der Gedanke an das tolle Paar Schuhe aus dem Schaufenster ganz schnell wieder und ich gehe gern arbeiten.

SCHWARZKOPF & SCHWARZKOPF

KONTROLLIERT AUSSER KONTROLLE

EINE MAGERSÜCHTIGE JUNGE FRAU BERICHTET ÜBER IHREN KAMPF
GEGEN DIE KRANKHEIT – AUFRICHTIG, MUTIG UND BEWEGEND

KONTROLLIERT AUSSER KONTROLLE
DAS TAGEBUCH EINER MAGERSÜCHTIGEN
Von Hanna-Charlotte Blumroth vom Lehn
352 Seiten, Taschenbuch
ISBN 978-3-86265-199-3 | Preis 9,95 €

»Wenn ich an meine Zukunft denke, denke ich nur an Gewicht. An Abnehmen, Abnehmen, Abnehmen. Dabei denke ich nicht daran, dass ich mir schade.«
      Hanna-Charlotte Blumroth vom Lehn

Mit 16 Jahren beginnt Hanna-Charlotte Blumroth vom Lehn, ihr Essverhalten strengstens zu kontrollieren und immer mehr abzunehmen. Obgleich sie lange Zeit abstreitet, magersüchtig zu sein, muss sie eines Tages einsehen, dass sie so nicht weitermachen kann. Ihr Zustand ist lebensbedrohlich, als sie in eine Klinik eingewiesen wird. Dort beginnt sie die Arbeit an ihrem Buch, in dem sie ihre Krankheit beschreibt und nach den Gründen für ihre Essstörung sucht.

Ihre Aufzeichnungen zeigen, wie sie versucht, gegen ihre Krankheit anzukämpfen und ihre Lebensfreude wiederzugewinnen.

WWW.SCHWARZKOPF-SCHWARZKOPF.DE

JETZT BIN ICH NICHT MEHR MUNDTOT!

GESPRÄCHE MIT MARIA ÜBER FREUNDSCHAFT, FAMILIE, GLAUBE,
IHRE KRANKHEIT UND DEN SINN DES LEBENS

JETZT BIN ICH NICHT MEHR MUNDTOT!
GESPRÄCHE MIT MARIA ÜBER FREUNDSCHAFT, FAMILIE,
GLAUBE, IHRE KRANKHEIT UND DEN SINN DES LEBENS
Von Maria Langstroff
ca. 228 Seiten, Taschenbuch
ISBN 978-3-86265-196-2 | Preis 9,95 €

»Ich möchte, dass alle Leute so mit mir umgehen, als wäre ich nicht sterbenskrank. Ich
möchte nicht betüdelt werden!«
Maria Langstroff

Nach dem Erfolg von »Mundtot!?« (und dem
anhaltenden Interesse der Leser an Maria
Langstroff und ihrer berührenden Geschichte
erscheint nun ihr zweites Buch »Jetzt bin ich
nicht mehr mundtot!«.

In Form von Gesprächen, die Maria Langstroff
mit ihrem Verleger Oliver Schwarzkopf in
ihrem Krankenzimmer führt, behandelt es
Themen wie Freundschaft und Liebe, ihre
Familie, ihren Umgang mit der Krankheit,
die Bedeutung ihres Buchs für sie, aber auch
ihren Alltag als bettlägerige Patientin im
Pflegeheim und ihre Auseinandersetzung
mit dem Tod. Außerdem kommen ihre Eltern,
ihre Freunde und Pfleger zu Wort.

SCHWARZKOPF & SCHWARZKOPF

FLÜSTERKINDER

DEIN MANN HAT UNS MISSBRAUCHT – EIN BRIEF AN UNSERE MUTTER
ERWEITERTE NEUAUSGABE

FLÜSTERKINDER
DEIN MANN HAT UNS MISSBRAUCHT – EIN BRIEF AN UNSERE MUTTER
ERWEITERTE NEUAUSGABE
Von Mona Michaelsen und Ulla Michaelsen
368 Seiten, Taschenbuch
ISBN 978-3-86265-039-2 | Preis 12,95 €

»Nach der Veröffentlichung des Buches ›Flüsterkind‹ nahm Autorin Mona Michaelsen wieder Kontakt zu ihrer Schwester Ulla auf. Die beiden Frauen haben beschlossen, fortan gemeinsam zu kämpfen. Gegen den Missbrauch und gegen das Schweigen. In der erweiterten Neuauflage ›Flüsterkinder‹ haben sie das ganze Martyrium ihrer Kindheit niedergeschrieben.«

Berliner Morgenpost

»Die Veröffentlichung ihres erschütternden Buches ›Flüsterkind‹ brachte nicht nur eine entscheidende Wende im Leben von Autorin Mona Michaelsen, sondern auch im Leben ihrer Schwester Ulla: Zusammen mit Mona überarbeitete und erweiterte sie das Buch. In der neuen Fassung ›Flüsterkinder‹ verarbeiten die Schwestern die Gräueltaten ihres Stiefvaters gemeinsam.«

Madonna (AT)

WWW.SCHWARZKOPF-SCHWARZKOPF.DE

SCHWARZKOPF & SCHWARZKOPF

AUF DER SUCHE NACH MIR

DIE AUFWÜHLENDE LEIDENSGESCHICHTE EINER FRAU,
DIE ALS KIND JAHRELANG VON IHREM STIEFVATER MISSBRAUCHT WURDE

AUF DER SUCHE NACH MIR
VOM STIEFVATER MISSBRAUCHT
EINE FRAU STELLT SICH IHRER VERGANGENHEIT
Von Stefanie Marten
240 Seiten, Taschenbuch
ISBN 978-3-86265-116-0 | Preis 9,95 €

Eine unbekümmerte Kindheit durfte Stefanie Marten nie erleben. Im Alter von sieben bis 16 Jahren wird sie von ihrem tyrannischen Stiefvater missbraucht – und ihre Mutter schaut weg.

Die Familie zerbricht und die junge Frau baut sich fern der Heimat ein neues Leben auf. Doch immer wieder muss sie schmerzlich erkennen, dass sie ihre schrecklichen Erlebnisse nicht vergessen kann.

Stefanie Marten gewährt in ihrem Buch beklemmende Einblicke in ihre Kindheit und erzählt mit eindringlicher Klarheit über Identitätsverlust. »Auf der Suche nach mir« ist die aufwühlende Geschichte über eine gestohlene Kindheit und das Buch einer Frau, die auf der Suche nach ihrer Identität ist.

»Ein erschütternder Bericht über ihren langen Kampf mit dem Leben.« Lea

WWW.SCHWARZKOPF-SCHWARZKOPF.DE

DIE AUTORIN

LISA MÜLLER wurde im Jahr 1992 in einem kleinen Dorf in Baden-Württemberg, irgendwo in der tiefsten Provinz, geboren. Sie sagt: »Hier sind die Menschen anständig, die Vorgärten sauber, die Berufe ordentlich. Meine Eltern waren ganz ehrbar verheiratet, ich war das erste Kind, also alles so richtig sauber und gesittet auf die gute schwäbische Art – wenn man sich nicht die Mühe machte, hinter die Fassade zu schauen.« Die Autorin entschied sich mit 14 Jahren für die Prostitution, ohne jeden Zwang und ohne Zuhälter. Mit 18 stieg sie aus und begann die Arbeit an diesem schonungslosen Buch.

Lisa Müller
NIMM MICH, BEZAHL MICH, ZERSTÖR MICH!
Mein Leben als minderjährige Prostituierte in Deutschland

ISBN 978-3-86265-238-9
© Schwarzkopf & Schwarzkopf Verlag GmbH, Berlin 2013
Zweite Auflage, März 2013

Alle Rechte vorbehalten. Dieses Werk ist urheberrechtlich geschützt. Jede Verwendung, die über den Rahmen des Zitatrechtes bei korrekter und vollständiger Quellenangabe hinausgeht, ist honorarpflichtig und bedarf der schriftlichen Genehmigung des Verlages.

Titelfoto und Fotos im Innenteil: © Stefanie Brandenburg

KATALOG
Wir senden Ihnen gern kostenlos unseren Katalog.
Schwarzkopf & Schwarzkopf Verlag GmbH
Kastanienallee 32, 10435 Berlin
Telefon: 030 – 44 33 63 00
Fax: 030 – 44 33 63 044

INTERNET | E-MAIL
www.schwarzkopf-schwarzkopf.de
info@schwarzkopf-schwarzkopf.de